PRIVATE EQUITY

PRIVATE EQUITY

Memórias dos bastidores de Wall Street

CARRIE SUN

Tradução
Cristina Yamagami

HARPER
BUSINESS

Rio de Janeiro, 2025

Copyright © 2024 by Carrie Sun. Todos os direitos reservados.
Copyright da tradução © 2025 por Casa dos Livros Editora LTDA.
Todos os direitos reservados.

Título original: *Private Equity: A memoir*

Todos os direitos desta publicação são reservados à Casa dos Livros Editora LTDA. Nenhuma parte desta obra pode ser apropriada e estocada em sistema de banco de dados ou processo similar, em qualquer forma ou meio, seja eletrônico, de fotocópia, gravação etc., sem a permissão dos detentores do copyright.

Copidesque	Augusto Iriarte
Revisão	Luíza Côrtes e Vivian Miwa Matsushita
Capa	Adaptada do projeto original de Stephanie Ross
Adaptação de capa	Osmane Garcia
Imagem de capa	Runphoto / Getty Images
Projeto gráfico e diagramação	Abreu's System

Dados Internacionais de Catalogação na Publicação (CIP)
(Câmara Brasileira do Livro, SP, Brasil)

Sun, Carrie
  Private equity: memórias dos bastidores de Wall Street / Carrie Sun; tradução Cristina Yamagami. – 1. ed. – Rio de Janeiro: HarperCollins Brasil, 2025.

  Título original: Private equity: a memoir.
  ISBN 978-65-5511-682-3

  1. Carreira profissional 2. Mercado financeiro 3. Mulheres – Autobiografia 4. Mulheres – Histórias de vida 5. Relatos pessoais 6. Sun, Carrie 7. Wall Street (Nova York, N.Y.) I. Título.

25-255283   CDD-920.72

Índice para catálogo sistemático:
1. Mulheres : Autobiografia   920.72
Bibliotecária responsável: Aline Graziele Benitez – CRB-1/3129

Harper Business é uma marca licenciada à Casa dos Livros Editora LTDA. Todos os direitos reservados à Casa dos Livros Editora LTDA.

Rua da Quitanda, 86, sala 601A - Centro
Rio de Janeiro/RJ - CEP 20091-005
Tel.: (21) 3175-1030
www.harpercollins.com.br

À minha mãe, ao meu pai e a todos os que têm coragem de desistir.

Sumário

Prólogo: 24 de fevereiro   *9*

Parte I

28 de julho a 18 de agosto   *15*

3 de setembro   *35*

4 a 30 de setembro   *57*

Quarto trimestre   *79*

Parte II

Primeiro trimestre   *109*

Segundo trimestre   *129*

Terceiro trimestre   *151*

Quarto trimestre   *177*

Primeiro trimestre   *211*

Parte III

Segundo trimestre   *245*

1º de julho a 26 de setembro   *273*

30 de setembro a 28 de outubro   *291*

18 de novembro   *311*

Epílogo: 27 de julho   *327*

Nota da autora   *331*

Agradecimentos   *333*

PRÓLOGO
24 de fevereiro

Um médico branco, de cabelo grisalho e nem um pouco simpático entrou no meu quarto, deu uma olhada no prontuário, conversou em voz baixa com a equipe, virou-se para mim, inclinou-se e disse:

— Vou ser direto porque você já é bem grandinha.

Eu tinha 14 anos. Ao ser internada, horas antes, fora rotulada de "amarela" e escutara se referirem a mim como "a chinesinha".

— Você não está nada bem — continuou o médico. — Vamos lhe dar um antibiótico agora, mas teremos que esperar amanhã para dar um mais forte. Você está tão mal que o seu corpo pode não aguentar tudo de uma vez. O plano é que você lute contra isso e, com sorte, melhore um pouco até amanhã, porque, e vou ser sincero aqui, não tenho certeza se você consegue passar por esta noite.

Seis dias antes, minha mãe me levara ao médico por causa de uma tosse e febre que não melhoravam com paracetamol. Eu levara quase uma semana para contar que estava doente porque tinha medo de ela me culpar; não queria que tivesse de faltar no trabalho para cuidar de mim.

Minha mãe escolhera o médico da família a dedo, o único do bairro que praticava medicina ocidental e era da China continental. Mas o dr. Li estava viajando, então ela me levou a outra médica, uma mulher branca, que pediu uma radiografia do tórax, viu sinais de pneumonia, me deu uma injeção de antibiótico e nos liberou.

No dia seguinte, eu não conseguia subir nem descer escadas.

Depois, não conseguia comer.

Depois, não conseguia tomar suco sem botar para fora.

Depois, não conseguia nem tomar água.

Minha mãe quis me dar uns antibióticos genéricos que havia trazido da China. Meu pai disse que era melhor consultar um médico americano. Minha mãe discordou. Os dois começaram a brigar. Aos gritos. Meu pai não achava que eu estava tão mal. Minha mãe me levou de volta à clínica e exigiu que eu fosse tratada. A mesma médica me atendeu e viu que eu mal conseguia andar. Após checar meus sinais vitais, chamou uma ambulância.

Um segundo, dois segundos. Um minuto. Uma hora. Anoiteceu e eu continuava acordada, olhando fixamente para o relógio. Uma enfermeira me mostrou um botão e disse que eu podia chamá-la o quanto quisesse, caso precisasse de qualquer coisa, como um cubo de gelo que aliviaria a sensação de secura na boca. Chorei com a gentileza, mas meu corpo estava tão seco que mal tinha lágrimas. O ar passava como lixa pelos meus pulmões; eu não conseguia respirar. Lembrei-me do meu pai, que gostava de usar expressões, fábulas e frases chinesas e vivia me dizendo *kū dōu láibují*. Nós éramos o povo — chineses, imigrantes, batalhadores — que "não tem tempo para chorar". Parei de chorar e decidi lutar. Mas o que era *lutar* naquela situação?

Eu queria viver, mas meus pensamentos, minhas ações, minha força de vontade não tinham nenhum efeito contra a doença. Parecia errado pensar que eu exercia algum controle sobre a minha vida, sobre o que eu acreditava ser uma combinação de pura incerteza, genética e fatores biológicos totalmente aleatórios. Não tinha adiantado nada seguir as regras — tomar direitinho os remédios prescritos. De repente, fiquei muito consciente do tempo. Não no sentido do tempo que me restava, mas do valor temporal inerente às decisões — quando expressar uma necessidade, quando pedir ajuda, o fato de que tomar um antibiótico hoje ou amanhã pode fazer a diferença entre a vida e a morte.

Eu não era religiosa, nem minha família, mas me parecia o momento certo para rezar. Fechei os olhos e sussurrei:

— Querido Deus, obrigada pela dádiva da vida. Se eu for abençoada com mais tempo neste mundo, prometo fazer duas coisas. Vou aproveitar cada dia ao máximo e não vou desperdiçar a vida que Você deu. Também prometo ser uma pessoa boa. Muito obrigada. Amém.

Meu cubo de gelo havia derretido, então apertei o botão para pedir ajuda. Abri os olhos.

Parte I

"Era a aspiração de todos nós que tínhamos uma ambição profissional nos aproximar tanto quanto possível desse núcleo de poder e influência, conforme a capacidade de cada um."

(Kazuo Ishiguro, *Os vestígios do dia*)

28 de julho a 18 de agosto

Yuna me ligou assim que o telefonema com Boone acabou.

— Caramba, Carrie — ela disse. — Fiquei tão nervosa que a primeira coisa que falei foi: "Não acredito que estou conversando com um bilionário!".

Eu a havia preparado para a conversa com Boone, claro. Yuna era a minha melhor amiga de Michigan, daquela parte da cidade onde comer no P. F. Chang's era considerado um evento e onde o passatempo das pessoas era ir ao supermercado. Depois do ensino médio, eu me mudara para Nova York, enquanto Yuna cursara o ensino técnico e pulara de um emprego a outro. Ela finalmente saíra de Michigan, um sonho antigo, para trabalhar como engenheira de testes da Samsung no Kansas. Pedi a ela que fosse uma das minhas referências no processo de contratação com Boone. A ligação para Yuna foi a última das dez que ele fez.

Dezoito dias antes, eu me reunira com um headhunter em Manhattan. Peter era especializado em encontrar pessoas para exercer funções de suporte em empresas proeminentes. Sua equipe indicava candidatos para vagas que iam desde recepcionista até *chief of staff* — basicamente o braço direito do CEO — de grandes empresas nas áreas financeira, imobiliária, de comunicação e por aí vai. Repassamos meu currículo juntos várias vezes.

— Você é incrível. *Mas* — ele enfatizou com seu sotaque britânico — todo mundo vai perguntar por que alguém com dupla graduação em Matemática e Finanças pelo MIT, e que ainda por cima conseguiu se formar em três anos, quer ser assistente pessoal.

Olhei pela janela da pequena sala e desejei que o ar-condicionado estivesse muito mais forte. Três anos antes, eu havia largado o MBA porque estava inquieta e convencida de estar desperdiçando minha vida. Queria seguir por outro caminho. Então me matriculei como aluna ouvinte em várias universidades e costurei uma formação em humanidades. Quando contei ao meu noivo que queria voltar a estudar e fazer pós-graduação em escrita criativa, ele perguntou:

— Mas quem vai cozinhar pra gente?

Como tantos aspirantes a escritor e artista, esperava conseguir um emprego para pagar as contas enquanto aprimorava minha arte e fazia um mestrado em Belas-artes.

Mas o lado financeiro estava pegando. Os anos de indecisão — se eu deveria fazer melhor uso da educação que meus pais tinham escalado montanhas e cruzado oceanos para me dar; se deveria me casar com meu noivo, que pagava todas as nossas contas e algumas das minhas despesas pessoais e, em troca, queria que eu não trabalhasse e priorizasse ele e sua carreira — haviam custado mais da metade das minhas economias. Paguei por tudo o que meu noivo não queria que eu fizesse. Brigamos por causa de um workshop de escrita criativa que me levaria a passar dois meses sozinha em Manhattan, embora morássemos em Ann Arbor, no Michigan. Três semanas depois do início do workshop, recebi um e-mail de Peter após um de seus assistentes encontrar meu perfil no LinkedIn.

Encarei Peter e expliquei que meu objetivo não era *status* nem um grande salário:

— Eu só quero um emprego que me sustente enquanto descubro o que fazer da vida.

Peter perguntou sobre o último item no meu currículo — uma lista com alguns de meus interesses. Escrita criativa. Futebol americano universitário. Eu disse que não abria mão de incluir meus interesses.

— Entendo — ele disse. — Eu mesmo sou fotógrafo.

Ele fez uma pausa.

E respirou fundo.

— Então... — Outra pausa enquanto me olhava nos olhos, sorrindo. A maioria das vagas em hedge funds e fundos de capital fechado tem acesso controlado por headhunters, apenas algumas são postadas em sites de empregos. Depois de uma triagem dos currículos, de um telefonema e desta entrevista para Peter ter certeza de que eu não cometeria nenhuma grande gafe, ele finalmente me deu o OK. — Estou fazendo recrutamento para uma vaga e acho que você seria a pessoa perfeita. Você já ouviu falar da Carbon?

Não, mas eu tinha ouvido falar da Argon, um hedge fund considerado realeza no mercado financeiro havia anos. Perguntei a Peter se os dois tinham alguma relação.

— Sim. O fundador da Carbon começou a carreira na Argon. A Carbon é um dos fundos mais importantes que existem e mesmo assim se mantém fora do radar — contou Peter baixando a voz e levantando o dedo indicador. — Nunca vemos currículos da Carbon circulando por aí porque, quando as pessoas entram lá, elas ficam. Para sempre. Ninguém sai de lá.

Ele deixou alguns segundos passarem e continuou:

— A vaga é para o único assistente do fundador da empresa, Boone Prescott, um jovem bilionário. — Peter deu uma olhada em suas anotações. — Todo mundo diz que Boone é *muito legal*. E a Jen, que gerencia o family office e a agenda dele, é um amor. Você seria basicamente o braço direito de Boone: cuidaria do tempo e de detalhes da rotina dele no trabalho, ajudaria com algumas pesquisas e daria suporte a um de seus analistas. Uma chance assim só aparece uma vez na vida. Posso apresentar você a eles?

Saí do escritório de Peter e voltei para o dormitório alugado com o intermédio da Universidade de Nova York. Eu estava trabalhando em um conto sobre uma mulher em crise de meia-idade quando recebi um e-mail de Peter: "Me liga!". Jen queria uma reunião comigo às 14h30, ou seja, dali a duas horas. Será que eu chegaria a tempo?

Eu tinha combinado de almoçar com uma mulher chamada Ruth. Nos anos 1980, meu pai recebera a ajuda de dois americanos para vir da China aos Estados Unidos fazer pós-graduação, e Ruth era um deles. Eu devia muito à gentileza de Ruth, porém nunca tivera a chance de dizer isso a ela. Ao chegar em Nova York algumas semanas antes, marquei um almoço na esperança de expressar minha gratidão e colocar o papo em dia. Minha mãe tinha profunda admiração por Ruth. Segundo ela, Ruth, uma dona de casa que criara dois filhos, percebeu que eles tinham mais respeito pelo marido do que por ela, porque ele tinha um emprego e ela não. Ela se divorciou, voltou a estudar e foi dar aulas em uma pequena faculdade de Artes Liberais em Nova Jersey. No meio-tempo, viajou para Anhui, uma das províncias mais pobres e menos desenvolvidas da China, onde conheceu meu pai, que foi seu tradutor.

Ruth estava prestes a sair de sua casa em Nova Jersey para ir ao nosso almoço quando pedi para cancelarmos.

— Você ligou bem na hora — ela disse.

Mesmo sem me culpar nem me repreender, pude sentir sua decepção. Também fiquei chateada. No entanto, era impossível dizer não. Ninguém diz não à Carbon.

* * *

28 DE JULHO A 18 DE AGOSTO

Voltei a Manhattan para me encontrar com Jen em um prédio perto da Barneys na Madison Avenue. Eu nunca tinha sido chamada para uma entrevista presencial no mesmo dia em que me candidatara a um emprego. Cheguei ao décimo andar e toquei a campainha. Maya abriu as portas de vidro fosco. Peter me disse que Maya já tinha sido assistente do diretor-executivo de um pequeno porém importante estúdio de cinema. Ela parecia afetuosa e maternal, alguém com um pavio bem longo. Depois de me trazer uma garrafa de água, me deixou em uma sala à espera de Jen.

Eu tinha passado as poucas horas anteriores à entrevista lendo tudo o que encontrara sobre Boone. A Carbon não tinha site nem página na Wikipédia, e Boone não era ativo nas redes sociais. Ele não dava entrevistas. Ele não se deixava fotografar. Artigos sobre ele apresentavam descrições confusas ou fragmentadas que se fundiam em caricaturas de pessoas que pareciam muito diferentes. Nada disso impedia que a mídia financeira o coroasse como parte da aristocracia de Wall Street ou que as colunas sociais especulassem sobre sua esposa, seus filhos, seus imóveis e seu dinheiro.

Sobre o dinheiro: no início da década, Boone estreou em uma lista importante com os bilionários mais jovens dos Estados Unidos. O que o destacava era sua idade, seu patrimônio líquido *e* seu setor de atuação. Se Boone continuasse a aumentar sua riqueza a uma taxa de, digamos, 20% ao ano — uma estimativa conservadora, considerando alguns de seus supostos retornos; um número que nem leva em consideração o *carry*, isto é, a parte dos lucros à qual ele teria direito por possuir e gerir os fundos —, seu patrimônio líquido seria de mais de 5 trilhões de dólares quando chegasse à idade de Warren Buffett.

Sobre a empresa: encontrei apenas algumas informações aqui e ali. Uma importante publicação financeira chamava a Carbon de "o hedge fund mais em alta do mundo". Outra o intitulava um dos fundos de melhor desempenho do mundo, ao lado de titãs como o Pure Alpha II, de Ray Dalio, e a Citadel, de Ken Griffin. Vale ressaltar que não encontrei nenhuma publicação negativa sobre Boone ou a Carbon, ao contrário de Dalio e Griffin e suas empresas, acerca das quais li artigos mencionando intimações judiciais vinculadas a possíveis usos de informação privilegiada, bem como a alta rotatividade de funcionários devido a uma cultura na qual o maior insulto era chamar alguém de "medíocre".

Sobre Jen: não encontrei nenhuma informação sobre ela. Sem LinkedIn, sem Facebook, sem Twitter.

Sobre a vaga: não recebi qualquer descrição do cargo.

Um minuto depois, Jen entrou se desculpando pela bagunça. Ela e os colegas tinham acabado de se mudar para o novo espaço do family office. Levantei-me para apertar sua mão e notei as roupas sob medida, os sapatos de salto médio e os sedosos cabelos castanhos. Passou pela minha cabeça uma cena icônica do filme *O diabo veste Prada*, na qual Anne Hathaway, depois de uma transformação, desfila pelo escritório vestindo Chanel. Olhei para o meu terninho, comprado em uma promoção para a entrevista na faculdade de Negócios anos antes e que tinha rasgado no caminho para ela (minha mãe costurou o rasgo na fenda traseira da saia lápis), e decidi que precisava renovar meu guarda-roupa com urgência.

Jen mencionou que era do Missouri. Enquanto eu comentava meu histórico, seus olhos pareceram brilhar.

— Faz muito sentido — ela respondeu quando contei sobre minha tentativa de trabalhar com investimentos. Que eu tinha amado, depois odiado e então percebido que queria fazer outra coisa.

Quando Jen me fez a pergunta que Peter disse que ela faria — por que ser uma assistente e não uma gestora de fundo —, eu estava preparada:

— Tenho outras paixões que me interessam mais — respondi. — A verdade é que sou uma nerd. Meu curso favorito na faculdade era o de otimização. Eu adoraria otimizar a vida de alguém, ajudar alguém importante a fazer coisas importantes.

28 DE JULHO A 18 DE AGOSTO

Uma hora depois da conversa com Jen, recebi uma mensagem de Peter: "Me liga quando receber este e-mail". Boone queria me conhecer assim que possível. Para quando podíamos marcar?

Dois dias depois, fui ao escritório da Carbon, que ficava em um arranha-céu iridescente entre os elegantes bairros de Midtown, Central Park e Upper West Side. A Carbon ocupava todo o 46º andar de um prédio onde estavam gigantes da gestão financeira. Percorri o saguão de mármore travertino, passei por uma escultura de Brâncuși e entrei no elevador.

A recepcionista liberou minha entrada no andar e me recebeu com um "Como posso ajudar?". Na verdade, eram duas: Charlotte e Olivia, ambas loiras, lindas, com jeito de quem definitivamente comprava na Barneys. Fiz contato visual com uma e depois com a outra e falei que tinha uma reunião com Boone. Charlotte, a recepcionista que me cumprimentou, levantou-se rapidamente da cadeira e disse:

— Por favor, venha comigo.

Enquanto a seguia, notei seus cabelos lisos e volumosos, com as pontas tão perfeitamente encaracoladas que me perguntei se escovas profissionais eram uma exigência do cargo. Entrei em uma grande sala de reunião com o nome Paget e apreciei a vista do entardecer.

Os revestimentos eram opulentos — mármore, vidro, aço, madeira e couro em tons de bege e creme, com toques de cobalto —, mas não foi isso o que me conquistou. A maioria dos escritórios que eu conhecera tinha luzes fluorescentes intensas que lembravam às pessoas de que elas estavam ali para trabalhar duro. Aqui, a luz que irradiava da iluminação embutida no teto era suavizada pela distância, pelos ângulos e filtros, e tinha um brilho agradável. Integrava-se à natureza, ao Central Park, e imbuía as pessoas na sala da mesma força celestial e natural que compunha a vista — o céu, a Lua e a terra.

— Gostaria de beber alguma coisa? — Charlotte perguntou. — Água, café, chá, refrigerante...

— Água, por favor.

— Com ou sem gás?

— Com gás.

— Com gelo ou sem gelo?

— Com gelo.

Charlotte foi até o outro lado da sala, onde estavam penduradas oito pinturas abstratas em azul-celeste e marfim. Abaixo delas, um aparador. No aparador, um telefone, algumas suculentas, um iPad que controlava os recursos audiovisuais da sala, uma bandeja com um balde de gelo, uma garrafa de vidro com água gelada e uma garrafa térmica com água quente. Charlotte abriu o aparador, revelando um frigobar. Pegou uma garrafa de água com gás e um copo, encheu-o com gelo, depois o colocou na minha frente sobre um porta-copos de metal e saiu da sala.

Sentei-me em uma cadeira macia de couro. Não na cabeceira nem no final da mesa, mas separada a uma cadeira da cabeceira, de modo que, se Boone se sentasse ali, nós dois ficaríamos na perpendicular. À minha esquerda havia uma parede de vidro. Eu conseguia ver um campo aberto seguido de um lago, um gramado, um museu, um reservatório de água e todo o Central Park, que, a quase duzentos metros de altura, parecia um tapete de copas de árvores. Mais adiante, dava para ver o Bronx e a ponte George Washington. Vi um horizonte puro.

Tomei minha água e esperei por Boone. Minhas mãos não suaram, meu coração não acelerou. Boone seria o primeiro bilionário que eu conheceria, mas, àquela altura — eu tinha 29 anos —, o dinheiro já havia perdido grande parte de seu apelo para mim.

Quando eu tinha 25 anos e era analista na Fidelity Investments, ganhava mais de 300 mil dólares por ano. Peguei meu bônus, fui à Bloomingdale's que fica nos arredores de Boston, experimentei dezenas de sapatos e saí sem comprar nada. Parte de mim invejava as pessoas a quem o dinheiro parecia trazer alegria, comodidade e felicidade. A confirmação de que estavam no caminho certo. Eu invejava os alpinistas sociais — na verdade, invejava qualquer pessoa que sabia exatamente o que queria. Foi nessa época que comecei a sair com um homem rico, o mesmo que, com o tempo, começou a temer que minhas aspirações profissionais fossem incompatíveis com seus planos de me manter em casa como uma boneca. Viajamos de jatinho particular para as diversas casas da família dele. Mas, quanto mais dinheiro eu ganhava e quanto mais eu me via cercada de riqueza, mais me incomodava com tudo aquilo. Planejei minha fuga e pedi demissão da Fidelity depois de quatro anos e meio, com a esperança de fazer uma mudança de vida. Dois meses depois, entrei na prestigiada Universidade da Pensilvânia para uma dupla titulação na Faculdade de Artes & Ciências e na Faculdade de Negócios de Wharton. Assim que entrei no *campus*, me vi imersa em uma cultura que parecia priorizar festas e bebidas ao trabalho e ao estudo. Tudo tão medíocre, tão ineficiente. Uma perda de tempo colossal. Era justamente desse tipo de cultura que eu queria escapar, evidenciado no comentário inconveniente que um colega da Fidelity fez certa noite:

— Eu basicamente fico o dia inteiro de braços cruzados e ganho milhões. O que poderia ser melhor do que isso?

Boone entrou na sala. Trocamos um aperto de mãos. Ele percorreu o ambiente com propósito — passos firmes e postura milimetricamente ajustada —, enquanto eu sentia que cada mínimo movimento meu estava sendo observado e julgado. Teria ficado mais nervosa não fosse por algo que eu não sabia bem explicar. Talvez pela sua aparência, que eu, criada no Meio-Oeste, descreveria como "tipicamente americana". Ou, talvez, porque me perguntei como seria viver na sua pele, se ele achava que a história que narravam sobre ele, que o precedia, era justa.

Conversamos por uma hora mas só consigo me lembrar de como a conversa foi banal. Ele vestia camisa azul-claro, carregava uma garrafa de água da Evian e uma cópia impressa do meu currículo, e não sorriu nem me deu qualquer sinal de que eu estava indo bem ou mal na entrevista. Disse que recebia sete mil e-mails por dia e precisava de ajuda para organizar sua caixa de entrada e sua vida.

Peter me contara o que outra candidata fora solicitada a fazer. Boone saiu da entrevista dizendo que iria ao banheiro e pediu a ela que escrevesse um e-mail para um colega (ou talvez para o mentor dele, não lembro ao certo) a respeito de algumas obras de arte, e que concluísse a tarefa antes de ele voltar. Foi menos um teste de conhecimentos gerais e elaboração de texto e mais um teste para saber como a candidata agia sob pressão, com informações incompletas e pouca orientação. Não precisei escrever um e-mail, mas tive que responder a algumas perguntas bem genéricas sobre mim: "Por que você está aqui?", "Por que você quer esse emprego?". Eu me animei quando Boone pediu que eu explicasse o que fazia na Fidelity. Contei que, sem nenhuma experiência em programação, aprendi Java e R e criei uma ferramenta personalizada de otimização de portfólios, usada para as demandas da análise quantitativa: *backtests*, simulações, ajustes de alocação.

— Basicamente uma versão interna do Barra — expliquei.

— O que é Barra? — ele perguntou.

Foi quando me dei conta do abismo entre a análise fundamentalista e a análise quantitativa: o investidor que muitos consideravam um fenômeno não conhecia um dos fornecedores mais importantes de otimizadores e modelos de risco do setor. Foi também naquele momento que me dei conta de que eu queria trabalhar com Boone, um bilionário com um ego (relativamente) sob controle.

Depois de quase uma hora de conversa, ele olhou para o meu currículo por dez longos segundos e perguntou:

— Qual é o seu ponto fraco?

Eu tinha preparado respostas de baixo risco, do tipo sugerido por sites de carreira: transforme uma fraqueza em força ou descreva uma fraqueza de modo que não impeça sua contratação. Mostre que você está trabalhando para mitigar essa fraqueza e que está ciente de seus pontos fracos e fortes. Mostre que está progredindo. "Sou impaciente." "Sou proativa demais." Enquanto eu vasculhava minha caixinha de respostas prontas, fui tomada pelo impulso de dizer:

— Intensidade.

Silêncio.

— Tenho a tendência de levar tudo muito a sério — eu disse —, muitas vezes ao extremo. Nem todo mundo gosta desse tipo de energia.

Mais silêncio. Sorri e mantive a calma. Então emendei:

— De qualquer maneira, sempre dou o meu melhor em tudo o que faço. Meu objetivo é ser a melhor do mundo.

— Você tem algum compromisso agora? — ele quis saber. — Gostaria que você conhecesse um colega.

Minhas lembranças das onze entrevistas seguintes são confusas.

Minutos depois da reunião com Boone, conversei com Gabe — analista de software a quem eu também daria suporte —, que passou uma hora me fazendo perguntas cirúrgicas sobre minha psique e currículo, começando com a mesma pergunta de Peter, Jen e Boone. Eu respondi e ele insistiu:

— Mas por quê?

Repeti o que já tinha dito; não havia uma explicação mais profunda. Suas sobrancelhas espessas e sua pele lisa me diziam que ele devia ter a minha idade, talvez alguns anos a mais, porém sua testa, mesmo quando o rosto estava inexpressivo, era marcada por duas rugas profundas.

— Mas você poderia ir muito mais longe — insistiu ele.

Engoli em seco qualquer objeção e mantive a compostura. Ele, então, continuou:

— Com a sua experiência, você poderia ser uma gestora de fundos ou pelo menos ganhar muito mais. Por que não?

Permaneci impassível e respirei fundo. Pensei no que ele disse e, sem me desculpar, expliquei:

— É assim que eu sou.

Dois dias depois, uma sexta-feira à tarde, conheci a esposa de Boone na sala Paget. Era a minha quarta reunião na Carbon em uma semana. Peter me contou que eles estavam entre mim e outro candidato, e que Elisabeth conversaria com ambos, um em seguida do outro. É um pouco estranho ser entrevistada pela esposa do potencial chefe, mas pelo jeito sua opinião sobre quem podia entrar no círculo de confiança do marido tinha peso. Elisabeth entrou na sala e virou o corpo para olhar para trás, segurando a porta com a mão até ela se fechar suavemente.

— Ele não confia com facilidade — disse ao se sentar.

Sem maquiagem, sem joias chamativas, sem sapatos de couro de jacaré ou bolsa de crocodilo, ela parecia ser bem diferente da jovem sobre quem eu havia lido na internet. Disse-me que pensava no cargo como metade assistente, metade analista de pesquisa — ela mesma trabalhara em finanças por um tempo, depois de se formar em uma universidade de elite —, e que eu talvez fosse a "pessoa perfeita" para ocupá-lo.

Na semana seguinte, quando Boone estava viajando, tive outra entrevista com Gabe. Enquanto tomávamos um espresso no café do térreo, ele voltou a me perguntar por que eu não queria ser uma gestora de portfólio. *Chega*, pensei, *se ele me fizer explicar isso mais uma vez, estou fora*. Eu não conseguiria trabalhar com alguém que tinha como linha de questionamento apenas uma visão rígida do mundo, sem espaço para ideias diferentes. Ele lançou uma hipótese:

— Digamos que em um ano você tenha a chance de se tornar analista na Carbon. Você aceitaria?

Eu disse que não e expliquei que já havia trabalhado com investimentos e descoberto que gostava mais de pessoas e histórias do que de números ou finanças. Mencionei o artigo de um dos fundadores da Y Combinator, uma famosa aceleradora de startups, sobre a importância de se fazer o que gosta; mais tarde, mandei um e-mail a Gabe com citações do artigo, como: "o prestígio não passa de inspiração fossilizada" e "você precisa gostar do que faz a ponto de o conceito de 'tempo livre' parecer um equívoco". Eu usava meu tempo livre para escrever, ler e planejar. Considerando que não dava para ganhar dinheiro com os dois primeiros, seria ótimo se eu pudesse ser (bem) paga para planejar a vida de alguém. Gabe respondeu no dia seguinte pela manhã: "Obrigado pela explicação!".

Na terceira e última semana, fui entrevistada por mais oito pessoas. A primeira entrevista na segunda-feira foi com Jay, diretor de operações, em uma pequena sala de reunião chamada Etna. Com uma atitude que lembrava a lagarta de *Alice no País das Maravilhas* — um suave antagonismo com um toque cômico não intencional —, Jay queria checar que eu entendera o meu futuro papel na empresa.

— Eu sou a graxa — falei. — Minha função é ajudar as rodas a girarem com mais eficiência.

Ele me pediu para confirmar, e reconfirmar, que eu nunca, jamais, tentaria ser as rodas.

— Não, eu sou a graxa — declarei.

As entrevistas seguintes foram com Bridget e Emma, que comandavam as relações com os investidores. Peter me avisou que eram protetoras em relação a Boone e desconfiavam de qualquer pessoa. Elas me perguntaram de onde vinha minha vontade de servir. Pensei na minha mãe, em como sempre fora sua melhor amiga, a guardiã de seus segredos e seu suporte emocional, mesmo quando não passava de uma pirralha com tranças. Respondi:

— Sou filha única e descobri que a melhor maneira de fazer amigos era sendo a primeira a ajudar.

Percebi que pelo menos Emma simpatizou comigo quando ela deixou escapar algumas coisas sobre a cultura da Carbon:

— Os objetivos aqui mudam a toda hora — contou. — E Boone é muito focado nos detalhes, desde pontos e vírgulas nas cartas aos investidores até o alinhamento perfeito do texto nas apresentações de PowerPoint.

Dois dias depois, na quarta-feira à tarde, com um vestido justo e um blazer sem gola novos, tive outra entrevista com Boone. Durante nosso passeio pelo Central Park, ele estremeceu ao ver um rato enquanto eu me concentrava em não cair do salto alto nas calçadas irregulares.

— Não existe o risco de você ficar entediada com o trabalho e querer sair? — perguntou ele.

— Não — eu disse. — Tenho muitas maneiras de me ocupar fora do ambiente de trabalho.

Contei que queria ser escritora.

— Você sairia se conseguisse um emprego como escritora?

— Não.

— Você ficaria entre cinco e dez anos?

— Sim.

— Como você lida com feedbacks positivos? Porque eu não costumo fazê-los.

— Tudo bem. Tive uma professora de piano coreana que nunca me elogiou nem uma única vez e, além disso, minha mãe é chinesa.

Evitei fazer qualquer alusão à autora Amy Chua, porque não acredito que minha mãe tenha sido uma mãe-tigre; minha mãe (nem meu pai) nunca pediu para ver meu boletim escolar. (É bem verdade que eles sempre davam um jeito de comentar sobre todos os outros aspectos da minha vida — que eu mastigava fora do ritmo ou que sorria do jeito errado —, mas eu estava decidida a me destacar em tudo para que eles ficassem sem palavras, ou *méi huà jiǎng*, uma expressão para quando algo é tão bom que "não há palavras para descrever".) Boone enfiou a mão no bolso, tirou o celular e deu uma olhada em algumas anotações. Então perguntou:

— Se isso não der certo daqui a um ano e meio, qual você acha que terá sido o motivo?

— Acho que, para poder fazer bem meu trabalho, eu precisaria do apoio de todos: analistas, sócios, assistentes. Sem isso, ou se as pessoas não gostarem de mim por qualquer razão, será muito difícil ter o desempenho que o cargo exige.

— Concordo em gênero, número e grau — disse ele. — Seu maior desafio será não intimidar as pessoas. Quanto mais as pessoas gostarem de você, mais você vai conseguir fazer.

Garanti a ele que eu ficaria na minha e que absorveria tudo como uma esponja. Ao fim da caminhada, depois de me contar que quase todas as pessoas que trabalhavam na Carbon tinham entre 20 e 30 anos, com uma média de idade em torno de 28 ou 29, ele concluiu:

— Ninguém... — Seu olhar perdeu o foco. — É, de fato, ninguém nunca saiu da Carbon por escolha própria.

De volta ao escritório, fui entrevistada por três assistentes, uma após a outra, em uma sala de reunião de tamanho médio chamada Meru. Sloane, que, segundo Peter, era a abelha-rainha das mulheres da Carbon, estudara na mesma faculdade que Boone. Além de dar suporte a Neil, o sócio de Boone que supervisionava o setor de ações de empresas de capital aberto, ela era responsável pelas atividades administrativas. Sloane e eu nos sentamos uma de frente para a outra. Conversamos sobre aulas de spinning. Fiz de tudo para tirar da cabeça a imagem de Regina George, mas não rolou.

Courtney era assistente de Jay e o braço direito de Sloane.

Kelly era assistente de Ethan, o sócio de Boone que comandava com ele o setor de capital fechado da empresa. Me esforcei para notar nas três mulheres mais do que seus cabelos — Kelly era ruiva e Courtney, loira —, mas elas respondiam às minhas perguntas sobre as especificidades do trabalho com afirmações que dificilmente permitiam qualquer diferenciação:

— É dureza.

— Não acaba nunca.

— É muito trabalho... mas também é muito divertido!

Tive vergonha da minha incapacidade de conhecer as mulheres mais a fundo. Por outro lado, estava começando a perceber certo "achatamento", uma redução da dimensionalidade que dificultava extrair características significativas, como personalidade — todas elas pareciam supercompetitivas, altamente extrovertidas, extremamente enérgicas e prestativas.

Até que, na quinta-feira, fiz minha 14ª e última entrevista, desta vez com o coach executivo de Boone. Doutor em psicologia clínica, Keith foi encarregado de avaliar minha aptidão mental. Nós nos falamos por Skype. Fiz de tudo para olhar diretamente para o Keith digital e não tremer nem piscar na velocidade errada. Keith perguntou sobre minha família, minha vida, meus valores e sonhos. Não me lembro exatamente das perguntas que ele fez, mas foi algo na linha de: como eu lidava com o estresse? Até que ponto eu era emocionalmente madura? Eu era propensa à ansiedade ou ao pânico ou era uma colaboradora inabalável, com um coração e uma mente de ferro? Acho que, mais do que as minhas respostas, o verdadeiro teste foi a minha reação ao ser examinada. Havia perguntas por trás das perguntas: como eu lidava com limites? Eu estava disposta a fornecer informações pessoais para provar meu total comprometimento com o cargo? Eu seria grata pelo privilégio de ser "a escolhida", pela sorte de participar de conversas com Boone, e demonstraria essa gratidão com dedicação plena, colocando o trabalho acima de tudo? Ou eu preferia ficar de fora?

Enquanto me preparava para o teste psicológico com Keith, outro processo estava em andamento.

Dias antes, eu recebera uma mensagem de Peter: "Tenho algumas coisas para discutir. Por favor, me retorne assim que puder". Ele queria conversar sobre referências. Eu havia dado três. A Carbon pedira onze, oito das quais ela própria escolhera. Pelo jeito, pegaram nomes do meu LinkedIn: alguns eram conexões, outros não, a maioria eram pessoas com quem eu não falava havia anos. Não reconheci um dos nomes e o risquei da lista. Outro era um ex que estava tentando abrir seu próprio fundo. Outro era meu noivo, Josh, que estava prestes a se tornar ex depois do ultimato que me dera: quando eu disse que pretendia aceitar o emprego, ele exigiu que eu escolhesse entre ele e a Carbon.

— Você não precisa trabalhar — disse. — Por que está fazendo isso?

Eu havia incluído a empresa da família de Josh no currículo porque já estivera na folha de pagamento deles, em grande parte pelo plano de saúde (embora eu tivesse ajudado bastante com questões administrativas, bem como viagens e questões logísticas, e os acompanhado em reuniões e conferências e até mesmo tentado ajudar na expansão do negócio para a China). Queria ser totalmente honesta sobre meu histórico, caso um futuro empregador, a Carbon ou qualquer outro, tivesse acesso às minhas declarações de imposto de renda. Também queria saber se Josh manteria a palavra que me dera quatro meses depois de começarmos a namorar de que seria parceiro e me apoiaria em qualquer decisão profissional que eu tomasse.

Peter me disse que Boone queria ligar para todas as referências no dia seguinte. Eu teria como facilitar isso?

Caso contrário, meu processo de seleção seria encerrado. Corri para conseguir alguns números que ainda não tinha e tentei falar com as sete pessoas ao telefone, uma após a outra, em poucas horas, no meio das férias de verão. A maioria não tinha qualquer razão para me ajudar. Mesmo assim, pedi a todas que não apenas conversassem comigo sobre a ligação de Boone, como também ficassem com o celular a postos para, quando ele ligasse, atender e falar bem de mim. Um teste para minha reputação, tato, eficácia, desenvoltura, senso de urgência e disposição para me dedicar totalmente — e ver se eu tinha coragem de reorganizar o mundo para Boone.

Entendi o que o trabalho exigiria de mim: fazer o mundo girar para Boone.

De repente percebi o quanto eu já tinha mudado o meu mundo para Boone. Peter me enviara para entrevistas em vários fundos. Todos eles, incluindo a Carbon, perguntaram sobre minha disponibilidade; o único horário que eu não tinha disponível era das dezesseis horas às 18h30 em dois dias da semana, horário do meu curso de escrita criativa. Cheguei à última fase do processo de seleção em pelo menos quatro outras empresas, e todas respeitaram minha agenda, exceto a Carbon, que continuou marcando entrevistas exatamente nesse horário. Das doze aulas, perdi nada menos do que três.

Ao fim daquela noite de verão, eu já tinha falado com todas as referências menos o ex, que cortei da lista por não me conhecer de verdade. Certa vez, quando eu tinha 28 anos, ele comentou que o alarme do meu relógio biológico estava começando a tocar e que eu devia "me apressar" em escolher entre uma carreira e um homem. Substituí seu nome na lista pelo da minha amiga Yuna. Para Josh, pelo telefone, falei que ele podia dizer o que bem entendesse, mas que, se tentasse me queimar, eram grandes as chances de ser o único. Ele ameaçou arruinar minha carreira se eu não colocasse um fim naquilo e escolhesse nosso relacionamento.

— Sei que você é muitas coisas — eu disse —, mas não é um mentiroso. Estamos falando do meu empenho no trabalho, das minhas habilidades e competências, não do nosso relacionamento. Você vive me dizendo que acha que sou capaz de fazer qualquer coisa que eu quiser neste mundo. Só estou lhe pedindo que faça a coisa certa e diga a verdade.

No dia seguinte, às 7h29, mandei para Peter a lista completa de referências: dez nomes, incluindo cargos, e-mails e números de celular.

"Já falei com eles", escrevi.

"Você é incrível", ele respondeu, comentando que aquela era de longe a busca mais intensa na qual já havia trabalhado. "Obrigado por não ter perdido a compostura."

* * *

— Mas antes me conta o que você disse, Yuna!

— Carrie! Ele foi um amor. Eu nunca achei que teria a chance de falar com um bilionário! — Ela fez uma pausa. — Achei que ele seria tipo... todo tenso e arrogante e tudo mais, mas ele foi *tão* legal!

— Ah, que bom! E o que você disse?

— Então... — Yuna suspirou. — Falei sobre a nossa amizade. Eu não fiz uma boa faculdade, definitivamente ainda não tomei um rumo na vida, mas você não liga para essas coisas. O que importa para você é quem eu sou como pessoa. Você continua sendo a mesma amiga que conheci na nossa cidadezinha no Michigan.

Boone conversou com Yuna logo após sua conversa com Josh, que me ligou e disse para não me preocupar pois ele jamais falaria mal de mim. No total, oito pessoas entraram em contato comigo após a ligação com Boone. Duas não. Talvez tenham se esquecido. Ou acharam que não era importante me contar. Ou talvez a Carbon tenha decidido que aquelas oito referências, que incluíam os três nomes que eu sugerira, haviam rendido informações suficientes. Qualquer que tenha sido o número de referências que eles usaram — oito, dez ou mais —, pude ver como o mundo, com a minha ajuda, havia se ajustado às necessidades da Carbon.

Eu estava em casa, no Michigan, quando Boone ligou. Meu salário seria o que pedi, e eu teria direito a um bônus depois de um ano. Ele não disse qual seria o valor. Eu poderia começar em duas semanas? No dia 2 de setembro?

Sorri, disse que sim, desliguei e dei um grito. Fui até minha mesa de cabeceira, tirei o anel de noivado do dedo, abri uma gaveta e peguei meu diário, o primeiro item da minha bagagem para Nova York.

3 de setembro

Acordei às três horas da manhã. Lá estava eu, no primeiro dia de emprego, nervosa e sozinha. Uma semana antes, alugara um estúdio em Manhattan. Eu moraria num arranha-céu a seis minutos a pé do escritório, mas o imóvel ainda não estava disponível e um amigo me emprestara seu apartamento no elegante Upper East Side por uns dias. Sem conseguir dormir, fiquei na cama olhando para o teto e pensando sobre os acontecimentos das duas últimas semanas.

Boone me enviara quatro livros pelo correio. "Para ficarmos na mesma página", explicara. Eram de autoajuda, nada de finanças — todos sobre melhorar o desempenho, a produtividade, a criatividade e a eficácia. Eu já havia lido dois na faculdade; reli esses dois e li os outros, fazendo anotações detalhadas.

Ted, o diretor de TI da Carbon, me mandou um e-mail: qual celular eu queria? De qual operadora? Qual código de área? A Carbon pagaria pelo celular e pela linha e "não monitoraria nem cobraria" pelo uso pessoal. Dados, SMS e ligações ilimitados, inclusive internacionais, nas mais altas velocidades. Aproveitei a chance para trocar de número e mudar meu código de área de 517, da região central de Michigan, para 917, da cidade de Nova York.

Decidi mudar de número principalmente para que meu ex-noivo parasse de me ligar. Depois de aceitar o emprego, terminei o noivado. O casamento estava planejado para novembro e eu vinha me sentindo muito culpada — não pelo fim do relacionamento nem porque eu sentiria falta de Josh, mas porque odiava desperdiçar dinheiro. Os pais de Josh haviam pagado pelo local, um átrio na ala moderna do Instituto de Arte de Chicago, batizada em homenagem aos gestores de fundo Ken e Anne Griffin. Eles também pagaram por dois vestidos Vera Wang de seda. O anel de noivado com lapidação esmeralda custara mais do que uma casa em Michigan. Eu estaria mentindo se dissesse que essas mordomias não eram bem-vindas.

Mas nada disso importava. Quando conheceu minha melhor amiga da faculdade, Josh me descreveu como "um peixe num aquário". Minha amiga ficou chocada:

— O que foi aquilo? Quem ele pensa que é?

Dei de ombros. Eu estava apenas começando a entender o que me incomodava tanto em nosso relacionamento: ele queria decidir tudo. Josh dizia que achava sexy quando eu comia só alface. Dizia que eu devia usar mais maquiagem, saltos mais altos, roupas mais curtas e, quando falei que não era o meu estilo, ele perguntou:

— Mas você não me ama? Por que não pode fazer isso por mim?

Ele falava que, se nós dois discordássemos — e discordávamos muito, fosse sobre a questão do livre-arbítrio, fosse sobre a minha descrença na vingança e se isso significava que eu não acreditava em justiça —, eu devia mudar as minhas convicções para corresponder às dele, porque ele era, e eu o cito, "o cara". Naquele verão, senti como se a mão de Deus tivesse me tirado do aquário e me colocado em um rio. Eu não precisava ficar solteira; eu precisava de um parceiro que não erguesse muros para restringir meus movimentos. Quando liguei para Josh e disse que não estava escolhendo entre ele e Boone, mas, na verdade, a mim mesma, ele retrucou:

3 DE SETEMBRO

— Eu te pago mais do que Boone está oferecendo se você não aceitar o emprego.

Desliguei na cara dele.

Meus pensamentos naquelas primeiras horas da manhã estavam concentrados em outra ligação.

— Este é o seu primeiro desafio — Boone anunciou assim que eu atendera o celular na véspera do dia 2 de setembro. Eu deveria começar a trabalhar em menos de 24 horas, mas ele pediu para adiarmos em um dia (ele e um colega precisariam fazer uma viagem de última hora para garantir um possível investimento).

— Quero que você comece na quarta-feira, e não na terça — falou.

— Que tal às 8h30?

Respondi que estava ótimo.

— Você vai ver que isso é normal. As coisas sempre mudam de última hora. Ah, e quarta-feira é Dia da Família depois do trabalho, então vá com roupa casual.

Depois da ligação de um minuto, passei horas tentando adivinhar o que Boone queria dizer com "casual". Optei por um jeans preto justo, uma blusa de seda estampada com bolinhas e, como achava que meus colegas ainda não estavam prontos para a visão das minhas axilas, uma jaqueta branca curta.

Quando o Sol nasceu, lá pelas 6h30, saí da cama, me vesti, coloquei o salto alto na bolsa e saí porta afora.

Mensagem de Peter, 7h09: "Hoje é um grande dia! Pensando em você, minha amiga. Boa sorte!".

Saí do metrô na estação Lexington Avenue/59th Street. Os arranha-céus erguiam-se acima de mim. Aquela área havia sido apelidada recentemente de Avenida dos Multimilionários, uma referência ao grupo de prédios residenciais ultraluxuosos que margeavam a borda sul do Central Park, vários deles com mais de trezentos metros de altura, transformando a paisagem de Manhattan. Contudo, essa não era apenas uma área onde dormiam alguns dos sujeitos mais ricos do mundo; também era onde trabalhavam muitos dos novos reis de Wall Street — bilionários que fizeram fortuna com hedge funds, fundos de capital fechado e ativos alternativos. Não importava o endereço exato de seus escritórios: o fato era que eles haviam conquistado sua própria classificação na taxonomia de Wall Street. Estou falando de gente com muita, muita grana.

Basta dar uma olhada nas proximidades da Carbon. Estas foram as lojas pelas quais passei durante a caminhada ao escritório no primeiro dia de trabalho: Fendi, Dior, Chanel, Burberry, Louis Vuitton, além das joalherias de prestígio que ostentavam diamantes e pedras preciosas como doces em uma padaria — Tiffany, Bulgari, Van Cleef & Arpels. Antes mesmo de colocar os pés no prédio, minha mente já estava cheia de conceitos como qualidade, raridade, excelência, confiança, glória, sucesso, classe mundial e imortalidade. Os melhores investidores são mestres da psicologia: eles entram na sua cabeça antes mesmo de você perceber que ela estava aberta.

Um conceito que não estava na minha mente, porém, era dinheiro. Eu não me sentia rica nem pobre. Meu salário não me dava muito poder de compra na Avenida dos Multimilionários, mas me dava a sensação de estar sendo bem remunerada pelo cargo. A negociação pelo meu salário foi algo como:

Carbon: quanto você quer ganhar?

Falei meu preço.

Carbon: fechado.

Peter disse que a Carbon teria ido mais longe. Minha proposta, que era meu salário na Fidelity, parecia um bom ponto de partida, considerando que também era o salário médio de MBAs formados em Harvard, Stanford e Wharton naquele ano.

3 DE SETEMBRO

Não eram nem oito da manhã. Cheguei cedo demais. Fui a um Starbucks, pedi um café, sentei-me e dei uma olhada no *Wall Street Journal* no celular enquanto pensava em hedge fund.

Em 1949, Alfred Winslow Jones criou a primeira estratégia de um hedge fund: investimentos de posição comprada/vendida. Sua maior inovação foi combinar os conceitos de alavancagem (tomar empréstimos para aumentar a exposição e, consequentemente, os retornos quando o portfólio de ações subisse) e de venda a descoberto (pegar emprestadas ações de um investidor para vendê-las e recomprá-las mais baratas, reduzindo a exposição líquida e produzindo retornos na queda das ações). Essa estratégia dependia de escolher as ações certas. O resultado eram retornos mais altos com menor risco, devido a um portfólio mais diversificado e mais neutro (protegido contra oscilações) em relação ao mercado. A indústria dos hedge funds teria seus altos e baixos; foi somente nas últimas décadas do século XX que fundos mais ousados começaram a chamar a atenção por seu desempenho fora da curva.

As décadas de 1980 e 1990 marcaram a era de ouro dos hedge funds. Eles operavam às margens do sistema financeiro tradicional, sem muita supervisão. A maioria de seus investidores eram pessoas físicas com muito patrimônio líquido ou family offices com grande apetite por risco. Aqueles também foram os anos anteriores ao Regulamento de Divulgação Justa, uma regra instituída pelo governo americano em 2000 que forçava as empresas que emitem ações ao público a divulgar informações relevantes a todos os investidores, grandes e pequenos, ao mesmo tempo. Teoricamente, o acesso especial e antecipado a informações desapareceu depois disso. Em 1990, o setor tinha 530 players administrando 39 bilhões de dólares. Isso significa que havia menos concorrentes disputando o dinheiro dos investidores, além de negociações menos concorridas. Dez anos depois, o setor já havia crescido para aproximadamente 3.335 fundos, com quase 500 bilhões de dólares em ativos sob gestão. Quando a bolha das empresas de tecnologia estourou, no início dos anos 2000, muitos hedge funds focados em ações superaram consideravelmente o retorno total do S&P 500. O setor havia vendido a seus investidores a dupla promessa de bater o mercado — o que é conhecido como gerar alfa — e amortecer a queda em uma crise. Eles cumpriram suas promessas. E o mundo notou.

No fim dos anos 1990, a base de investidores dos fundos começou a mudar de pessoas físicas (que, em geral, mantinham suas alocações em hedge funds) para instituições, lideradas por David Swensen, responsável pelo fundo de doações da Universidade Yale. Swensen criou o que hoje se conhece por "modelo de Yale", transformando um portfólio voltado principalmente a títulos negociáveis, como ações e títulos — de alta liquidez —, em um portfólio voltado principalmente a alternativas como hedge funds, fundos de capital fechado e imóveis — ativos menos líquidos e com maior prêmio de risco devido à expectativa de retornos maiores. Ao aplicar esse modelo, ele transformou cerca de 1 bilhão de dólares em 1985 em 10 bilhões de dólares em 2000. Encorajados pela performance de Swensen, outros seguiram o exemplo. Antes inexplorado, o capital de pensões, fundos de doações, fundações e outros tipos de instituições gerou fluxos consideráveis. No início dos anos 2000, a base de investidores havia mudado de pessoas físicas para, em grande parte, instituições e fundos de fundos. Os ativos sob gestão alcançaram cerca de 2 trilhões de dólares no segundo trimestre de 2008.

Aí veio a crise financeira de 2008. Os hedge funds ficaram longe de passar ilesos, mas foram menos afetados do que o mercado: em média, os fundos caíram 18%, em comparação com os 38% do S&P 500. Os investidores, pessoas físicas e institucionais, perderam a confiança e resgataram 382 bilhões de dólares naquele ano. Há controvérsias sobre o papel dos hedge funds na crise: segundo a maioria das narrativas, embora não tenham sido uma das principais causas do colapso econômico, retiraram ativos e venderam títulos em escalas tão grandes que desestabilizaram ainda mais o sistema financeiro. Os sobreviventes saíram feridos, mas não mortos. Vários gestores fizeram previsões e projeções. Os hedge funds continuaram sendo vistos por muitos players do setor financeiro — não pelo público, que tinha uma opinião forte e negativa (e com razão) de Wall Street — como o melhor lugar para fazer apostas e, de todos os vilões, eles não eram considerados os piores. De 1990 a 2009, em média os hedge funds superaram o retorno total do S&P 500 em mais de 5% ao ano. É verdade que houve alguns grandes tropeços, com destaque para o Long-Term Capital Management (LTCM). Liderado por, entre outros, dois laureados do Prêmio Nobel que modelaram mal o risco, o fundo implodiu durante a crise do Rublo de 1998. Em geral, porém, os hedge funds continuaram rendendo frutos. Em 2010, havia 7.200 fundos administrando mais de 1,5 trilhão de dólares. Eles personificaram o melhor do sonho americano: qualquer um podia abrir um fundo e, com trabalho duro e sorte, qualquer um podia enriquecer.

Entretanto, depois do crash das pontocom e da crise financeira na mesma década, além do escândalo de Bernie Madoff no final de 2008, o foco do setor começou a mudar. Clientes dos hedge funds (cotistas de responsabilidade limitada) passaram a exigir mais controles de risco, transparência e medidas de compliance. Essas mudanças, somadas à Lei Dodd-Frank, que exigiu que consultores de hedge funds com patrimônio superior a 150 milhões de dólares nos Estados Unidos tivessem registro na Comissão de Valores Mobiliários, aumentaram os custos de operação. As barreiras à entrada, como custos iniciais, também aumentaram. A ênfase de alguns fundos maiores, antes focados no desempenho superior, passou para a captação e manutenção de ativos. Vamos supor que você tenha um fundo de 10 bilhões de dólares e uma estrutura de taxas típica de 22% — ou seja, uma taxa de administração anual de 2% mais uma taxa de performance anual de 20%. Um cálculo aproximado mostraria que administrar os ativos com retorno zero renderia 200 milhões de dólares em vez de trabalhar dia e noite para tentar produzir um retorno (bastante decente) de 10%. Em geral, quanto maior o patrimônio do fundo, mais difícil será gerar retornos; quando o montante atinge determinado nível, os incentivos tendem a mudar. Ao mesmo tempo, a revolução digital começou a democratizar dados financeiros, informações e conhecimento, o que deu a qualquer pessoa o poder de acessar a internet e encontrar formulários, relatórios e transcrições de teleconferências de resultados de uma empresa. A concorrência disparou. Em meados da década de 2010, o número total de fundos já havia saltado para onze mil, e o patrimônio gerido pelo setor atingira 2,6 trilhões de dólares.

Mas essa quantidade acarreta uma série de problemas. Para começar, o desempenho se diluiu à medida que a oferta de oportunidades em ações públicas diminuía: o número de ações listadas nos Estados Unidos não parou de cair desde seu pico em meados dos anos 1990. Em segundo lugar, uma mentalidade de rebanho pode ter sido desencadeada: é mais difícil nadar contra a corrente quando multidões de investidores estão colhendo a mesma safra de empresas em busca de bons retornos. Em terceiro lugar, e em consequência, a quantidade de pesquisas e insights necessários para superar o mercado aumentou. Em quarto lugar, a pressão dos cotistas prejudicou o pool de lucros ao reduzir a taxa de administração para 1,6% e a taxa de performance para 18%, em média. Quatro anos depois do *bull market* pós-crise, os hedge funds ficaram cerca de 20% atrás do retorno total do S&P 500. Ao ver que estavam perdendo a maré alta, os cotistas ficaram furiosos. A indústria ficou congestionada. O alfa virou pó. Os hedge funds estavam se tornando motivo de chacota no mercado financeiro.

Mas não a Carbon. O patrimônio gerido pela Carbon cresceu mais de quinhentas vezes ao longo de sua existência. Nos primeiros sete anos, ela produziu retornos compostos anuais de mais de 40%. Em certo ano na década de 2000, o retorno foi de mais de 90% antes das deduções das taxas. Apesar de também ter sofrido na crise, a Carbon se recuperou

3 DE SETEMBRO

dedicando-se ao que fazia bem: tecnologia e seleção de ações. Além disso, enquanto outros hedge funds famosos tinham centenas ou até milhares de funcionários, a Carbon era extremamente enxuta, o que evitava a diluição de seus lucros.

Semanas antes, fui apresentada a um fundo de fundos (um fundo com um portfólio composto de outros fundos, em vez de ações e outros ativos). Josh pedira a um diretor de desenvolvimento de uma universidade em Michigan que encontrasse para mim um emprego no estado, um com mais apelo do que a Carbon. O diretor me apresentou a vários líderes corporativos da região, mas nenhum contato rendeu uma oferta de emprego mais interessante do que a Carbon. Josh, então, acionou sua rede de relacionamentos e me colocou em contato com o cofundador de uma empresa de capital fechado, que, por sua vez, me colocou em contato com esse fundo de fundos, cujos executivos me consideraram para uma função na área de investimentos. Na ocasião, o processo de seleção da Carbon já estava bem avançado, e avisei à mulher com quem estava falando na empresa que provavelmente iria trabalhar em Nova York. Ela quis saber em qual empresa. Eu lhe contei. Para fazer o quê? Para ser assistente de Boone.

— Pode parar — disse a mulher ao telefone. — Não faça mais entrevistas com a gente. O melhor conselho que lhe dou é aceitar esse emprego. Ele é um dos investidores mais brilhantes do mundo.

O fundo dela foi um dos primeiros LPs da Carbon.

— Boone ganhou rios de dinheiro para nós — ela contou.

Entrei no prédio com um sorriso largo, cheia de esperança e muita vontade trabalhar. Faltavam cinco minutos para as 8h30. Eu tinha usado um par de chinelos baratos no trajeto até o trabalho. Péssima decisão. Encostei-me em um pilar e rezei por privacidade enquanto me espremia em um par de Louboutins pretos de couro envernizado. Odiava aqueles saltos altos, mas estava determinada: instruí meu corpo a pensar em qualquer dor como um investimento em mim, no meu futuro. Fui até o balcão da recepção do prédio.

— Bom dia — eu disse. — Estou indo à Carbon.

Quando fui à Carbon como visitante, no processo de seleção, eu entrara e virara à esquerda. Hoje, entrei e virei à direita. Cada passo era como atingir um novo nível de acesso em uma agência ultrassecreta do governo, porque ninguém de fora tinha autorização para entrar no front office. Erin me levou até meu cubículo, ao lado da porta da sala de Boone. Ela havia passado os últimos quatro meses ocupando a vaga deixada pela última assistente dele.

— Estes são os contatos internos — Erin explicou enquanto apontava para uma folha de papel presa atrás de dois monitores. Uma lista de funcionários, com ramais e celulares. A lista não incluía cargos, mas incluía apelidos do AIM, o software de mensagens da AOL. Fiquei surpresa ao ver uma empresa que ganha bilhões investindo em novas tecnologias usando um antigo programa da AOL como canal oficial de comunicação interna. Eu não enviava uma mensagem instantânea desde meados dos anos 2000, quando meu apelido era funshine208. (Uma amiga minha e de Yuna me chamava de Ursinha Carinhosa; o Funshine, ou Raio de Sol, era o urso com um Sol sorridente na barriga, que tinha o poder mágico de usar os raios solares para ajudar a resolver problemas.)

— Este é o seu kit de boas-vindas. — Erin me entregou uma sacola de lona azul-marinho com o logotipo CARBON estampado em letras brancas, na qual havia uma garrafa de água com a mesma estampa da sacola; uma pasta com um manual do funcionário informando que "Os funcionários devem abster-se de usar vulgaridades, obscenidades, piadas, sarcasmo"; e uma jaqueta *fleece* da Patagonia com o logo da Carbon bordado no braço esquerdo, o casaco de pele do mundo das finanças.

Erin me mostrou algumas outras coisas — uma gaveta com cheques em branco, um armário com itens de escritório —, saiu do cubículo e foi até a outra ponta do corredor.

— Este é o triturador — disse ela, gesticulando em direção a uma lixeira de tamanho industrial com um cadeado. — Um fornecedor vem a cada uma ou duas semanas para levar o lixo que será triturado. Se for urgente você pode usar o triturador da sala de impressoras. — Ela apontou para um canto a uns 5 metros de distância.

Minutos depois, Courtney chegou para me dar as boas-vindas. Como a Carbon não tinha um departamento formal de recursos humanos, ela e Jay cuidavam da integração de novos funcionários.

— Pronta para um tour? — perguntou.

Eu a segui pelo escritório.

O front office. As portas automáticas se abriam e fechavam sem qualquer rangido ou batida. Os corredores eram acarpetados — nada do bater ritmado de sapatos sociais ou saltos.

— Boone gosta de silêncio — explicou Courtney.

Uma instalação de arte moderna (que lembrava uma tempestade de grafite desafiando a gravidade) ficava presa às paredes. O *dress code* era formal, o que, de acordo com o manual, significava uma aparência impecável, "digna do respeito dos nossos investidores e respeitosa para com eles". Esperava-se que os homens usassem "terno e gravata" e que as mulheres seguissem "um padrão comparável". A planta do escritório era aberta. Paredes e portas eram transparentes. Telas de computador ficavam expostas, e as decisões eram tomadas à vista de todos. A sala de Boone ficava no meio de uma fileira de outras quatro. Arrisco-me a dizer que não era a maior delas. Mas ficava no coração das operações da Carbon, Ethan, Boone, Michael e Neil. Eles eram os gestores de portfólio. Passavam seus dias pesquisando e debatendo ideias de investimento e decidindo as estratégias do fundo. Eles tinham as únicas salas com vista panorâmica para o Central Park. O que Boone podia ver de seu escritório: de um lado, através de janelas altas, o "grande nada" do ar livre pairando sobre a totalidade de uma Manhattan pulsante e movimentada; do outro lado, quando se levantava, a visão completa deste lado do andar, porque as pessoas que não tinham salas trabalhavam em cubículos cujas paredes chegavam no máximo à altura do monitor. O front office lembrava o conceito do panóptico.

A biblioteca. Dois sofás de veludo pareciam feitos de marshmallow. Eram rodeados por paredes de livros e cortinas com blecaute pesadas e luxuosas, mantidas abertas. O ambiente era ensolarado e convidativo. Os livros estavam organizados, em sua maioria, na vertical; alguns estavam deitados, outros inclinados. Tudo era cenográfico e de muito bom gosto. Em meio a livros de mesa de centro sobre arte e design, biografias e histórias, meus olhos se concentraram em um: *Pain, Parties, Work*.

O bunker do TI.

O refúgio dos consultores no escritório.

A sala de cochilo/descanso/amamentação.

O middle office. Uma equipe de traders, mais uma ou duas pessoas de compliance, operações e jurídico, todos sentados ao redor de uma parede dupla de monitores. Os traders eram responsáveis por executar as estratégias, além de oferecer ideias lucrativas de negociação. O trabalho da área de compliance, uma espécie de cão de guarda interno, era manter a empresa atualizada sobre os regulamentos e criar processos para garantir que as operações da Carbon não contivessem violações de qualquer tipo. O trabalho do jurídico era conhecer as leis, defender os interesses da empresa e fornecer recomendações, ponderando os objetivos da Carbon com possíveis riscos e sugerindo os melhores caminhos. O diretor jurídico era um homem alto e de olhar atento. O diretor de compliance também atuava como advogado e consultor sênior de um órgão governamental. Havia dois chefes de trading: um deles tinha jogado futebol americano por uma faculdade de elite; o outro era obcecado em reduzir sua gordura corporal (e falava com o mais elegante dos sotaques britânicos). Courtney gesticulou em direção a um canto e disse:

— Eu trabalho aqui. E o Jay fica ali.

O corredor de elevadores, que cortava o andar ao meio.

A cozinha do back office.

O back office, que abrigava as funções de apoio. Dois pequenos televisores transmitiam a CNBC. Por atuar tanto em capital aberto quanto fechado, a contabilidade da Carbon era enorme e muito complexa. Ali trabalhava a equipe de avaliações, responsável por calcular valores justos de ativos menos líquidos para fins documentais. No final do corredor, havia uma sala de reunião chamada Vinson, a mais privada do andar. Ao lado, uma sequência de salas dedicadas aos auditores.

Courtney me levou por um corredor até um canto. Ela parou, me olhou e disse:

— Esta é a *melhor* parte do escritório.

Abriu a porta de vidro fosco para revelar a academia: uma parede com prateleiras embutidas com roupas da Lululemon e da Nike em todos os tamanhos para homens e mulheres, esperando para serem usadas. Esteiras, elípticos, pesos, uma máquina de remo, fitas de suspensão, bolas, blocos e faixas de resistência. Uma sala de ioga com barras para alongamento e exercícios de solo. Uma bicicleta ergométrica Peloton. Todas as áreas de exercício ficavam de frente para o parque — aquela vista de novo! A metragem de espaço nobre dedicada à academia me dizia muito sobre os valores da empresa. Os chuveiros do vestiário feminino tinham xampus e condicionadores da MALIN+GOETZ. As toalhas da Restoration Hardware eram fofas como cobertores. Lâminas de depilação. Absorventes. Secadores de cabelo e modeladores de cachos. Depois do treino, bastava jogar as roupas usadas em um cesto. A Carbon lavava as roupas e as colocava de volta nas prateleiras, limpas e dobradas.

— Eu venho aqui — disse Courtney — para me arrumar antes de sair do trabalho. Ou às vezes — continuou, rindo — antes de entrar no trabalho... quando fico acordada até tarde.

Ela abriu a porta de um armário.

— Este é o meu. Pode guardar seus tênis aqui. Todos os armários estão tomados. Você vai ter que esperar alguém sair da empresa. É por ordem de chegada.

Perguntei se era melhor trancar nossas coisas.

— Não, é totalmente seguro.

Olhei para o cabideiro onde estavam pendurados vestidos de grife.

— Essas são as roupas da Sloane, para lavar.

Vi um par de sapatilhas Valentino no chão. A etiqueta interna desfiada e o couro um pouco surrado me diziam que eram sapatos que alguém usava no dia a dia, possivelmente para ir ao trabalho.

As salas de reunião externas. Paget, Etna, Meru.

O saguão. Um sofá cinza com almofadas brancas. Um pote de M&M's cinza e brancos. Um tapete cinza com padrões que remetiam a pedras, rochas e seixos. Uma parede com uma única obra de arte: o pico de uma montanha.

— E esta é a Everest — disse Courtney, parando diante das portas duplas de vidro que davam para a quarta e maior sala de reunião externa. Vinte e quatro cadeiras circundavam a ampla e imponente mesa, dando uma aura de prestígio aos ocupantes. — O front office faz o Almoço da Equipe aqui toda semana.

A cozinha (escondida). Três funcionários trabalhavam nesse beco escuro e sem janela. Eles falavam entre si em espanhol, lavavam pratos, preparavam refeições. A qualquer momento, poderíamos chamá-los e eles largavam o que estivessem fazendo para nos ajudar em tarefas como levar uma encomenda urgente, comprar material de escritório ou limpar café derramado no teclado. Eles nunca negavam ajuda.

3 DE SETEMBRO

— Você nunca vai precisar descer — disse Courtney. — Eles pegam seu almoço no térreo e o levam à sua mesa.

Os banheiros (escondidos). Escondidos porque a porta para essa área parecia com todos os outros painéis da parede cinza-ardósia que se estendia pelo andar inteiro. O banheiro era unissex e com cabines individuais e pias de mármore. As paredes eram de pedras em tons de areia e concha. A porta das cabines ia até o chão. Sons, cheiros — nada escapava. Os lavatórios eram conectados por um corredor de espelhos com iluminação quente que fluía delicadamente dos cantos e bordas do cômodo. Eu tendia a evitar espelhos, inclusive reflexos incidentais, como vitrines de lojas, mas, ao dar uma olhada em meu reflexo hoje, não odiei minha aparência.

— E aqui temos a cozinha do front office — anunciou Courtney.

Ela abriu uma geladeira abastecida com garrafas de sucos 100% naturais de 10 dólares; vários sabores de diversas marcas de iogurte e substitutos de iogurte; *smoothies*; sobremesas prontas à base de chia; uma grande variedade de *kombuchas*; bem como água de coco, suco de melancia e seiva de bordo. Os armários estavam repletos de potes de pasta de amendoim, amêndoa e caju; chips de couve, coco e alga marinha; proteínas em pó e barras de proteína; e uma variedade de cereais que poderia abastecer o corredor inteiro de uma loja de produtos naturais. Fiquei me perguntando se Boone vinha aqui comer Froot Loops escondido de vez em quando, o que seria um absurdo. Ou será que ele comia Sucrilhos? Máquina de café espresso. Cafeteira. Mixers. Até uma Juicero. Todo tipo de leite e substitutos de leite.

— Às segundas-feiras, a empresa fornece o almoço para o pessoal do front office — disse Courtney. — Às sextas, a empresa fornece o almoço para o escritório todo. Às sextas de manhã, a empresa disponibiliza bagels. Quase todos os dias à tarde, temos bolos, cookies ou donuts para comemorar aniversários ou queijos que sobraram de uma reunião. Você também tem direito a vale-refeição todos os dias.

— Até nos dias em que a empresa fornece o almoço? — perguntei. Courtney assentiu.

Quando Courtney abriu e fechou as gavetas da cozinha, notei que elas fechavam suavemente. Lembrei-me de que as portas escondidas também. Na verdade, o andar inteiro foi pensado para que os "burros de carga" do escritório — como as tomadas elétricas das salas de reunião, instaladas no interior das mesas com tampas de metal polido, niveladas com o centro das placas de mármore — não apenas fossem silenciosos, mas também invisíveis. Todo trabalho sujo ficava longe dos olhos e longe do coração.

Ainda naquela manhã, Jay veio me dizer que mandaria um e-mail a todos os funcionários da Carbon em Nova York para me dar as boas-vindas à empresa.

— Mas não queremos que ninguém fique desconfortável com você — disse. Ele queria editar meu histórico no e-mail. Era uma afirmação, não uma pergunta. — É para o *seu* bem.

Eu assenti e disse que não tinha problema.

Mais tarde naquela manhã, conversei com Boone em sua sala. Ser eleito o hedge fund de melhor desempenho do mundo selecionando ações era como vencer o *MasterChef* cozinhando peito de frango no vapor: havia cortes muito mais sofisticados, métodos muito mais elaborados e quantitativos para investir, especialmente com a popularização do *machine learning*. Mas Boone queria vencer sendo um bom analista de empresas; eu o respeitava enormemente por isso. Queria aprender tudo o que pudesse com ele e cheguei preparada com meu Moleskine branco, que já continha muitas anotações sobre os livros que ele me enviara.

Boone também estava preparado. Ele me entregou uma folha de papel intitulada "Orientações para Carrie Sun". Enquanto ele falava, eu fazia anotações. As três primeiras palavras que anotei foram "objetividade", "integridade", "honestidade". Ele explicou qual deveria ser a minha postura: "Não me meter nas relações públicas da empresa. Não dar citações. Não falar com a imprensa. Não cancelar reuniões na última hora. Não me meter em nada muito grande ou importante. Definitivamente não me meter na política da empresa". Ele descreveu como eu deveria interagir com as pessoas: "Supergentil. Prestativa. Engenhosa. Não deixar as pessoas sem respostas. Supergentil". (De novo.) Havia uma seção inteira sobre suas preferências alimentares: "Proteína — nada pesado. Salada/sopa. Natural e saudável. Nada picante, salgado demais. Sem maionese. Nada de cafeína/vinho tinto. Anticâncer". Havia outra seção sobre pessoas importantes, incluindo contatos profissionais, que ele disse que trataríamos em breve, bem como uma seção sobre investimentos e acordos em andamento, quatro dos quais abordaríamos naquela conversa. O último item desta última seção era a empresa que ele e um colega haviam visitado no dia anterior e da qual retornaram dizendo que tinham "arrasado". Menos de um dia depois, ele decidiu: nada de acordo. Falou que eu seria a única pessoa a quem daria permissão para "encher seu saco" e comentou que a roupa que eu tinha escolhido para o Dia da Família estava "perfeita". Mencionou que a Carbon era uma organização "horizontal" e que eu precisava entender sua "cadência". Mencionou "detalhes", "os líderes comem por último" e a importância de "mostrar para as pessoas que nos importamos".

— Temos uma cultura de dar primeiro — explicou. — Não deixe de ler *Dar e receber*, do Adam Grant.

Eu não fazia ideia de quanto durava uma orientação.

Havia mais.

Boone me entregou cinco folhas de papel intituladas "Responsabilidades e expectativas para a assistente executiva", que listavam 96 responsabilidades (incluindo "Agenda", "Pesquisa", "Finanças", "Comunicação", "Outros projetos" e "Outros pessoais") seguidas de treze expectativas gerais. Percorremos cada item, e não havia nenhum item repetido. É claro que nem todas as 96 responsabilidades demandavam a mesma atenção, mas exigiam uma enorme flexibilidade — a capacidade de trabalhar em um cenário de grande e constante incerteza —, já que cada item poderia levar horas ou anos de trabalho contínuo. Em particular, o item "Disposição para ajudar a empresa em tudo o que for necessário".

A expressão "tudo o que for necessário" aparecia onze vezes. "Proatividade", nove. "Senso de humor", uma vez, escondido no meio de um item da categoria "Manter o controle da lista de tarefas". Gostei mais do item a seguir, por ser o mais fácil: "Deletar as tarefas concluídas". Seguido do adendo: "*Pode acontecer* de a lista ser curta". (Grifo meu.) Enquanto isso, além das responsabilidades descritas, a ideia de positividade atravessava o documento, como em "Ser simpática ao atender o telefone" e "Garantir que fornecedores e colaboradores gostem de trabalhar com a gente". Boone explicou sua filosofia de relacionamentos, a qual também queria que eu seguisse: sempre interagir com as pessoas de modo a cultivar um "sentimento bom" nelas.

— O segredo para você — disse Boone — é observar com atenção e aprender com as pessoas. Não pise no calo de ninguém. Não aja como se soubesse de tudo. Respeite a experiência e a opinião dos outros.

Dito isso, ele passou para as expectativas: "Maximizar a eficiência". "Atitude positiva, do tipo 'eu consigo'." "Pouco ego, alta produtividade, alto retorno dentro do prazo." Enquanto ele explicava a quarta expectativa — "gentileza, profissionalismo, ir além do esperado" —, me vi arrastada por um turbilhão de pensamentos e emoções. Ele disse acreditar na importância de fazer a coisa certa. Discorreu sobre moralidade. Antes da Carbon, eu prometera a mim mesma que nunca mais me envolveria emocionalmente no trabalho ou nos estudos. Eu já tinha caído do cavalo antes por amar instituições que não me amaram de volta; por acreditar que bondade, igualdade e justiça eram possíveis em instituições conhecidas por serem de elite, com interesses capitalistas a proteger. Desde o ensino fundamental, eu dava muito valor a maximizar meu dia (o que se definia acima de tudo pela quantidade e qualidade do trabalho concluído), bem como a ser uma boa pessoa. Nunca cheguei perto de atingir esses objetivos à perfeição, mas posso dizer que tentava bastante. Eu me importava. E Boone parecia ser a personificação desses dois valores.

Foi então, perto do fim da minha primeira conversa com Boone no meu primeiro dia de trabalho, que voltei a acreditar neles. A acreditar na possibilidade de haver bilionários do bem. A acreditar em bons retornos e em boa performance, e que qualquer um poderia ser uma boa pessoa em um hedge fund. E a acreditar que não era tudo sobre dinheiro. Acreditar em Boone significava que eu poderia preservar minha inocência e me apegar aos ideais. Eu não precisaria rever minha visão de mundo.

A última expectativa era "Nenhuma pergunta é 'idiota' nos primeiros 18 meses (nunca, na verdade)!". Ele colocou o dedo sobre a linha e disse:

— Você pode me perguntar o que quiser, quando quiser.

Eu assenti.

— E não diga hedge fund — ele instruiu. — Não somos um hedge fund.

Fez uma pausa para mostrar que não estava brincando.

— Somos uma empresa de investimentos.

O tempo passou. Horas se passaram. Luis, nosso gerente de manutenção, me acompanhou enquanto eu tirava uma foto para a segurança do prédio; minhas pálpebras estavam caídas devido ao peso dos cílios postiços que eu usava (pela primeira vez) na tentativa de parecer mais alerta, mais perfeita, no trabalho. Precisei superar minha recém-descoberta fobia de telefone; aquele aparelho cheio de botões na minha mesa representava um milhão de oportunidades de interromper, encaminhar ou entrar em uma ligação por engano. Uma das responsabilidades era "Sempre atender o telefone". Meu telefone tocava a cada poucos minutos. Eu agarrava Erin, que ficava em um cubículo próximo, e sussurrava-gritava: "Desculpe interromper!

Rápido! Preciso de ajuda! Qual botão?". Também fiz algumas sessões de treinamento: uma sobre compliance, na qual fui lembrada das leis de informações privilegiadas e aconselhada a nunca chegar perto de me colocar em uma posição problemática, e uma sessão sobre tecnologia, na qual fui orientada a me comportar como se todas as minhas comunicações fossem ser lidas em público. Para o almoço, já no meio da tarde, pedi um delivery de sushi de lagosta. Tive tempo e apetite para engolir dois sushis. Boone, em nossa caminhada, dera a entender que eu enfrentaria resistência — que seria difícil convencer as pessoas a gostar de mim e se dispor a me ajudar. Mas todos foram muito gentis e pacientes comigo hoje. Será que ele se enganou?

Depois do fechamento do mercado, começou o Dia da Família.

— Não é todo dia assim — disse Boone enquanto caminhávamos em direção ao Victorian Gardens, o parque de diversões dentro do Central Park, que a Carbon havia reservado. Ele soltou uma risadinha e eu ri, mas eu sabia que ele estava falando sério.

Cabiam até três mil pessoas no parque de diversões. A sede da Carbon em Nova York tinha menos de cem funcionários. O local parecia ter mais pessoas servindo hambúrgueres e operando brinquedos do que visitantes. A primeira imagem que vi ao entrar no local ficou gravada na minha mente: filhos dos funcionários da Carbon entrando em xícaras de chá, pulando em balanços, se divertindo, sozinhos, e brinquedos enormes funcionando para o entretenimento de umas poucas crianças. Felizes, os filhos gritavam de alegria, sem qualquer noção de seus privilégios, e rodas-gigantes, aviões e montanhas-russas — um mundo inteiro — giravam exclusivamente para eles. A cena toda me pareceu triste. Crianças querem brincar com outras crianças. Mas o abismo entre elas — e o público em geral — era grande demais.

Não fui em nenhum brinquedo. Preferi ficar com as assistentes. Val, a mais jovem, entrara na Carbon seis meses antes. Ela usava alpargatas de grife e tinha um quê de ousadia. Fiquei sabendo que todas as assistentes estavam cobrindo pelo menos duas pessoas. Val me recebeu em seu círculo com Erin, que, como ela, era relativamente nova na empresa; Kelly, a assistente de Ethan, estava prestes a entrar em licença-maternidade, e Erin estava aprendendo o básico e se preparando para assumir.

Boone me encontrou.

— Vamos ali conhecer algumas pessoas — ele disse.

Antes, ele havia me apresentado à empresa e aos diretores de cada departamento. Agora eu conheceria a família e os amigos de Boone e outras pessoas do trabalho. Boone caminhava como se tivesse todo o tempo do mundo. Nos momentos entre as apresentações, ele não me dirigia uma única palavra. Eu estava acostumada com pessoas afoitas em preencher qualquer silêncio. Ele desacelerava para observar. Eu também. Olhei as pessoas aglomeradas nos mesmos silos nos quais trabalhavam no escritório, sem polinização cruzada. Observei pessoas brancas, uma mais bonita e inteligente que a outra. Uma prima de Boone chamou a atenção das assistentes. "Quem é aquela?", elas me perguntaram enquanto admiravam sua cintura impossível revelada por um *crop top*. A mulher havia sido editora de moda e cofundadora de uma marca de jeans de luxo e era casada com um gestor de fundos, um dos melhores amigos de Boone.

Ao lado de Boone, senti pontadas de gratidão e algo como orgulho, mas, acima de tudo, me senti vazia. Quando eu aceitara a oferta da Carbon, um recrutador (não Peter) com quem eu havia feito alguns processos de seleção e que sabia da existência da vaga, mas não me falara sobre ela, disse:

— Você não passa de uma bolsa Prada que o Boone quer ostentar.

Ele está errado, pensei enquanto observava Boone olhando para os filhos.

Ao final do Dia da Família, a Carbon ofereceu carros com motorista para levar cada um de nós aonde quiséssemos. Peguei um material no escritório e, depois, voltei para casa de táxi. Tirei os saltos, massageei os dedos dos pés entorpecidos e calcei os chinelos. Amigos haviam me mandado perguntas sobre meu dia, mas a última vez que vira mensagens tinha sido antes de entrar no trabalho. Às 19h36, respondi ao meu recrutador. "Oi, Peter. Foi um loooongo dia", escrevi, "MAS ESTOU AMANDO." Eu havia escapado de um relacionamento sufocante e estava morando em uma nova cidade, com um novo emprego, uma nova vida: eu era livre. Eu tinha certeza de que nunca sairia da Carbon.

Escrevi a Peter que eu "tinha nascido para aquele emprego".

Contei a uma amiga do ensino médio, aquela que me chamava de Ursinho Carinhoso, que "não tive tempo nem para fazer xixi".

4 a 30 de setembro

Os objetivos mudaram no dia seguinte.

Em casa, depois do primeiro dia de trabalho, ouvi uma notificação no celular lá pelas oito ou nove da noite. Eu mantinha as notificações desativadas para quase todos os contatos. Também deixava o celular no silencioso, sem som, vibração nem flash de luz. Horas antes, havia adicionado Boone aos Favoritos e o arrastado ao topo — acima da minha mãe, do meu pai e de Yuna — e alterado as configurações de modo que seu contato driblasse todas as restrições e tocasse uma vez para e-mail, duas vezes para mensagem; todos os outros contatos permaneceram no mudo. Abri o celular. O e-mail fora enviado para mim e para Jen e incluía uma foto dos filhos dele no Dia da Família. Que fofo! Mais para o fim da noite, dei outra olhada no celular — na Carbon, podíamos adicionar nossas contas de trabalho diretamente ao aplicativo Mail, o que tornava os e-mails comparáveis a mensagens — e vi que Jen havia respondido com cópia para todos.

No dia seguinte de manhã, Boone me chamou para uma conversa. Eu estava pronta para enfrentar minhas funções na Carbon com minha "atitude positiva, do tipo 'eu consigo'", quando a primeira coisa que ele me perguntou foi:

— Você recebeu meu e-mail ontem à noite?

— Recebi. Seus filhos são uma graça — falei, com as mesmas sobrancelhas arqueadas e a cabeça inclinada que faço quando vejo focas, preguiças e Corgis.

— Você pode responder a todos os meus e-mails assim que os ler?

— Er... Claro... Sim. Respondo, sim. Desculpe. Eu ia responder pessoalmente hoje porque não queria entupir sua caixa de entrada.

— Preciso saber que você lê tudo o que mando.

— Eu achei que... — O e-mail tinha sido enviado fora do horário de trabalho, era um assunto pessoal, não continha uma pergunta. — Entendido. De agora em diante, responderei a todos os seus e-mails de imediato.

Mais tarde naquele mesmo dia, recebi a tarefa mais desagradável do mundo: interromper uma reunião para passar um recado a Boone. Elisabeth, acho, tinha ligado.

— Ele está em reunião. Você pode esperar uma hora? — perguntei.

— Não.

No cubículo ao lado do meu, trabalhava Lena, que estava de férias durante meu processo seletivo. Ela e Sloane eram as duas assistentes mais antigas da empresa. Lena era a mais velha de nós e, pelo que tudo indicava, morava com seu gato em um apartamento de dois quartos no Upper West Side. Simpatizei de cara com ela: segurava um livro de *true crime* e o fechava com força quando eu saía de trás dos monitores, posicionados de maneira a não tê-la em minha visão periférica. Ela era assistente de Michael, um gestor de portfólio com responsabilidades semelhantes às de Boone.

— Lena — chamei —, como você passa um recado?

— Eu pego um Post-it — ela pegou um bloco — e um marcador — olhou ao redor da mesa e pegou a caneta mais próxima — e escrevo um bilhete como este. — Ela rabiscou algumas palavras. — Dobro o Post-it ao meio para ninguém mais ver e o levo até ele.

— Você bate na porta?

— Não. Você entra sem avisar.

Suspirei alto.

— Ninguém gosta de fazer isso, você simplesmente se habitua a fazer — acrescentou ela.

Peguei uma caneta e escrevi o bilhete, mas calculei mal o tanto de espaço que precisaria; as letras começaram a se espremer a ponto de a mensagem ficar ininteligível. Se eu não conseguia planejar o espaço em um bilhete, como planejaria a vida de Boone? Precisei tentar três vezes com minha melhor letra, mas consegui. Voltei a calçar os saltos e caminhei pelo corredor do front office até as salas de reunião externas. Boone estava na Paget, cuja porta era de vidro grosso e transparente. Ele me viu chegando de longe. Abri a porta — alguém estava no meio de uma frase e parou por segundos infinitos antes de continuar —, contornei os participantes, entreguei o bilhete a Boone, que leu mas não deu nenhuma resposta, e saí fingindo tranquilidade.

Quando a reunião terminou, Boone me chamou em sua sala.

— Carrie. Então. A sua atitude.

Ai, Deus.

— Você é hesitante demais. Preciso que você ande com mais confiança. Basta entrar e sair, mas seja mais tranquila, mais descontraída.

Em nossa caminhada pelo Central Park, Boone me pedira para que não fosse arrogante, que tentasse não intimidar as pessoas; pelo jeito, eu tinha errado na mão. Pedi a ele que explicasse o que queria dizer com aquela orientação — uma verdadeira fita de Möbius. Ele esclareceu, mas para mim a mensagem era que eu deveria andar como uma modelo da

Victoria's Secret. Ele queria que eu fosse como ele: despreocupado e fluido. Observei a atitude *dele*: impassível. Sem tiques. Ele jamais permitiria que uma parte de seu inconsciente se manifestasse na realidade.

— E mais importante — acrescentou —, não seja esquisita.

Boone não era o único disposto a me dar feedbacks instantâneos.

A mãe dele ligou. Como eu era responsável pela linha de Boone, atendi o telefone. Batemos um breve papo antes de ela me perguntar:

— Você tem uma personalidade solar, como o seu sobrenome, sabia?

Depois, Boone disse:

— Anne falou que você tem a voz perfeita para falar ao telefone. — Eu odiava a minha voz. — Ela disse que sua voz é forte e ao mesmo tempo reconfortante.

Um dia, o pai de Boone, Cooper, que era muito parecido com o filho, veio almoçar. Boone me convidou para me juntar a eles na sala Paget. Enquanto Boone comia, Cooper me interrogava. Quando contei que nascera na China, Cooper perguntou:

— Como você veio para os Estados Unidos?

Comecei a explicar que meus pais são da primeira leva de chineses que vieram fazer faculdade nos Estados Unidos depois da Revolução Cultural, e Boone, ainda mastigando, se levantou e disse:

— Já conheço essa história.

Ele pegou seu almoço e saiu. Terminei minha história de imigrante e Cooper exclamou:

— Uau.

Conversamos sobre minha vida, meus objetivos, minhas esperanças e meus sonhos. Então ele perguntou:

— Você é casada?

Notei-o espiar minha mão esquerda. Respondi que não. Sem hesitar, ele disse:

— Alguém vai ser um homem de sorte um dia desses.

Não tive tempo para pensar.

Boone e eu nos sentamos para analisar sua lista de contatos, mais de cem deles extraídos de uma planilha do Excel claramente organizada por sua antiga assistente, que passara quase uma década trabalhando para ele. Percorremos a lista. Eu dizia um nome e Boone me dava detalhes sobre o relacionamento. Nome, "Amigo… Também um investidor da Carbon". Nome, "Investidor… mas também um bom amigo". Até que cheguei a Adam Hoffman. Enquanto Boone explicava que a Carbon e a Helium, a empresa de capital de risco fundada por Hoffman nos anos 2000, investiam nas mesmas startups, eu lia os detalhes na planilha: "boone é investidor da helium, adam entrou, ele namora modelos". A namorada modelo de Hoffman certamente passava bilhetes com a atitude perfeita. Boone anotou cinco nomes para incluir na planilha, todos diretores- -executivos de empresas nas quais a Carbon havia investido.

Passei o resto da semana observando com atenção e aprendendo.

Com Boone, aprendi a não mentir, nem em situações nas quais ele e eu seríamos os únicos a saber. Semanas antes, Erin havia aceitado uma reunião que Boone não queria fazer; ele sabia que os participantes fariam um pedido. Mas era tarde demais para cancelar. Boone compareceu. Depois da reunião, ele me disse que, se alguém daquela organização voltasse a entrar em contato, eu deveria omitir a verdade, deixar a pessoa em banho-maria e lhe dar uma "desculpa legítima" para explicar por que ele não poderia recebê-la.

— Mas sem mentir — ele disse me olhando fixamente. — Nunca.

Com Lena, aprendi que regras são regras… às vezes.

— Vamos fazer um pedido no Bergdorf's — ela disse, me passando um cardápio por cima da divisória de nosso cubículo compartilhado. — Quer alguma coisa?

O restaurante sofisticado era um destino icônico para mulheres na hora do almoço. Perguntei o que ela costumava pedir.

— Gosto da Salada Gotham.

Dei uma olhada nos preços.

— Tudo bem se passar do valor das despesas para refeição? Pagamos o excedente com o nosso cartão pessoal ou algo assim?

Devo ter passado um tempo longo demais olhando para ela e me perguntando como tinha tempo para ler as seleções do seu clube do livro no trabalho; Michael parecia ser tão ocupado quanto Boone. Lena acenou com a mão e respondeu:

— Não se preocupe com isso.

Minha mãe chegou no fim de semana para me ajudar a organizar o estúdio. Entre arrumar a mudança e montar os móveis contemporâneos que eu tinha comprado na CB2, fiquei pensando na Fidelity.

A segunda vez na vida que achei ser possível meus pais não me considerarem um fracasso foi quando trabalhei na gigante dos fundos mútuos em Boston. Minha mãe ligava para contar novidades sobre o filho ou a filha da fulana que trabalhava "em finanças" porque, ao que tudo indicava, ela havia contado à comunidade chinesa da região central de Michigan inteira que eu estava trabalhando "em finanças". Parecia orgulhosa de mim; parecia satisfeita, aliviada. Como nunca contei a ela (nem ao meu pai) o quanto ganhava, exceto que daria para comprar um carro novo com meu bônus de contratação, devia se orgulhar porque eu trabalhava em uma empresa que ela e seus amigos reconheciam e entendiam; eles conversavam sobre os fundos mútuos e planos de previdência privada oferecidos pela Fidelity. Então, ainda ao telefone, depois de contar uma boa notícia (sempre era uma boa notícia) sobre o filho de uma amiga que trabalhava em finanças, ela me perguntava se eu o conhecia.

— Não, mãe — eu respondia, me forçando a ser paciente. — Por que eu conheceria essa pessoa? A Fidelity e a Morgan Stanley atuam em áreas financeiras totalmente diferentes.

4 A 30 DE SETEMBRO

Levei muito tempo para entender a confusão. Grande parte do mundo das finanças foi pensada para confundir e complicar ao ponto da exclusão — um incidente no meu segundo ano de faculdade me dava certeza absoluta disso.

Estava sendo entrevistada para um estágio de verão para uma função de vendas e negociação no Citigroup e fui conduzida a uma sala com janelas escurecidas e vista para o Midtown, em Manhattan. Deram-me uma folha de papel com algumas equações. Aquilo foi em 2005. O homem branco de meia-idade do outro lado da mesa recostou-se na cadeira e perguntou:

— O que pode me dizer sobre o que vê?

Olhei para a folha de papel. Dentro de um ano, eu estaria me formando em matemática, finanças e economia, mas me vi incapaz de pelo menos começar a dizer algo sobre as letras e símbolos gregos à minha frente.

— Para dizer a verdade — respondi, me sentindo burra e humilhada —, não faço a menor ideia.

A entrevista não foi boa para mim, mas a situação seria ainda pior para o Citi. O homem explicou que as equações eram variações de uma das principais linhas de negócios da empresa: obrigações de dívida colateralizada (as famosas CDOs). Em especial: títulos lastreados em hipotecas (MBS). Na ocasião, não consegui decifrar o que o personagem de Steve Carell no filme *A grande aposta* descreveria como "cocô de cachorro enrolado em cocô de gato" depois que a proliferação de CDOs se tornou a principal causa do colapso financeiro global de 2008. O Citi viria a ficar insolvente e precisaria ser resgatado pelo governo.

Eu jurei que não deixaria essa experiência arruinar meu objetivo de trabalhar em finanças, especificamente em finanças quantitativas: eu tinha certa obsessão por controlar o caos. Com ordem, lógica, forma, estrutura, razão, racionalidade e sentido. Eu acreditava que, se me empenhasse o suficiente, poderia descobrir um padrão em qualquer sistema e, mesmo se não conseguisse explicar o porquê de um evento, poderia prever se ele aconteceria, ou quando. Antes do fim do primeiro ano de faculdade, eu já tinha pelo menos três ofertas de emprego em período integral: uma para trabalhar em pesquisa quantitativa em uma empresa de negociação proprietária (uma empresa que não negocia em nome de clientes, mas por conta própria, visando lucro); uma para trabalhar em modelagem quantitativa em uma grande administradora de ativos; e outra, talvez, para uma função generalista voltada à análise quantitativa em um hedge fund. Retirei-me dos processos seletivos assim que recebi a oferta da Fidelity para trabalhar como analista quantitativa. (A terceira empresa, o hedge fund, implodiria em dois anos.)

A Fidelity era de longe a minha primeira escolha. Apelidada de "Fido", era a maior empresa de fundos mútuos do mundo, na época administrava cerca de 1,2 trilhão de dólares em ativos; o lugar histórico sobre o qual eu lia no ensino médio quando pegava livros de Peter Lynch na biblioteca; o lugar da sabedoria financeira canônica, como investir "naquilo que você conhece" e encontrar 10-baggers, as ações que valorizam dez vezes ou mais; e o lugar onde os funcionários podem construir carreira, passar a vida trabalhando e se aposentar realizados após ajudar a nação a concretizar seus sonhos financeiros.

Era nisso que eu acreditava, e não sem razão: no meu primeiro dia, tive uma orientação com o resto da turma de assessores de investimentos (com diploma de graduação) e analistas (com MBA) contratados para fazer pesquisas de investimentos. Éramos uns trinta: metade assessores, metade analistas; poucas mulheres. Em uma das sessões, um gestor sênior de portfólios fez uma palestra motivacional sobre o propósito da empresa. Ele tirou uma carta do bolso e começou a lê-la em voz alta; era de uma pessoa que havia investido no fundo dele. Na carta, o autor dizia que o bom desempenho dos investimentos ao longo dos anos possibilitou que seus filhos fizessem faculdade, e agradecia ao gestor de portfólios. Possibilitar a educação das gerações futuras, o que poderia ser mais significativo do que isso?

4 A 30 DE SETEMBRO

Em 2006, a Fidelity empregava cerca de quarenta mil pessoas no mundo todo, com, pelo que me lembro, cerca de duzentas para pesquisa de investimentos e gestão de portfólios. Eu estava na equipe de pesquisa e análise quantitativa no lado institucional e era a única mulher do grupo quando entrei. A outra pessoa que começou na mesma época e na mesma função que eu tinha bacharelado e mestrado pelo MIT. Aos 26 anos, ele era a única pessoa na equipe com idade próxima da minha. Meu chefe, John, também tinha mestrado pelo MIT e dizem que não tirou um único dia de licença médica em seus dezesseis anos de empresa. Eu acabara de completar 21 anos quando entrei, mas ele me deu imensas responsabilidades desde o começo. O otimizador que criei deveria tomar um ano de trabalho; terminei em seis meses e passei para outros projetos. Eu adorava o meu trabalho, a minha equipe, o meu chefe. Ouvia veteranos brincando que eu tinha perdido os "bons e velhos tempos". Mas eu não acreditava muito que John e outros membros da minha equipe tivessem participado das atividades daqueles bons e velhos tempos: uma despedida de solteiro de 160 mil dólares organizada pelos corretores para um famoso negociador da Fidelity a bordo de um iate com garotas de programa, ecstasy e uma competição de arremesso de anões. Se era verdade, ainda bem que perdi isso. Mas não demorou muito para eu perceber que os bons e velhos tempos ainda faziam parte da cultura da empresa.

Uma tarde, depois de almoçar no Faneuil Hall Marketplace, voltei à minha mesa e um colega mais velho, branco e casado estava me esperando em meu cubículo. Ele queria me mostrar um vídeo sobre, nas palavras dele, a "febre amarela". Eu não soube dizer não. Achei que ele iria embora depois de gargalhar por dez minutos assistindo ao clipe, mas ele continuou lá. Sei que John o viu, porque ele passou por nós várias vezes encarando meu colega. Depois de uma hora, eu disse que precisava trabalhar. Quando ele saiu da minha mesa, lembrei-me da entrevista de seleção com aquele mesmo homem, que, no meio da reunião de trinta minutos, me perguntou à queima-roupa:

— Você é chinesa?

— Hum, sim...

— Minha esposa também é.

Ele não foi o único a fazer comentários inapropriados. Muitas equipes de investimento quantitativo contam com um time de suporte de programadores e especialistas em TI para ajudar com problemas de dados e informática. Um dia, pouco depois de eu entrar, a pessoa que John encarregara de me ajudar a aprender Java disse:

— Você só está aqui porque é mulher e é bonita.

— Você só está dizendo isso porque não viu o meu trabalho nem o meu currículo — retruquei.

A única mulher do nosso grupo que ajudava com o recrutamento e com tarefas não relacionadas a investimentos tinha sido assistente da nossa equipe antes de se casar com um gestor de portfólio da Fido, um dos melhores amigos de John. Amor de verdade — coisa linda de ver. Depois, havia duas assessoras do lado da análise fundamentalista (em oposição à quantitativa) que entraram na mesma época que eu e com quem fiz amizade. Uma delas me disse, meio relutante, mas em um tom que revelava seu desespero para contar o segredo, que estava tendo um caso com um analista de pesquisa oito anos mais velho. Eles acabaram se casando; ele foi promovido a gestor de portfólios. Será que o único caminho para as mulheres da Fidelity era se casar com gestores? A outra assessora tinha um namorado da faculdade que morava em Miami. Eu também tinha um namorado da faculdade, mas que morava em Boston. Nós duas nos encontrávamos para comer em *food trucks* e conversávamos sobre termos crescido em famílias de imigrantes e como parecia impossível ser uma gestora de portfólios com filhos e uma família feliz. Ela também me contou que alguns homens de sua equipe, brancos e recém-saídos de suas fraternidades, se gabavam de pegar várias mulheres do departamento.

O braço institucional da Fidelity mudou-se do centro de Boston para os arredores de Providence, no estado de Rhode Island, depois que a empresa pressionou o governo do estado por uma redução de impostos que beneficiava os funcionários mais bem remunerados. O escritório tinha uma planta aberta. Eu ia à cozinha fazer chá, voltava ao computador e lá estavam as mensagens: "Você está gostosa hoje", "Gostei da saia". A área de negociação tinha uma luminária de mesa. Ouvi dizer que, sempre que uma mulher passava, alguém virava a luminária para cima se a mulher fosse bonita ou para baixo se não fosse. Outra pessoa me contou que os homens gostavam de comentar sobre os "melões" da assistente do diretor de investimentos. Na festa de Natal no meu último ano na empresa, um dos traders me abordou e sussurrou em meu ouvido:

— Quero te lamber inteira.

Até então, eu não tinha feito nenhuma denúncia. Não por medo, mas pela minha disciplina. Estava decidida a não deixar nenhum homem me distrair dos meus objetivos. Não queria perder mais tempo buscando justiça por assédio sexual ou, como aconteceu em um período prévio da minha vida, abuso. Meu maior medo era não acreditarem em mim. Só queria ser deixada em paz para fazer meu trabalho, e foi o que fiz. Ano após ano, recebi mais de 100% de bônus por concluir mais projetos do que me foram atribuídos, porém estava ficando cada vez mais difícil manter o foco. Perguntei a um colega, um homem branco que nunca tinha feito qualquer comentário antiprofissional para mim, o que eu deveria fazer em relação àquele negociador.

— Pense na família dele — meu colega recomendou. — Pense nos filhos dele. Você não quer destruir a família dele, quer?

(Quando contei à minha mãe, em linhas gerais, o que estava acontecendo e como eu estava infeliz no trabalho, ela me disse:

— Saia dessa empresa. Venha para casa. Eu cuido de você.

Foi um dos maiores choques da minha vida.)

Eu já havia tentado sair da Fido devido a sua cultura. Cerca de um ano após ser contratada na empresa, enquanto fazia entrevistas, entrei no escritório de um recrutador — lembro-me do Sol da manhã se esforçando para aquecer a sala escura revestida de painéis de madeira —, que olhou para mim do outro lado da mesa e disse:

— Você já tem dois pontos contra sua contratação: além de ser mulher, é asiática.

Nunca mais vi aquele recrutador (que também era descendente de asiáticos). Por outros meios, fiz entrevistas em alguns outros lugares, mas nada deu certo. Então, em 2008, a economia entrou em colapso. Achei melhor ficar onde estava. A Fidelity reduziu sua força de trabalho. Minhas duas amigas assessoras não foram promovidas e tiveram que sair. Fui promovida e um ano depois virei coadministradora de portfólio, mas não me sentia exatamente merecedora do cargo: trabalhadores ao redor do mundo estavam perdendo seus empregos, casas, tudo o que tinham poupado para a aposentadoria, enquanto eu via meu salário, bônus e participação nos lucros subirem cada vez mais com, sinceramente, muito pouco esforço da minha parte — o que me parecia um enorme *erro cósmico*. Eu não sentia que estava agregando valor ao mundo. Me sentia protegida em uma bolha, desconectada da humanidade. Tive que sair. Não denunciei o assédio sexual porque, na ocasião, achei que não faria diferença. Na minha opinião, as pessoas a quem eu denunciaria o problema — o RH e os meus superiores, sobre quem eu tinha ouvido fofocas de casos extraconjugais com pessoas que conheceram na Fido, ou através da empresa — faziam parte do problema.

Em apenas três dias na Carbon, não conseguia imaginar Boone permitindo uma cultura como aquela. Lembro-me especificamente de pensar que Boone jamais trairia Elisabeth porque, primeiro, ele a amava tanto que já havia mencionado o aniversário de casamento deles com meses de antecedência e, segundo... bem, ele simplesmente *jamais* o faria. Ter um caso não seria nada eficiente.

    Minha mãe saiu para o aeroporto antes do nascer do Sol na quarta-feira. Quase chorei, o que me assustou. Fui transportada para a mesma época, onze anos antes, quando, em frente ao dormitório da universidade, vi o carro dos meus pais indo embora e ficando cada vez menor na Amherst Alley. Eu tinha passado a vida inteira esperando por aquele momento. Acenei para eles. Meu pai estava ao volante e minha mãe, no banco do passageiro, não olhou para trás. Senti lágrimas despencando dos meus olhos. Depois meu pai me contou que minha mãe chorou durante todo o caminho até Michigan, desde o instante em que fechou a porta do carro. Olhei ao redor do meu estúdio de 45 metros quadrados. Minha mãe recebera meus móveis. Configurara minha internet. Tirara todo o lixo e as caixas de mudança e comprara roupas, sapatos e um espelho de chão para mim. Tudo para me ajudar a fazer meu trabalho. A única coisa que minha mãe e meu pai queriam de mim era que eu me estabelecesse — que me decidisse logo; minha mãe não cansava de me perguntar por que eu não podia ser mais como Julie, Tina, Mary, Linda —, mas isso era exatamente a coisa que eu não podia lhes dar. Talvez estivesse me aproximando. Pelo menos na vida profissional. Talvez por isso que, por três dias e três noites, nem minha mãe nem eu levantamos a voz uma para a outra.

Mandei uma mensagem para Yuna no domingo.

> Quer vir me visitar?
>> Carrieeeee. E aí?
>> Quero muito, só preciso achar um fim de semana de folga.
>
> Bora!

> Trabalhei até uma da manhã duas vezes nesta semana e aos sábados. Passei o dia inteiro dormindo hoje...

Estou morrendo de saudades.

> Nossa, eu também. Pensa num estresse.

Eu nunca tinha morado em Nova York e estava me sentindo sozinha. Por ser filha única, me acostumara à solidão, mas às vezes desejava ter uma irmã. Minha melhor amiga da faculdade morava na Times Square, a oito quarteirões do meu estúdio. Kristi era incrível; ela me tratava bem independentemente do que as pessoas murmurassem sobre mim. Outra coisa que nos unia era o fato de sermos introvertidas convictas; tínhamos que praticamente nos arrastar para as festas universitárias e baladas de Boston, mas gostávamos mesmo de ficar em casa; agora ela ficava em casa com o marido, que cursava medicina na Columbia. À noite, depois de um longo dia na Carbon, eu pensava em Kristi e Yuna, ambas descendentes de coreanos e que cresceram na região dos Grandes Lagos. Kristi entrou em medicina, odiou o curso, passou para consultoria e depois para direito. Yuna começou a trabalhar como enfermeira, descobriu que odiava enfermagem, largou a faculdade e foi trabalhar como garçonete enquanto decidia o que fazer. Yuna e Kristi escolheram enfermagem e medicina por ser, segundo elas, o que seus pais queriam que elas fizessem. Sempre que elas, ou qualquer outra pessoa, me perguntavam por que eu havia escolhido o meu curso, negava qualquer influência dos meus pais.

As assistentes organizaram um jantar de boas-vindas para mim no Mark Hotel, no Upper East Side. Saímos do escritório às seis da tarde. Passamos pelo saguão do hotel, com piso listrado como uma zebra, e entramos no movimentado restaurante. Estávamos em dez pessoas e nos sentamos a uma mesa redonda sob uma claraboia. Comemos. Bebemos. Conversamos sobre botox, mas não pude contribuir com nenhuma história. Sempre que havia uma pausa na conversa, o olhar de todas parecia se voltar para Sloane. Lembrei da minha primeira semana de trabalho, quando Sloane e sua comitiva me pararam no corredor ao lado do meu cubículo. Sorrindo, ela disse:

— E aí! Conte tudo, não esconda nada! Você é casada? Solteira? Enrolada?

Foi por isso que não me surpreendi quando justamente Sloane olhou para mim no meio do jantar, sobre um mar de guardanapos de tecido branco, e perguntou:

— E aí? Conte tudo, não esconda nada! O que você está achando do trabalho na Carbon?

— Estou simplesmente *amando*!

Estava no meio da explicação do que exatamente eu amava tanto no trabalho quando meu celular, que eu tinha colocado na mesa virado para baixo e no silencioso, tocou. Eu havia configurado como toque a introdução de "Rather Be", do Clean Bandit, uma música que ouvia no spinning enquanto mergulhava fundo na minha alma e me comprometia com o processo de seleção insano da Carbon. Uma melodia de violino começou a tocar.

— Com licença, preciso atender.

— É o Boone? — Sloane perguntou.

Afastei minha cadeira, assenti e me levantei. Estava olhando para meus pés, tentando não tropeçar com meus saltos no meio de uma sala de jantar cheia de gente elegante, então não vi exatamente quem fez o comentário:

— É... Esta é sua vida agora!

E depois:

— Nossa, como você é magra!

Aquela foi a segunda vez que alguém da Carbon comentou sobre meu peso. A primeira foi quando eu estava voltando da cozinha para a minha mesa e uma assistente que caminhava em minha direção viu minha roupa e disse:

— Que sorte você tem de ser tão magra!

Eu estava vestindo uma saia de couro vegano, preocupada se era aceitável mostrar os joelhos na sexta-feira casual ou não. Naquele jantar, minha saia tweed ficava caindo apesar do cinto já estar no último buraco. Eu sentia meu corpo, por dentro e por fora, sendo observado no trabalho, o que só me fazia querer comer (e ser) menos.

Como o restaurante estava muito barulhento, corri para o saguão e atendi a ligação de Boone. Ele estava jogando golfe e pediu que eu providenciasse um carro que o levasse de volta para casa. Liguei para nosso serviço de limusine e pedi um SUV de luxo imediatamente. Feito isso, voltei para a mesa. Minhas colegas pediram rodadas e rodadas de bebidas enquanto eu bebericava minha única taça de champanhe. Depois de mais algumas horas, terminamos o jantar, pagamos e saímos pelo bar do hotel, quando Sloane sussurrou alto para alguém:

— Acho que é a Big Ang ali!

Eu esperava que alguém perguntasse: Ang quem? Ninguém perguntou.

— Minha nossa! — exclamou uma delas.

Voltando para casa em um táxi amarelo, procurei por "Big Ang" no Google.

No dia seguinte, em uma reunião matinal, perguntei a Boone:

— Você chegou bem em casa ontem à noite?

— Não.

— *Não?*

— O carro não veio.

— *O quê?* Por que você não me ligou? Me desc...

— Sem problemas.

Boone deu de ombros. O amigo com quem ele estava jogando golfe, outro gestor de um hedge fund, lhe dera uma carona. *BOONE É UM DOCE*, pensei. *TÃO LEGAL*. Ele passou para outros itens da nossa lista de tarefas. Observei sua boca se mover para cima e para baixo, para baixo e para cima, mas minha cabeça insistia no meu erro. Só havia um Deepdale Golf Club. De repente tinha mais de uma entrada e eu não perguntei onde ele estava, mas... Hum. Ele também não especificou. Talvez ele não tenha especificado porque queria que *eu* criasse o hábito de fazer as perguntas certas. "Em caso de dúvida", Boone havia dito, "pergunte. *Não há perguntas idiotas.*"

Às sete da noite daquele mesmo dia, Val e eu saímos do trabalho e fomos a um SoulCycle no Upper West Side (o mesmo SoulCycle onde Boone fazia spinning, mas ele ia às sete da manhã e ficava na primeira fila, sempre com a mesma instrutora, conhecida por sua energia altíssima e pela trilha sonora de hinos do rock e *dance*). Depois de pedalar loucamente sem sair do lugar por 45 minutos, pegamos um suco e caminhamos pela Broadway em direção a nossas respectivas casas. Entre goles de um *smoothie* de pasta de amendoim para ela e um suco de melancia para mim, perguntei:

— O que você acha do seu chefe?

— Ari é legal. Acho que ele é o... como posso dizer... o menos Carbon de todos, sabe?

— Como assim?

— Ele gosta de festas. Ele chega atrasado. E, ahnn... ele curtiu umas fotos minhas no Insta num sábado tipo à meia-noite. — Ela deu outro gole em seu *smoothie*. Pensei nas redes sociais dela; um de seus posts recentes mostrava sua nova bolsa da Chanel. — Ele também curtiu uns posts antigos.

— Não é legal da parte dele.

— Você acha? — Val tomou mais um gole. — O seu chefe é o melhor.

Ficou claro para mim que tudo era um teste. Em uma reunião no fim de setembro, Boone disse:

— Quero fazer uma viagem para surfar.

Ele vinha observando o Edouard, a maior tempestade tropical originada no Oceano Atlântico desde que o furacão Sandy destruíra grande parte do Caribe e do leste dos Estados Unidos, e ficou decepcionado quando o Edouard perdeu intensidade.

— Certo — falei —, quando?

— Cabe a você descobrir.

— Quando seria a época ideal para você?

— Nas próximas semanas, antes de as coisas começarem a pegar fogo por aqui.

— Quanto tempo?

— Duas noites. Pelo menos dois dias inteiros surfando.

— Onde você está pensando?

— Malibu.

— Quantas pessoas?

— Planeje para até oito pessoas.

— Número mínimo de quartos?

— Uns seis.

— Você quer acesso direto à praia?

— Claro. A Carbon Beach.

Malibu tem mais de 32 quilômetros de litoral ao longo do Oceano Pacífico. A Carbon Beach, também conhecida como Praia dos Bilionários, fica a apenas 1 quilômetro de Malibu, onde Larry Ellison, da Oracle, comprara nove casas por cerca de um quarto de bilhão de dólares. As propriedades ali pertencem ao 1% do 1% do 1% mais rico, e nenhum bilionário precisa nem quer alugar sua casa de praia.

Depois de falar com Jen e Maya, que consultaram Elisabeth e a agenda das crianças, marquei a viagem para uma sexta-feira à tarde, com retorno no domingo à noite, dali a onze dias. É claro que me matei de procurar: Airbnb, Vrbo, Villaway — nada. Pesquisei imagens de satélite e contei umas cinquenta ou sessenta casas na Carbon Beach. Poucas opções. Jen me passou o contato de uma corretora de aluguel de casas de luxo que usara no passado. Entrei em contato com a mulher, e também com um serviço de *concierge* que Jen e Maya usavam para as necessidades pessoais dos Prescotts. As duas empresas me mandaram opções, mas nenhuma ficava na praia certa e algumas lembravam os pequenos chalés aconchegantes de Cape Cod. Lembrei-me do sexto item da lista de expectativas:

— Alavancagem eficaz de recursos externos.

Encontrei o Max pesquisando no *New York Times* e na BBC. Eu estava alavancando os serviços de Max, pelos quais Boone pagaria uma sobretaxa, mas, mais importante ainda, eu estava alavancando dois respeitados veículos de notícias, suas marcas, suas ferramentas de verificação de fatos; eu estava sob pressão e sem tempo para fazer uma análise de riscos adequada. Em um artigo publicado um ano após a crise financeira, o *Times* afirmava que Max havia alugado uma vila em Saint-Tropez para o proprietário de uma empresa de telecomunicações russa por um quarto de milhão de euros ao mês, durante três meses. Em um artigo, a BBC relatou que ele enviava clientes para a Calivigny Island, uma ilhota particular ao sul de Granada, no Caribe. Preço: mais de 50 mil dólares por noite. A matéria fora publicada poucos meses atrás, o que me garantia que o serviço de Max ainda era de alto nível. Então, liguei para ele. Max atendeu. E botou as mãos na massa imediatamente. Ele não conseguiu alugar uma daquelas cinquenta e poucas mansões na Carbon Beach, mas encontrou uma casa moderna com seis quartos algumas praias adiante. Eu disse a Boone que, embora a casa não ficasse na Carbon Beach, estava mais perto dos pontos indicados por um especialista em surfe local. Uma semana depois de me atribuir a tarefa, Boone assinou o contrato.

A viagem envolvia mais detalhes: reserva no exclusivo Nobu Malibu. Café da manhã em casa. Um serviço de café da manhã diferente no segundo dia, para variar. Bebidas em casa e no avião. Um avião fretado. Serviço de bordo. Dinheiro vivo, para pagar guias de surfe e gorjetas. Pranchas de surfe. Aluguel de carros. Enquanto eu repassava o itinerário final com Boone, ele aprovava cada item fazendo um ponto ou uma marca de verificação com sua caneta. Quando viu o item da locação de carros, ele riscou o texto.

— Carrie — disse —, nada disso. Você acha mesmo que vou chegar na praia em um Cadillac Escalade?

Ele escreveu "picape", algo "discreto".

Um dos bordões de Boone era: "A maneira como passa os dias é a maneira como você vive a vida". A maneira como treina define o desempenho no campeonato. Não há tarefa pequena demais. Nenhuma tarefa que não exija o máximo de rigor, foco e atenção. Tratei cada tarefa que ele me atribuiu como um quebra-cabeça de otimização, que dividi em componentes: objetivos; variáveis de decisão; restrições. Para que eu presumisse corretamente quais eram e quais não eram suas restrições, Boone me disse várias vezes:

— Carrie, lembre-se, o dinheiro resolve quase tudo.

Sabendo que o maior insulto que alguém poderia receber na Carbon era ser chamado de ineficiente, eu resolvia cada tarefa que ele me dava com atenção extrema ao tempo, não ao dinheiro. E, enquanto eu resolvia cada tarefa, o próprio Boone investigava as respostas para outras perguntas: ele podia confiar na minha capacidade de tomar decisões? Ele podia confiar em mim? Eu realmente entendera que Boone, como Emma havia dito, se importava com cada detalhe de tudo? Quanto do mundo que não estava sob meu controle eu seria capaz de prever e controlar?

4 A 30 DE SETEMBRO

* * *

Quase no fim de setembro, Boone e eu fizemos uma reunião para repassar os itens do fim do mês e do trimestre. Enquanto assinava pilhas de papel, ele disse, sem tirar os olhos das folhas:

— As coisas vão ser corridas mês que vem com os dois eventos da empresa e o aumento. Quero envolver você no processo.

Quarto trimestre

O elevador chegaria a qualquer momento, as portas se abririam e Jamie Dimon sairia no 36º andar do Mandarin Oriental, o hotel cinco estrelas onde acontecia a Conferência de Investimentos da Carbon, evento privado de dois dias para as empresas de seu portfólio. Boone abriria a conferência, que, segundo ele, era realizada de dois em dois anos para que as startups do portfólio da Carbon se encontrassem e trocassem conhecimentos.

A equipe de segurança de Jamie entrara em contato comigo naquela manhã e, minutos antes, eu havia terminado de lhes mostrar a área. Também estava em comunicação constante com uma de nossas corretoras na J.P. Morgan, uma diretora-executiva cujo trabalho naquele dia, como o meu, parecia se resumir a monitorar: "Ele ainda não saiu de casa"; "Ele está a caminho"; "Ele está no térreo, entrando no elevador" — momento em que corri silenciosamente para os elevadores, meu vestido cinza justo restringindo meus movimentos.

Jamie era o presidente, CEO e presidente do conselho da J.P. Morgan Chase, a empresa de serviços financeiros que muitos consideravam o cavaleiro branco da crise financeira de 2008. A J.P. Morgan era uma das nossas corretoras mais importantes porque atuava como uma solução completa, nos fornecendo variados serviços no suporte a negociações complexas e de larga escala. Dias antes, Boone me encarregara de criar um roteiro para o bate-papo entre ele e Jamie no palco. Perguntei a Boone:

— Qual é o tema?

— O futuro das finanças.

Beleza, nem um pouco amplo demais.

— O que mais?

— Fintechs. — Ele parou por um segundo e acrescentou: — Jamie está nos fazendo um grande favor. Não seja esquisita.

Garanti que eu seria normal. Assisti a horas e mais horas de entrevistas de Jamie no YouTube. Li relatórios de pesquisa sobre a J.P. Morgan publicados por gente do lado das vendas. E, mais importante, liguei para nossa corretora, que tinha linha direta com pessoas que trabalhavam com Jamie no dia a dia. Havia algo que deveríamos saber? O estado de espírito dele, coisas assim?

— Ele está de bom humor — disse ela. — Ele está fazendo brincadeiras. Ele não gosta quando as pessoas pisam em ovos com ele e ficam evitando o elefante na sala.

Meses antes, Jamie havia revelado seu diagnóstico de câncer. Aquela seria sua primeira entrevista desde que passara por oito semanas de quimioterapia e radioterapia. No dia seguinte ao bate-papo na Carbon, ele falaria com o público na reunião de resultados do terceiro trimestre da J.P. Morgan.

Plim.

Jamie saiu do elevador. Ele olhou para mim como se eu fosse transparente. Cumprimentei-o, me apresentei e ele continuou olhando como se eu não existisse. Conduzi-o à sala de reuniões, onde os sócios de Boone esperavam; depois, voltei ao salão de eventos, abordei Boone assim que ele terminou seu discurso de abertura, entreguei as páginas com as anotações para o bate-papo com Jamie e o conduzi até a sala de reuniões onde este aguardava. Senti-me como um funcionário da Amazon entregando homens brancos e ricos.

QUARTO TRIMESTRE

Enquanto Boone e Jamie se acomodavam no palco, me esgueirei e sentei-me em um lugar no fundo. A participação na conferência (cujo ingresso, aliás, não podia ser comprado nem transferido) era obrigatória para empreendedores porque lhes dava acesso a um poço dourado de capital de investimentos: a Carbon, a Argon e um punhado de outros fundos relacionados. Depois da primeira sessão com Jamie, Ethan, codiretor da nossa unidade de fundos de capital fechado, apresentou os codiretores-executivos de uma das marcas de vendas diretas ao consumidor mais famosas do mundo. Ele surpreendeu os codiretores no palco com um calendário que mostrava suas cabeças coladas no corpo de policiais, ginastas e super-heróis. A isso se seguiram mais painéis, mais palestras, incluindo uma sobre finanças on-line (para a qual escrevi a introdução de Boone) e outra com o CEO da maior fabricante de cervejas do mundo. Todas as sessões eram realizadas em um "cone do silêncio". Mas, independentemente de quaisquer acordos que pudessem ser fechados no evento, parecia-me que o maior objetivo era ter acesso à conferência em si.

Gostaria de lembrar mais da palestra de Jamie, mas não lembro, provavelmente porque já a tinha ouvido antes. Minha mente vagou até seu discurso para a turma de 2009 da Harvard Business School, que eu usara como modelo para hoje. Jamie fez um discurso de quarenta minutos, em que soou sábio, sincero e autêntico, sem dizer nenhuma palavra sobre a qual qualquer pessoa que se importasse com ética e moralidade discordaria. Pelo menos cinco vezes ele disse: "Façam a coisa certa"; "Não é sobre o que vocês dizem... é sobre o que vocês fazem"; "Tratem a todos da mesma maneira, sejam eles assistentes ou diretores-executivos". (Eu o perdoei por não ter me notado na saída do elevador.) Jamie disse que valorizava, por ordem de importância, a família, a humanidade, a nação e, *só depois*, sua empresa. A J.P. Morgan... em último lugar. Não duvidei, nem por um segundo, que ele acreditava ter esses valores. Que ele acreditava em cada sílaba que disse, incluindo o que falou sobre autoilusão: "Eu me iludo o tempo todo. É das minhas atividades favoritas". Mas há uma diferença entre os valores que dizemos ter e os valores que nos empenhamos para ter. Também há os valores que acreditamos ter para conseguir sobreviver, para evitar o horror de ver um desconhecido no espelho.

Lembro-me apenas de um momento: quando Boone fez a Jamie uma pergunta minha, palavra por palavra, sem tirar nem pôr. Jamie havia falado sobre a ideia de que todas as pessoas têm uma biografia que está sendo escrita neste exato momento. Ele disse que não precisava falar com uma pessoa para conhecê-la; poderia falar com seus chefes, colegas, subordinados, amigos, professores e pais e teria informações para montar uma imagem bastante precisa. Fiquei curiosa: se ele acreditava que era possível aprender tanto com os outros, quais sugestões tinha sobre como escrever o próprio livro?

— Eu gosto de dizer às pessoas — começou Jamie enquanto gesticulava — que é preciso se *comportar* da maneira como você quer aparecer na sua biografia. Se você for grosseiro com as pessoas, não se surpreenda quando alguém escrever que você foi um estúpido.

O evento de fechamento da conferência foi a Noite do Cassino no Museu Americano de História Natural. O evento foi realizado no icônico Hall da Vida Marinha, onde um modelo em tamanho real de uma baleia-azul pendia sobre mesas de dados, *blackjack*, roleta e pôquer. O brilho das velas e da iluminação rosa criava uma atmosfera mágica e elegante. Luzes azul-cobalto lançavam um feitiço da profundeza do oceano sobre a sala elegantemente escura, fazendo todos os homens parecerem o James Bond. A Carbon havia contratado jogadores de pôquer famosos como Jennifer Tilly para jogar com os convidados. Entrei no torneio de pôquer, cujo primeiro prêmio, se não me engano, era uma estadia de uma semana em qualquer resort da Aman, uma rede de hotéis ultraluxuosos conhecida por suas localizações históricas: dentro de um parque nacional na costa do Vietnã; em meio a ruínas da Grécia antiga tombadas pela UNESCO; em um palácio de verão onde uma porta secreta leva a um jardim imperial da dinastia Qing. Não passei da primeira mesa. Com um par alto nas mãos, aceitei o *all-in* de um jogador mas fui derrotada no *river*. Tomei a melhor decisão com as informações disponíveis e perdi.

O Dia do Investidor da Carbon foi no dia seguinte à conferência. A locação, antes um hotel de luxo, passou para o Lincoln Center, a fim de mudar de ares (embora, tecnicamente, tudo ficasse no mesmo prédio). Ao chegar em casa da Noite do Cassino, eu passara horas em busca de uma citação para a apresentação de Boone no dia seguinte.

Na época, a Carbon tinha um grupo estável de fundos de capital aberto e de capital fechado que investiam em diversas empresas ao redor do planeta.

— Eles são os melhores do mundo no que fazem — disse o cofundador do fundo de fundos sediado em Michigan com quem eu almoçara antes de me mudar para Nova York. — E o que eles fazem é pegar um modelo de negócios comprovado e identificar empresas semelhantes em regiões diferentes. A Carbon estava prestes a começar a levantar capital para o fundo Venture IV.

Eu precisava de uma conclusão de impacto para a apresentação de Boone sobre o *status* dos fundos. A ideia era resumir sua opinião acerca dos investimentos de forma que soasse autêntico sem ser cafona, inteligente sem ser arrogante. Ele queria dizer algo sobre o tempo, sobre cada momento não passar de um ponto no tempo em uma trajetória específica da história. Usando essa e outras variações do tema (um momento no tempo, um ponto no tempo, conscientização de um ponto no tempo), pesquisei exaustivamente — Google Books, Goodreads, Genius, IMDb, TED Talks, Wikiquote, Bartleby.com — e não encontrei nada. Em grande parte porque, para além da ideia específica que ele queria verbalizar, o autor da citação tinha que ser mais importante do que o próprio Boone. Apresentei algumas opções, algumas das quais ele não rejeitou na hora.

— E quem disse isso? — perguntava. Eu dizia um nome. Ele ficava em silêncio e me encarava... e algo em mim encolhia.

No Dia do Investidor, conheci Penelope, antiga assistente de Boone, a mulher que, segundo me diziam todos, de Jay a Lena, dera o sangue pela empresa. Ela vestia um terno preto com um corte elegante. Era cotista na Carbon e, até onde eu sabia, a única ex-funcionária presente no evento.

— Gosto de dizer — ela me confidenciou durante um intervalo — que vocês têm — ela se inclinou, sussurrando — o *melhor* emprego de Nova York.

Fiquei me perguntando por que ela saíra da Carbon.

Vi um colega de Josh da pós-graduação em Negócios de Stanford.

— Carrie! — ele gritou para mim enquanto fazia o check-in. — O que você está fazendo aqui?

— Sou assistente do Boone! — gritei de volta.

— Não brinca!

Ele estava no evento com sua mãe, fundadora de uma das maiores agências de marketing do mundo. Eles eram famosos em seu país europeu de origem, o mesmo país do mentor de Boone, Martin, fundador da Argon.

Vi o Martin. Depois vi um homem muito parecido com Martin, mas décadas mais jovem. Às 13h22, mandei mensagem para Peter:

— Acabei de ver o Elias Cohn.

Cohn, cujo nome estava na planilha de contatos de Boone, era o fundador bilionário de outro proeminente hedge fund. Peter encontrara uma pessoa para trabalhar com Cohn em uma vaga semelhante à minha. Ver Cohn ali me fez parar para pensar. De fora, parecia que Boone e Cohn estavam em algum tipo de competição; os dois administravam grandes fundos incluídos nas listas dos melhores ano após ano. Contudo, hoje percebi que estava errada: Cohn investia *nos* fundos da Carbon; ele e

Boone jogavam do mesmo lado. O maior inimigo dos gestores de hedge funds não era outro hedge fund.

Todos os lugares do anfiteatro estavam ocupados. Pedi mais algumas cadeiras ao organizador do evento e sentei-me em uma delas, no fundo. A apresentação de Boone estava indo bem, pensei, mas não havia como ter certeza antes do fechamento do novo fundo, quando deveriam ser entregues os documentos de subscrição. Só aí teríamos um número — se tudo desse certo, perto da meta de arrecadação, de mais de um bilhão de dólares — que nos diria o nível de confiança dos investidores em nossa capacidade e em nossa marca. Boone parou no centro do palco. Atrás dele, havia uma parede de vidro de quatro andares com vista para o Columbus Monument, o Central Park e a Avenida dos Multimilionários. Como eu fora incapaz de encontrar um ditado famoso que agradasse a Boone, ele inventou um. Eu o admirava por sua grande autoestima, por sua crença de que suas palavras não apenas importavam, mas importavam tanto que ele podia citar a si mesmo. Ele respirou fundo e leu, lentamente, as palavras que surgiram na tela:

— "É extremamente importante que estejamos aqui, agora, no momento presente, e observemos tudo o que o tempo, no decorrer de anos e anos, tornará óbvio".

As coisas realmente pegaram fogo. Foi uma *loucura*. Boone tinha o hábito de jogar suas ideias na forma de esboço e deixar que as pessoas completassem ou enriquecessem o significado com as próprias interpretações. Elisabeth havia dado a entender que Boone não era muito bom em expressar emoções.

— É por isso — dissera — que ele precisa de alguém como você.

Ela não tinha como saber que eu havia crescido em um lar tão emocionalmente instável e imprevisível que Boone seria considerado uma pessoa estável. Eu estava sempre olhando e observando, observando e olhando, atenta aos menores sinais de mais um inverno e então de seu degelo. Meus anos de experiência em casa me ajudavam a preencher as lacunas que Boone deixava em suas falas. Eu me sentia útil, digna — e estava adorando me sentir assim.

Mas, por mais que me esforçasse e por mais disciplinada que eu fosse na rotina no escritório e em casa, o trabalho era tão corrido e insano que eu estava deixando de me reconhecer. Em um sábado, peguei no sono antes das oito da noite e dei bolo em uma amiga querida, a primeira que fiz nos Estados Unidos, quando eu tinha 5 anos. Em outra ocasião, cancelei, horas antes, o jantar de boas-vindas que Jen e Maya tinham planejado para mim; estava cansada demais. Mas o mais preocupante era que eu estava abrindo mão de compromissos que assumira comigo mesma.

O primeiro item que coloquei na mala após o telefonema de Boone confirmando minha contratação foi o diário que Yuna me dera em um Natal. Tinha jurado a mim mesma que escreveria no tempo livre, depois do expediente. Afinal, eu não conseguia pensar em uma maneira melhor e mais inofensiva de praticar a escrita que um diário. Eu escrevera em diários de maneira intermitente, até parar aos 13 ou 14 anos, quando minha mãe me disse algo que me levou a desconfiar que ela estava lendo minhas confissões. Ela perguntou:

— Qual é o problema com você? — *Máobìng* foi a palavra que ela usou.

Fui varrida na hora por uma onda de culpa por ter uma "falha", um "defeito", uma "deficiência". Por ter desejos e por admiti-los na página na qual escrevera: "Estou deprimida e pensando seriamente em fugir de casa. Eu amo a minha mãe, mas ODEIO quando ela chega de cara fechada em casa ou quando ela grita (fica brava) por nada. Morro de medo de conversar com ela. Tenho medo de dizer qualquer coisa e ela começar a gritar". Parei de escrever no diário. Treze anos depois, recomecei quando Yuna me deu de presente um diário da Goop. Ela mandara personalizar a capa com a palavra *cara*, enquanto o diário dela era personalizado com a palavra *anam* — *anam cara* significa "amigo da alma" em irlandês.

QUARTO TRIMESTRE

Escolhi esse diário para registrar meus pensamentos mais íntimos, mas só tive a chance de escrever um dia. Sete semanas depois de me mudar para Nova York, eu ainda não tinha aberto o caderno. É verdade que não tinha tempo, mas também não tinha coragem de abri-lo. Eu não suportava minha própria voz, nem ao telefone nem na página.

Yuna veio me visitar no fim de semana seguinte aos dois eventos da Carbon. Ela dormiu no sofá vermelho, ao lado das duas fotos emolduradas que eu tinha pendurado no estúdio: minha mãe e meu pai em casa, para me lembrar da infância feliz, fácil e normal que eu tinha certeza de que tivera; e eu e Yuna jantando na nossa cidadezinha de Ann Arbor, depois de uma conversa sobre como gostaríamos de poder parar o tempo.

No sábado de manhã, deitadas em silêncio, mexendo em nossos celulares e nos recuperando da semana difícil, perguntei a Yuna:

— Vamos ao MoMA depois do almoço?

A tia de Yuna, casada com um artista londrino que pintara murais públicos nos bairros de Covent Garden e Brixton, era curadora independente e passava parte do tempo em Nova York e a outra parte em Seul. Yuna sempre me falava empolgada sobre as exposições que via no MoMA. Eu morava a oito minutos a pé do museu.

— Na verdade não estou muito a fim — ela respondeu. — Estou só o pó.

Yuna passou a tarde fazendo os cílios. Fui ao escritório. Estava indo ao escritório todo fim de semana, principalmente aos domingos, pois assim podia me preparar para a semana sem ser interrompida. Às vezes encontrava Sloane e alguns analistas. Um domingo sim e outro não, via Felipe, um dos funcionários da cozinha, que, se estivesse perto de um telefone quando eu ligasse, sempre atendia antes do fim do primeiro toque. Certa vez lhe perguntei como ele tinha parado na Carbon.

— Quando mudamos de prédio este ano — disse Felipe —, Boone me perguntou se eu queria mudar com a Carbon. Passei um bom tempo trabalhando para Martin. Mas aqui posso tentar coisas novas.

Boone sempre foi muito legal comigo. Gosto de vir no fim de semana para arrumar e consertar as coisas. É mais fácil fazer o trabalho sem ninguém por perto.

Eu nunca tinha visto nenhum outro funcionário da cozinha no escritório nos fins de semana, então perguntei a ele:

— Seu chefe sabe que você vem aos domingos?

— Pode ser que sim, pode ser que não. Sei lá. Eu disse a ele uma vez. Mas tudo bem; eu só quero que o escritório fique bonito, do jeito que o Boone gosta.

No domingo de manhã, enquanto comíamos rabanadas e ovos mexidos, Yuna me fez a pergunta que faz sempre que nos vemos:

— E seus pais, Carrie?

— Estão bem — respondi. — Eles ficaram furiosos quando terminei com Josh. Expliquei que eu não estava feliz, que ele tentava me controlar, mas eles não quiseram saber. Meu pai meio que disse: "Quem se importa com felicidade?".

Quando contara aos meus pais, em agosto, que havia decidido terminar o noivado e me mudar para Nova York, eles gritaram comigo a plenos pulmões. Eu não vacilei, não me justifiquei, não me afastei, mesmo achando que corria o risco de levar um tapa na cara — literalmente. Meu pai disse que eu estava "pisando feio na bola". Minha mãe falou que eu "nunca" teria sucesso em "nada". Ela repetia sua expressão favorita sempre que eu fazia algo de que ela não gostava: *Nǐ bùshì wǒ de nǚér le*. Eles me fizeram mandar e-mails a seus amigos explicando a minha decisão. Não tive outra reação senão me anular. Se eu não resistisse ou lutasse contra eles, a tempestade passaria mais rápido. Enquanto digitava uma mensagem de desculpas, descrevendo minha "necessidade de trabalhar, e de trabalhar muito" e dizendo que havia notado que Josh queria algo mais "tradicional" em termos de "cuidar da casa", tentei afastar do pensamento a frase preferida da minha mãe: "Minha filha morreu para mim". Ser chinês implicava nunca ficar parado no mesmo lugar. Em vez disso, você avançava aos saltos. Meus pais aparentemente seguiram em frente em questão de minutos, horas, no máximo alguns dias — e pareciam esperar o mesmo de mim. As rupturas nunca eram reparadas. Apenas esquecidas.

— De qualquer maneira — falei —, eles estão ótimos. Nem Yuna nem eu expressamos qualquer emoção. — E os seus?

Yuna suspirou.

— Estão bem. Estão envelhecendo.

Todo mês, Yuna mandava dinheiro a seus pais. O pai dela, que havia emigrado da Coreia, fora pesquisador de microbiologia na Universidade Estadual de Michigan, mas teve dificuldades para se adaptar à vida de imigrante e parou de trabalhar. Sua mãe trabalhava como garçonete em um restaurante de *yakiniku*, churrasco japonês. Yuna morava com o namorado, Jason, na cidade onde ele trabalhava, e dirigia uma hora para ir e uma para voltar do *próprio* trabalho, com o qual ela o ajudava a pagar a dívida estudantil.

— Não é fácil, Carrie. É dureza. Tudo o que eu faço é trabalhar, trabalhar, trabalhar. Não sei que merda estou fazendo da minha vida.

Parecia que todo dia alguém pressionava Boone a dar uma entrevista, participar de um painel ou dar uma palestra. Certa vez, para ver se suas preferências haviam mudado, perguntei:

— Você tem algum interesse em participar?

Ao que ele respondeu:

— Por que eu iria querer participar de algo público quando passo todo meu tempo tentando manter a privacidade?

Aquilo me lembrou de uma ocasião, não muito tempo antes, quando o mais recente iPhone fora lançado. Eu estava entregando a ele o novo celular configurado pelo TI e perguntei:

— Você quer uma capa também?

Ao que ele respondeu:

— Por que eu iria querer uma capa quando a ideia toda do celular é ser fino?

Pelo jeito, *aquelas* foram perguntas idiotas.

Um dos conselhos de Boone para mim foi: "Não se envolva em picuinhas. Apenas abaixe a cabeça e faça bem o seu trabalho. Não se envolva em politicagem nem fofocas de escritório e você será recompensada". Ele queria que eu me concentrasse no trabalho sem olhar para os lados. Olhar ao redor e me inteirar das coisas era abrir as portas para o risco. Controlar os inputs para controlar os outputs. Mas sou naturalmente curiosa e configurei os alertas do Google para monitorar nossa empresa e me manter conectada ao mundo exterior.

— Só não se deixe afetar por isso — Boone disse quando lhe contei sobre os alertas.

Em novembro, dois artigos interessantes foram publicados.

O primeiro contava que a Carbon havia tentado obter condições fiscais especiais para alguns de seus investimentos internacionais usando um instrumento financeiro híbrido projetado para ser tratado como dívida em um país e como participação acionária em outro, o que permitiria à empresa reduzir suas obrigações fiscais.

O segundo tratava de uma série de negociações que a Carbon fizera usando empresas de fachada pseudônimas (como muitos outros hedge funds faziam) a fim de evitar algumas regulamentações.

Quando li os artigos e os comentários, rotulei as atividades da Carbon como "engenhosas e legalmente corretas, apesar de explorar lacunas ou ambiguidades nas leis". Sim, as manobras da empresa ficavam bem nos limites entre o certo e o errado, e as leis eram moralmente problemáticas porque os únicos capazes de navegar por esse labirinto legal eram os que tinham carteiras gordas. Mas não fora a Carbon que inventara as regras. Pelo que eu sabia, ela também não se engajava em nenhuma atividade de lobby para mudar as leis. O que havia de errado em seguir as regras e tentar se beneficiar delas?

Na época em que entrei na Carbon, para arrecadar fundos bastava pedir. Era fácil assim. Bridget e Emma agendavam e organizavam reuniões com sócios-investidores existentes e potenciais e me informavam o horário exato em que Boone deveria entrar para falar por cinco minutos. Boone disse que queria meu envolvimento, mas não me sobrava nada para fazer. Ele me pediu para revisar duas coisas. A primeira foi uma carta para investidores, cuja elaboração era uma das principais responsabilidades do departamento de relações com os investidores. O rascunho que Boone me mandou não tinha erro algum, estava perfeito. (Exceto por um espaço duplo depois de um ponto-final.) A segunda foi uma apresentação do novo fundo. Tudo o que consigo me lembrar desse material é uma reunião que Boone e eu fizemos para repassá-lo. Folheei a apresentação impressa e parei em um slide contendo números de desempenho passado tão altos — perto e acima de porcentagens de três dígitos, *nesse* nível — que precisei reunir todas as minhas forças para não deixar meu queixo cair. Ele me olhou e disse:

— Não mencione esses números em voz alta. Nunca.

O Fundo IV atraiu compromissos de investimento muito acima do previsto. Foi um dos maiores fundos de capital de risco a fechar naquele ano. Aquele era o resultado da vantagem cumulativa da Carbon, que demonstrava que o sucesso da empresa dependia de suas decisões do passado: os retornos da Carbon no passado, aquele slide no qual eu havia me detido, permitiam à empresa atrair melhores talentos e capital humano, melhores consultores e assessores, melhores fundadores e empresas para seu portfólio, capitalistas de risco melhores com quem trocar ideias e sócios-investidores melhores, mais pacientes e capazes de assinar cheques mais gordos — o que, por sua vez, permitia à Carbon gerar melhores retornos. O setor de capital de risco teria um ano excepcional: os fundos arrecadados totalizariam mais de 30 bilhões de dólares, dos quais 12% vinham de uma única empresa: a nossa.

— A coisa pega fogo no fim do ano — Boone havia alertado. Estávamos em dezembro. — Faça o máximo que puder com antecedência.

Tentei fazer o máximo que podia com antecedência, mas, por mais rápida e eficiente que eu fosse, as coisas sempre mudavam no último instante — exatamente como Boone havia dito.

Boone trabalhava monitorando os mercados financeiros e, a qualquer hora da semana, alguma Bolsa, em algum lugar, estava aberta. Eventos acontecem; os mercados absorvem os eventos; Boone e seus colegas monitoravam os eventos, os mercados, observando o que já estava ou não precificado, revisando para cima ou para baixo seus melhores e piores cenários em vários horizontes de tempo — anos no futuro — para decidir se as oportunidades de risco/recompensa se tornavam mais ou menos atraentes; e negociavam de acordo. A Carbon parecia uma redação de mídia internacional instalada em uma usina de ideias. Estávamos sempre de prontidão. Aprendi a não planejar demais nem com muita antecedência. Eu preparava materiais para uma reunião, que então era transferida, em geral adiada e, às vezes, até cancelada. Quando a reunião finalmente acontecia, mesmo que fosse apenas alguns dias depois, eu precisava reler as notícias, atualizar os dados, reimprimir as páginas e os modelos — enfim, refazer o trabalho. A Carbon era conhecida por sua agressividade, por ter convicções fortes e direcioná-las a apostas concentradas. Eu olhava admirada para Boone, um homem com estômago de aço.

Quando não estava reagindo às reações de Boone ao mundo, eu me ocupava com meu outro trabalho. Gabe e eu nos reuníamos uma ou duas vezes por semana. Ele sabia o quanto Boone era exigente e queria me dar espaço para focar no trabalho de seu chefe antes de pegar o dele.

Ele explicou seu processo de pesquisa em cinco etapas e pediu minha ajuda com as duas primeiras, mas só se eu tivesse tempo. Também me pediu para mantê-lo a par do humor de Boone, sobre o que Boone estava pensando e para onde Boone queria que a Carbon, como empresa, fosse. Apesar de Gabe trabalhar em um cubículo ao lado do meu, a poucos passos de Boone, os dois só tinham uma única reunião individual por semana. Boone não perdia tempo com conversa fiada. Quem entrasse em sua sala precisava ter algo importante a dizer. Algo que pudesse afetar a Carbon. Assim, as únicas pessoas que viviam se revezando na agenda de Boone eram os outros três gestores de portfólio, Jay e eu.

Novas tarefas surgiam do nada. Semanas antes, Elisabeth fora a Londres em um voo comercial para um passeio com sua mãe. Boone decidiu ir de última hora. Fiquei surpresa por ele ter aceitado voar de primeira classe. Na volta, eles conheceram a experiência igualitária da alfândega e tiveram que esperar horas na fila com os passageiros comuns.

— *Nunca mais* — reclamou Boone ao retornar. — Mas preciso de um Global Entry só por precaução.

O Global Entry é um programa do governo norte-americano que oferece privilégios a viajantes pré-aprovados na alfândega e na imigração. Para tornar-se um "viajante de confiança", é preciso fazer uma inscrição, pagar 100 dólares, concordar com uma verificação de antecedentes, aguardar a aprovação condicional e, finalmente, marcar uma entrevista em um centro de inscrição, normalmente um aeroporto, onde sua foto é tirada e suas impressões digitais são coletadas para identificação biométrica. A espera por uma entrevista pode levar meses. Seria um transtorno grande demais para Boone ir até o governo; ele queria que o governo fosse até ele — e logo, antes do Dia de Ação de Graças, no fim de novembro.

— Acho que Maya já pode ter dado início ao processo — disse. — Converse com o family office.

Maya me passou um nome e um número.

— Ligue para esse cara.

Preparei um rápido discurso para explicar que os executivos da nossa empresa faziam muitas viagens internacionais e que obter o Global Entry nos pouparia muito tempo e significaria muito para nós. Eu não sabia se um órgão federal de segurança pública simpatizaria com um hedge fund. (Recentemente, Boone tivera que me lembrar, pela segunda — mas a última — vez:

— Pare de dizer que somos um hedge fund. Eles não andam com uma boa fama.)

No fim, o contato de Maya foi muito amigável. Eu mal tinha começado o meu discurso quando ouvi do outro lado da linha:

— Sem problemas, nós iremos até vocês.

Precisávamos de um número mínimo de inscritos, e eu tinha certeza de que conseguiríamos. Boone, Elisabeth e seus filhos se inscreveram. Eu também. Então Boone me pediu para estender o privilégio ao restante da Carbon e seus familiares.

Quando os dois agentes da Alfândega e Proteção de Fronteiras dos Estados Unidos vieram, eu os instalei na sala Vinson. Pessoas entraram, pessoas saíram. Dezenas de funcionários da Carbon se inscreveram sem precisar fazer nada além de comparecer à sala de reunião. Ofereci almoço aos agentes, que recusaram. Talvez o objetivo de Boone e Elisabeth ao viajar em um voo comercial tenha sido ensinar uma lição à filha, mas quem acabou aprendendo uma lição fui eu. As fronteiras não são fixas. Elas se movem, e tudo o que eu precisava fazer era pedir.

Uma quinta-feira por volta da hora do almoço, no trabalho, pelo Gchat:

EU: ando meio esquisita

YUNA: não sei se é o clima, alguma doença, o trabalho ou só o fim do ano

YUNA: mas tenho andado bem sensível
YUNA: e de repente me bate uma calma
EU: sinceramente
EU: ando bem deprimida
EU: às vezes estou bem
EU: de repente caio em depressão
YUNA: sério? eu ando meio sensível, mas não deprimida
YUNA: segura as pontas, carrie. o seu trabalho é muito intenso e você mora sozinha
EU: então eu começo a pensar
EU: qual é o meu problema?
EU: por que sou tão esquisita?
EU: eu quero me relacionar de verdade com as pessoas

Em meados de dezembro, tive uma reunião com Boone para minha avaliação de desempenho de fim de ano. Ele olhou minha autoavaliação e perguntou:

— O Gabe tem só 25%? Por essa eu não esperava.

A primeira etapa da autoavaliação consistia em desmembrar nosso trabalho e incluir a alocação de tempo e esforço dedicado por pessoa. Eu tinha dado 100% a Boone e 40% a Gabe. Depois hesitei e reduzi Boone para 75. Boone tentava entender meu trabalho, mas não fazia ideia de tudo o que a função exigia porque ele só via os produtos finais, como os dois PowerPoints para um evento externo no início daquele mês, que ele usara para apresentar uma nova ideia de investimento e melhores práticas, sendo que eu preparara as duas apresentações usando algumas parcas anotações e uma pilha desorganizada de papéis que ele havia me entregado na noite anterior; ou o cartão de Natal da empresa, para o qual nossa designer e a equipe de impressão tipográfica tiveram que fazer hora extra acomodando as alterações de última hora que ele pedira, tudo isso supervisionado por mim, que trabalhei à noite e nos fins de semana. O trabalho que eu fazia com antecedência abria espaço para os caprichos de Boone. Eu estava sentada a poucos metros dele e me sentia a mundos de distância.

Boone empurrou um pedaço de papel sobre a mesa em minha direção.

— Você não deveria ver isso — disse. — Jay não quer que a gente mostre a vocês nosso formulário de feedback.

Abaixo de suas notas para mim havia uma escala de 1 a 5 que lembrava aos supervisores a definição das notas segundo a Carbon. O 3 estava em negrito e legendado com "atende consistente e integralmente aos altos padrões da Carbon". A nota 3 era o que havia de melhor. Significava ir sempre além do esperado e ser "maduro, respeitoso, cortês e positivo". Quase todas as notas para mim foram 5, algumas 4, nenhuma 3. A comunicação — especificamente, falar de forma clara e sucinta — precisava melhorar. Mas, em relação a esse item, eu me sentia nota 1; havia tanto que eu queria dizer. Algumas vezes durante nossas reuniões, quando Boone me fazia uma pergunta e eu levava um ou dois segundos (nunca mais do que dois) para pensar na resposta, ou quando eu me interrompia após lembrar de uma nova informação mais importante, ele me cortava e dizia para falar mais rápido.

— Preciso rasgar isso — disse Boone, alcançando a folha de volta.

Em seguida, pegou um documento que ele havia digitado em fonte Calibri. Boone mencionou pontos positivos — "Altamente capaz, profissional, sabe trabalhar em equipe, atenta aos detalhes, otimista, inteligentíssima e é um prazer trabalhar com ela!" — e foi direto aos pontos negativos, com mais de uma página de "Itens a melhorar". Tomei notas. Ele queria que eu aprendesse a me encaixar na empresa, colocasse a equipe em primeiro lugar, o coletivo acima do individual e, acima de tudo, mantivesse padrões de excelência. Queria que eu entendesse seu mundo, "melhorasse as pesquisas e me tornasse uma líder pelo trabalho duro". Uma das principais metas para o próximo ano seria "aprofundar meu conhecimento do que fazemos". Ele estava me dando a permissão — e a tarefa — de ver e entender a Carbon.

Ao fim da minha avaliação, Boone me perguntou se eu tinha algum feedback para ele. Mencionei um item: se ele pudesse ser mais claro sobre as expectativas, eu poderia melhorar ainda mais. Eu queria saber o que estava ou não no escopo do meu trabalho.

Boone assentiu e me entregou o documento que havia redigido. Ele tinha feito anotações à mão e sublinhado "Comentários para a assistente executiva" durante nossa conversa. Abaixo, uma seta, enfatizada com rabiscos. Ao lado da seta, um espaço em branco.

Dias depois, Boone e Jay me chamaram à sala Paget. Minha carta de contratação declarava que eu teria direito a um bônus discricionário após um ano. Confesso que não esperava nada.

Jay tirou uma folha de papel de uma pasta e a empurrou sobre a mesa para mim.

— Não pense nisso como parte do seu salário — disse Boone meio segundo depois de eu pensar justamente isso; meus vários bônus totalizariam perto de 90% do meu salário anual. — Você está indo muito bem. Queremos que entre no mesmo ciclo que os outros, então estamos lhe dando um bônus e um aumento.

Minha vida seria tão fácil se eu tivesse a capacidade de aceitar totalmente e sem questionamentos sempre que as pessoas me dessem coisas. Senti uma enorme gratidão, mas também fiquei confusa. Se todos os funcionários estavam no mesmo ciclo de avaliação de desempenho, já que presumivelmente entraram em momentos diferentes ao longo do ano, por que a Carbon havia registrado poucos meses antes que eu só seria elegível ao bônus depois de doze meses?

Era o jeito da Carbon de me dizer: "Veja como podemos mudar as regras para você".

* * *

Era a semana de festas de fim de ano. A Carbon recebeu vinhos, doces, cookies, chocolates, saquê do Nobu e um Johnnie Walker Blue Label que resgatei do lixo depois que alguém jogou a garrafa fora. Instalamos uma árvore de Natal cintilante com enfeites prateados e azuis. Acendemos uma menorá. A empresa tomava muito cuidado para respeitar todas as religiões; lembrei que o escritório ficou bem vazio nas Grandes Festas judaicas.

Todos os anos, na semana que precedia o Natal, a empresa de investimentos de Martin, a Argon, fazia sua festa no Cipriani em Midtown. O local, que fora sede de um banco, era um marco da cidade de Nova York, notável pela opulência do velho mundo em estilo românico italiano: colunas altas, lustres de metal fundido, pisos de mármore em padrões geométricos complexos e um salão de baile que lembrava o interior de uma catedral, com pé-direito de 20 metros de altura. Quando entrei na festa, senti como se estivesse pisando no set de filmagens de *Um duende em Nova York*: luzes cintilantes, castelos infláveis, Papai Noel, neve falsa caindo em um jardim cheio de gnomos. Todos os funcionários da Argon foram convidados, bem como suas famílias. Centenas de pessoas. Eu fui sozinha.

Uma multidão seguia Martin por onde quer que ele fosse. Ele era considerado um mago de Wall Street e um padrinho dos hedge funds, frequentemente creditado por sua popularização da indústria moderna. A fama vinha de anos antes, quando um artigo sobre Martin publicado em uma importante revista financeira detalhou o desempenho impressionante da Argon desde o início: retornos anuais compostos de quarenta e poucos por cento nos primeiros anos, após taxas. Boone entrou na Argon após duas décadas de excelentes retornos; anos depois, Martin assinaria um cheque para Boone abrir seu próprio fundo.

O que me surpreendia na história da origem de Boone — e o que permeava a festa de fim de ano de Martin — era a importância dada à família e a facilidade com que chefes e subordinados socializavam como se não houvesse distinção entre eles. Também notei o quanto a Carbon e a Argon eram diferentes, como tentávamos nos diferenciar da geração anterior: Martin era gregário; Boone não. Martin buscava expandir o conceito de família ao trabalho; Boone não. Pensei que enxergar o trabalho como uma família, evocando conceitos como linhagem e paternidade, normalizava a maneira como o poder e a riqueza fluíam e se acumulavam por meio de estruturas patrimoniais. Além disso, o conceito de família no trabalho atuava como uma defesa subliminar contra acusações de favoritismo. A maioria das pessoas considera natural favorecer os próprios filhos em detrimento dos filhos de alguém de fora. Até Jamie Dimon declarara que seu valor mais importante, acima da humanidade, da nação e da J.P. Morgan, era a *família*. Mas esse tipo de viés positivo e conveniente em relação a um grupo de pessoas (em oposição a um viés negativo e danoso em relação aos que não fazem parte do grupo) resulta em hierarquia social e sociedades hierarquizadas.

A família Martin estava empenhada em garantir aos seus a maior aptidão para a sobrevivência. Para deixar claro quem estava dentro e quem estava fora, assim que comecei no emprego, além da lista de contatos da Carbon, recebi outra lista contendo todos os galhos, ramos e folhas da árvore genealógica da Argon.

Alguns dias depois naquela mesma semana, foi a vez da Carbon. O local da festa de fim de ano da empresa mudava todos os anos. No vestiário feminino do escritório, vesti uma blusa de seda branca e calças de veludo preto. Passei batom vermelho-escarlate e saí com botinhas *peep toe* brilhantes.

Antes de entrarmos no ônibus-balada com destino a Gramercy, fizemos uma festinha de final de ano só para os funcionários na maior sala de reunião, a Everest, que havia sido transformada na oficina do Papai Noel. Várias pessoas vieram comentar brincando que aquela não era uma festa de rap, que eu não deveria esperar pelo Jay-Z ou Eminem. Os bancos, balcões e a mesa estavam abarrotados de brinquedos para várias idades e gêneros. Eu me ofereci para comprar milhares de dólares em livros usando o cartão corporativo. Nunca foi tão empolgante comprar coleções em capa dura de *Harry Potter*, *Percy Jackson* e *Jogos Vorazes*. Todos nós — do front, middle e back offices — bebemos Veuve Clicquot em taças de vidro enquanto embrulhávamos para presente os livros, triciclos, Legos e jogos de Banco Imobiliário com rolos e mais rolos de papel com estampas coloridas e ursos festivos. Não pude deixar de reparar em como os outros embrulhavam os presentes. Éramos eficientes em algumas coisas e ineficazes em outras; éramos os melhores do mundo no trabalho, mas não tanto em outras atividades. Descontando a inflação, eu daria a Boone a mesma nota que daria às suas habilidades usando o micro-ondas: B.

Noventa minutos depois, embarcamos para o centro da cidade. (Sloane, que planejara tudo, havia contratado uma equipe para limpar o escritório e levar os brinquedos a instituições de caridade.) A festa era só para adultos, em um restaurante italiano de luxo que fazia de tudo para ser informal. Antes do jantar, bebericando drinques e mordiscando aperitivos, conversei com um analista que conseguira o emprego enviando um e-mail não solicitado a um dos gestores de portfólio. No jantar, sentei-me a uma mesa redonda com Boone, Elisabeth, Jay, a esposa de Jay, Mina e um analista de dados que havia entrado na mesma semana que eu. Quando eu estava no meio do meu *malfatti* com leitão e rúcula, Boone se levantou para fazer um minidiscurso que eu havia escrito para ele. Ele queria algo com humor, mas eu não estava na firma havia tempo suficiente para ser fluente em seu estilo de comédia. Horas antes, Boone e eu estávamos em sua sala, olhando um para o outro, tentando inventar piadas. Como eu não sabia até que ponto ele queria ser transgressor, esperei que começasse. Concordamos em algumas piadas, uma das quais lembro vagamente, algo sobre o chefe de negociação perdendo um dos botões da camisa apertada. O temperamento de Boone estava bom, mas não excelente. Como o pessoal que não atuava diretamente com investimentos não tinha permissão para investir nos fundos — normas da Comissão de Valores Mobiliários —, não tínhamos informações atualizadas sobre o desempenho do portfólio. Perguntei a uma amiga da contabilidade sobre os números.

— Parece que o fundo principal vai terminar o ano lá pelos 15%.
— Mas isso não é bom? — perguntei.
— Não para a Carbon. Estamos acostumados com o dobro disso.

Em comparação com o restante da indústria de hedge funds — cujo retorno ponderado por ativos seria de cerca de 4% naquele ano —, os retornos da Carbon eram fantásticos. O fundo principal terminaria o ano na faixa dos 15% a 20%. A economia dos Estados Unidos, após alguns anos de mercado inativo em decorrência da Grande Recessão, começava a acelerar: o número de americanos no mercado de trabalho finalmente ultrapassara o pico pré-crise; a taxa de desemprego tinha caído abaixo dos 6% pela primeira vez desde 2008; o S&P 500 tivera 53 fechamentos recordes, encerrando o ano com alta de 13,7%, um número que incluía o reinvestimento de dividendos. No cenário internacional, uma empresa de tecnologia chinesa levantara 25 bilhões de dólares na maior oferta pública inicial (IPO) da história; o MSCI World Index, um índice de empresas de média e grande capitalização de 23 mercados desenvolvidos, retornara 5,5%. Havia aproximadamente quarenta novos unicórnios, startups que valiam mais de 1 bilhão de dólares, e a Carbon investira em vários deles. Aquele ano também tinha sido o melhor já registrado para *exits* de capital de risco nos Estados Unidos, ou seja, quando fundos e cotistas vendem as suas participações — em uma oferta pública inicial ou uma aquisição — e recebem de volta o dinheiro investido e mais.

Mas, apesar de todos os sucessos em empresas de capital aberto e fechado, a situação financeira do americano médio não estava melhorando. Nos últimos anos, a renda ajustada pela inflação aumentara apenas para os 10% mais ricos; para todos os outros, ela permanecera estável ou caíra. O que estava começando a me alarmar não era tanto a riqueza de Boone em relação à de um americano médio, mas sua riqueza em relação a ela mesma. Se a taxa de crescimento da riqueza de um bilionário fosse maior do que a taxa de crescimento da riqueza de uma pessoa comum, a desigualdade aumentaria cada vez mais até o infinito, limitada apenas pela generosidade e pelas decisões *dos bilionários* — uma nova ordem mundial.

No dia seguinte, uma sexta-feira à noite, Boone e eu estávamos sozinhos no front office.

— Carrie — ele chamou e fez sinal para que eu entrasse.

Peguei uma pequena sacola debaixo da minha mesa. Levantei-me e entrei na sala. Eu sabia que Boone gostava de dar presentes porque Erin ganhara uma grande bolsa Goyard verde com monograma por ter dado suporte a ele por alguns meses.

Eu me sentei.

Ele foi direto ao ponto:

— Não faça cena — disse enquanto me entregava duas sacolas grandes. — Não abra agora. E Feliz Natal.

Peguei as sacolas e as coloquei ao lado da minha cadeira. Peguei a sacolinha que eu havia deixado no chão ao meu lado.

— Também trouxe uma coisa para você — falei, lhe entregando a sacola.

Um, dois, três segundos se passaram.

— Pode abrir.

Ele colocou a mão no papel de seda e tirou uma moldura.

— Você se lembra da citação que queria para sua apresentação no Dia do Investidor? Aquela que não consegui encontrar? — Fiz uma pausa. — Então... Encontrei uma. É o seu conceito de um ponto exato no tempo: prestar atenção às coisas mais importantes que estão acontecendo hoje porque elas determinarão o futuro.

Ele tirou mais um item da sacola: um DVD. Eu levara seis semanas para achar a citação, procurando aqui e ali.

— Foi daí que tirei. Se você tiver setenta minutos, vale muito a pena assistir.

Eu pedira a uma amiga que adorava design gráfico para fazer uma arte da citação com as cores oficiais da Carbon. Ela me dera dezesseis opções. Comprei uma moldura branca e escolhi a opção mais minimalista:

De todas as invenções dos seres humanos,
o computador se aproximará do topo, ou atingirá o topo,
à medida que a história se desenrole e olhemos para trás.

É a ferramenta mais incrível que já inventamos.

Acho que tive uma sorte enorme de estar exatamente no lugar certo, no Vale do Silício, exatamente no momento certo, historicamente, onde e quando essa invenção ganhou forma.

Como vocês sabem, quando você dispara um vetor no espaço...
ainda estamos no início desse vetor.

Steve Jobs, 1995

Quando você dispara um vetor no espaço, ele continua eternamente. Ele continua avançando até que alguma força externa o obrigue a mudar de direção ou a parar. Boone se levantou, virou-se e colocou a moldura em sua prateleira de troféus.

Quando cheguei em casa naquela noite, levei um tempo até abrir os presentes de Boone. Como não tinha uma árvore de Natal, os depositei perto das janelas grandes, na pilha de presentes de Natal que já havia ganhado no trabalho: uma caixa de som portátil Beats Pill XL, da Carbon; um chaveiro gravado da Tiffany, de Jen; (nada de Gabe); um vale-presente de 500 dólares da Bergdorf's, de Michael; caixas de som portáteis Ultimate Ears, de Neil; e fones de ouvido Powerbeats2, de Ethan, eu acho — já não sabia quem havia dado o quê.

Havia semanas que eu chegava em casa do trabalho e simplesmente desabava, incapaz de fazer qualquer coisa. Eu não tinha energia nem para acender as luzes. Não jantava. Passava mais de uma hora no iFood, incapaz de decidir um tipo de comida, um restaurante ou um prato. Era fácil decidir o almoço e, às vezes, o jantar de Boone e todos os aspectos menores e maiores de sua vida: com quem se reunir e quando, o que ler ou dizer. Uma noite, farta dessa inércia, olhei para a sacola de lona da Carbon que estava ao meu lado no sofá e peguei o que havia dentro. Os cookies enormes foram presentes corporativos da Carbon para nossos parceiros de negócios naquele ano. (Sobraram caixas e mais caixas.) Continuei tirando os cookies da sacola e foi depois de comer quatro cookies gigantes — meio quilo de doces — que um medo agudo de perder o controle preencheu meu estômago e empurrou seu conteúdo em direção à minha garganta. Corri para o banheiro. Voltei a sentir o impulso de enfiar dois dedos na garganta. Levantei o assento. Olhei para a água. A única vez que sentira esse impulso havia sido em uma noite no primeiro semestre de faculdade. Desde então, não chegara nem perto de sentir esse desejo de novo, muito menos de ceder a ele. Eu não cederia agora. Levantei-me e escovei os dentes.

Por algum motivo, eu não estava conseguindo fazer nem as tarefas mais básicas. Escrever. Manter uma dieta minimamente saudável. Ter um pingo de autocontrole. Questionei a minha realidade e duvidei das minhas dúvidas, sem saber se não estava sentindo nada, se sentia alguma coisa ou se sentia tudo. Era questão de tempo para eu acabar no mesmo paradoxo idiota da autoconsciência: vamos supor que eu não me conhecesse.

Como eu *saberia* que não me conheço? Eu não conseguia nomear, muito menos descrever, nenhum dos meus estados internos. Mas não importava o nome que eu desse para o meu problema — desregramento ou acrasia, descontrole ou falta de disciplina, ou, quem sabe, pura idiotice —, fato é que algo estava acontecendo e eu estava com medo. Era algo novo e eu não sabia de onde vinha, uma clara reação contra algo que eu não entendia. Fiquei com medo de isso destruir minha vida. De quem era o *máobìng*: de Boone ou meu? Eu tinha concordado que ficaria entre cinco e dez anos na empresa. Não podia deixar — nunca deixei e jamais deixaria — que a minha vida afetasse o trabalho. Pensando assim, tirei da frente tudo o que era desnecessário: focaria no trabalho, só no trabalho, e me livraria de qualquer outro objetivo, incluindo escrever, até pegar completamente o jeito na Carbon. Eu precisava controlar a parte de mim que sabia quão inebriante era quebrar as correntes e voar livre.

Mais tarde naquela noite, sentada no chão com as persianas abertas, as luzes apagadas e a ambição irradiando por toda parte — o brilho pálido dos altos edifícios de escritórios, o néon fraco dos letreiros e das telas gigantescas ao longe —, abri os presentes. Um vale-presente de 2.500 dólares da SoulCycle. Uma enorme bolsa *tote* da Balenciaga. Um casaco de inverno Derek Lam que descobri que custava mais de 6 mil dólares quando fui à loja da Madison Avenue trocá-lo por um tamanho menor. Deixei o cartão para abrir por último. As palavras, na caligrafia dele, eram simples, gentis e positivas. Ele acreditava em mim, na minha "competência extraordinária".

Eu estava no meu emprego dos sonhos.

Era eu. Eu era o problema.

Parte II

"Você está trabalhando em si mesmo, apesar de o verdadeiro você ainda não existir. Seus desejos são, por si sós, um trabalho em andamento."

(Agnes Callard, *Aspiration: The Agency of Becoming*)

Primeiro trimestre

A Carbon jogava um jogo diferente.

Uma das primeiras coisas que notei no novo ano foi seu *status* multimercado. A maioria dos fundos privados é classificada em uma de três categorias: fundo de hedge, fundo de capital fechado ou fundo de capital de risco. No caso do primeiro, as estratégias variavam entre comprar e vender ações e explorar eventos macroeconômicos ou então eventos específicos (como fusões e aquisições), entre outras. No universo das ações, os fundos historicamente se especializaram em empresas de capital aberto (negociadas em Bolsa) ou fechado (não listadas na Bolsa) e, dentro de cada grupo, poderiam se especializar em determinados estágios do ciclo de vida de uma empresa. Os fundos de capital de risco se concentram, por exemplo, em startups em estágio inicial ou mais maduras; já os fundos de capital aberto podem se concentrar em estágios definidos pela capitalização de mercado da empresa (medida pelo total de suas ações em circulação vezes o preço destas), que se relaciona com a maturidade do empreendimento. A Carbon fazia investimentos que iam desde startups em estágio inicial (Série A) até empresas prestes a abrir capital (pré-IPO). No universo do capital fechado, ela investia tanto em empresas menores quanto em empresas de megacapitalização. Ou seja, aplicava capital em empresas nos mais variados estágios do ciclo de vida, por meio de seus veículos específicos de capital aberto e de capital fechado. Wall Street passou a categorizar como crossovers esses fundos que investem tanto em ações abertas quanto fechadas.

Embora Boone houvesse fundado a Carbon como um hedge fund, a empresa lançou seu primeiro fundo de capital fechado em poucos anos. No entanto, uma década e uma série de fundos de capital fechado depois, a Carbon ainda tentava se livrar de sua reputação como investidora que priorizava o capital aberto. A cada um ou dois meses, Boone ia à Costa Oeste. Durante o planejamento de uma dessas viagens no começo do ano, ele me explicou, depois de me pedir para ser especialmente gentil com as pessoas do fuso horário do Pacífico:

— Os hedge fund não são muito bem-vindos lá.

Perguntei por quê; Boone respondeu algo sobre sermos vistos como "sem noção". De acordo com um artigo do *Wall Street Journal*, os capitalistas de risco viam os hedge funds como "o anticristo do investimento paciente e apoiador em empresas de estágio inicial". Os fundadores de startups viam "com desconfiança qualquer dinheiro que vem de fora do Vale". O setor de tecnologia estava voltando a crescer com avaliações otimistas; os mercados de ações de capital aberto haviam sofrido uma queda recente; os empregos mais procurados tanto por recém-formados quanto por veteranos do setor estavam cada vez mais concentrados na baía de São Francisco, em vez de Manhattan. Na guerra entre a Costa Leste (Nova York) e a Costa Oeste (São Francisco), entre Wall Street e o Vale do Silício, este último estava ganhando a dianteira.

Mas a Carbon não era a única a investir tanto em capital aberto quanto fechado. Acredito que o que diferenciava a Carbon dos concorrentes era sua equipe de investimentos e, em particular, a maneira como a empresa era organizada. Mesmo em fundos multimercado, muitos analistas cobriam seu próprio universo especial: um conjunto de empresas de determinado setor, em determinado estágio ou com determinado valor de mercado. Na Carbon, Ethan era o único gestor de portfólio focado exclusivamente em capital de risco e tinha uma pessoa trabalhando diretamente sob seu comando. Quase todos os outros — sócios, analistas — cobriam um mix de empresas de capital aberto e privado, desde startups que atuavam fora do radar até grandes empresas listadas no S&P 500. Uma boa empresa é uma boa empresa, e um IPO não mudava isso. Enquanto o resto do mundo se especializava cada vez mais, a Carbon, de certa forma, se tornava mais generalista. Isso lhe possibilitava identificar melhor os temas e sintetizar dados provenientes de redes de relacionamento distintas: podia levar suas habilidades de seleção de ações e sua profunda experiência em cada setor para o espaço das startups; podia levar seu conhecimento em capital de risco, isto é, sobre onde as disrupções podem acontecer para o lado dos hedge funds. Parecia haver um intercâmbio de aprendizado e disseminação de informações entre os mercados de capital aberto e fechado. Além disso, uma mesma ideia poderia gerar retornos tanto no lado das posições vendidas em ações de capital aberto quanto no lado do capital de risco (posições compradas) ao apostar na ascensão dos disruptores e na queda dos players maduros e dobrar o retorno sobre o tempo.

Outro elemento distintivo era a obsessão da Carbon com o tempo. Muitos se preocupam em maximizar a eficiência e aumentar os retornos o quanto antes. Não era a crença nesses valores corporativos que distinguia a Carbon, mas o fato de a empresa colocá-los em prática de maneira tangível. Eu havia tocado piano, e a primeira definição que aprendi de *cadência* se referia à maneira como uma frase musical se resolve e fornece uma sensação de conclusão, completude. Como também gostava de correr, eu conhecia outras definições: ritmo, velocidade e regularidade dos passos. Minha professora de piano costumava me dizer que eu era péssima em manter um ritmo constante; ela dizia que eu vivia apressada. (O que fazia sentido: sempre tive a sensação de que o tempo estava acabando.) Uma década depois, eu me sentia totalmente em meu elemento trabalhando para Boone, cuja cadência não era rápida, e sim *mais* rápida. Não era velocidade, era aceleração. Não era processo, era melhoria de processos. Falar mais rápido, fazer mais rápido, decidir mais rápido. Em incontáveis reuniões, depois de concluirmos os itens da pauta, Boone me perguntava:

— O que mais?

Como quem diz: o que mais podemos fazer e decidir hoje? O ritmo de trabalho era caracterizado por uma luta constante para encurtar a distância até as decisões. Se puder decidir agora, decida. Não espere.

No fim de cada mês, era uma corrida para Boone assinar documentos, dos quais o mais importante era o formulário de resgate da Carbon. Foi a natureza decisiva dessas assinaturas, do tipo matar ou morrer, que me ensinou tudo. Levei seis meses para me dar conta do tamanho do compromisso de Boone com a Carbon: ele tinha apostado tudo. Financeiramente, era bom para ele. Em termos de imagem pública, era espetacular. Alinhava seus interesses com os cotistas da Carbon, mostrando que ele acreditava em si mesmo, tanto que estava arriscando tudo — reputação, subsistência, quase toda sua riqueza — em seus próprios fundos. Boone acreditava tanto na Carbon que, de certa forma, vivia mês a mês. A vida de Boone e sua filosofia de investimento pareciam girar em torno da mesma premissa: nunca deixar tempo ou dinheiro parados. Se você tem, invista. Aplique o capital sem demora.

A rápida alocação de capital dependia da obtenção de informações confiáveis com rapidez suficiente para chegar a uma convicção suficientemente forte. Velocidade e qualidade são, em muitos casos, inversamente relacionadas. Quanto mais rápido você agir, maiores serão as chances de sacrificar a qualidade do seu produto ou a profundidade do seu insight. Quanto a isso, pensei, a Carbon era muito eficiente. Antes de uma reunião, Boone e seus colegas faziam o máximo de dever de casa possível — às vezes até faziam alguns telefonemas para se informar sobre a administração da empresa, seus canais de distribuição, o que seus clientes e fornecedores diziam. Eles se preparavam para fazer as melhores perguntas para que, após a reunião, qualquer nova informação pudesse ser usada como insumo de análises. Se você fosse fundador de uma empresa, quem preferiria: o investidor que chega sabendo tudo sobre o seu negócio ou o investidor a quem você deve se explicar e provar seu valor? Além disso, investir no espaço do capital de risco dava à Carbon acesso a informações de qualidade e em quantidade ainda maiores, que a empresa podia usar para tomar melhores decisões em seus *próximos* investimentos. Era comum as startups compartilharem informações confidenciais com seus investidores. A Carbon conseguia essas informações, entrava na tabela de capitalização da empresa (o registro detalhado que mostra o patrimônio e as participações acionárias de todos os investidores de uma empresa) e ficava por dentro das rodadas futuras. Era tudo sobre tomar hoje a decisão que iluminaria caminhos para retornos mais altos *amanhã* — o que Boone chamava de tomada de decisão orientada para o futuro e eu entendia como orientação extrema para o futuro. Ele estava convencido de que esse empenho permitia à Carbon ter uma visão mais ampla do que estava acontecendo em determinado setor a qualquer momento.

Comecei a ver a Carbon como uma fábrica de decisões cuja principal matéria-prima era informação — objetiva, não subjetiva. Boone não queria saber de palpites, pressentimentos ou intuição; seu foco era explícito na tomada de decisões com base em fatos. Sabendo que o produto só podia ser tão bom quanto a matéria-prima, a Carbon pagava um exército de pessoas para coletar informações e se concentrava em entrar na empresa a ser investida e obter acesso a todo tipo de dados. Boone investia em vários fundos privados. Ele participava do conselho de administração de um renomado hospital de Nova York, onde atuava como um dos líderes do comitê de investimentos e decidia questões relacionadas aos portfólios do hospital. A Carbon também obtinha o melhor acesso corporativo possível, aquelas reuniões entre quatro paredes entre investidores e empresas. Era uma vantagem enorme porque o diretor financeiro da

Microsoft, por exemplo, não tinha como gastar meia hora com cada pessoa que tivesse uma pergunta para ele. Pense em um verdadeiro ciclo de feedback: informações em maior quantidade e de maior qualidade permitiam à Carbon tomar decisões melhores e mais rápidas, o que lhe permitia gerar lucros maiores e mais rápidos, o que, por sua vez, possibilitava à empresa gastar cada vez mais em informações. Conhecimento assimétrico é poder assimétrico. A Carbon queria saber tudo sobre você sem revelar nada sobre si mesma.

O fim de semana do Dia de Martin Luther King estava chegando. Eu estava trabalhando tanto que, quando decidiu tirar dois raros dias de férias enquanto viajava pela região da baía de São Francisco, Boone me disse para relaxar, deixar o trabalho de lado e tentar espairecer um pouco. Comprei passagens para ir ao Caribe com uma amiga e os amigos dela. Perto dos 30 anos, eu ainda tentava me convencer de que era extrovertida me jogando em festas e mergulhando na bebida, apesar de ter experiência o suficiente para saber que não era a minha praia. Não tinha nada a ver com qualquer pressão por parte das pessoas envolvidas (que, em sua maioria, eram inteligentes, simpáticas e interessantes) e tudo a ver comigo. Eu continuava me metendo em situações que não faziam o meu estilo, até descobrir, depois de dias, semanas, meses, às vezes anos, que elas definitivamente não faziam o meu estilo.

Às 6h21 de quinta-feira, peguei um Uber para o aeroporto e embarquei em um avião para Saint Martin. Assim que o avião pousou na ilha, às 11h49, comecei a mandar mensagens e fazer ligações para pessoas do trabalho. Só parei às 21h53. Não tenho nenhuma lembrança do primeiro dia da viagem.

No segundo dia, o restante do grupo chegou. Eu havia conhecido Kira, a organizadora da viagem, através de um colega da pós-graduação de Josh. Ela me colocou na suíte maior com outras duas mulheres de

Nova York: Lucy, fundadora de uma linha de joias que ganhara destaque nas revistas *New York* e *People StyleWatch*, e Parmita, uma velha amiga de Kira.

À noite, dezoito de nós — nove homens, nove mulheres, todos na faixa dos 20 a 30 anos e solteiros, tirando dois casais — nos sentamos na varanda, bebemos e nos apresentamos. Eu havia saído para correr um pouco e cheguei atrasada para as apresentações. (Quando não estava mandando mensagens para confirmar se "o champanhe está gelando no balde de gelo", ou seja, quando não estava trabalhando, eu estava ao celular interrompendo minha corrida com ligações para fornecedores, colaboradores e funcionários da Carbon — ou, seja, trabalhando um pouco mais.) Sentados em cadeiras de ferro forjado com vista para o mar azul-celeste estavam um cirurgião plástico, um investidor de biotecnologia, um professor da Harvard Business School, um investidor de capital fechado e um pediatra especialista em transplante de células-tronco com doutorado, entre outros. Stanford, Harvard, Penn, Duke. Eu odiava situações que pareciam uma temporada elitista de *The Bachelor*. Fui a última a falar e, com a esperança de ninguém olhar para mim, me apresentei como "trabalho em finanças e sou aspirante a escritora". Não mencionei o MIT, a Carbon, a Fidelity nem disse que tinha largado os estudos na Universidade da Pensilvânia.

O cirurgião plástico era bonito do mesmo modo que eu consideraria o Leonardo DiCaprio "bonito": um homem objetivamente maravilhoso, mas por quem eu nunca conseguiria sentir qualquer atração. Assim que o grupo dispersou, ele veio falar comigo.

— Fiquei intrigado com a sua disciplina — disse. — Você preferiu sair para correr nas férias enquanto todo mundo preferiu beber.

Depois, Parmita me contou que o cirurgião estava me seguindo feito cachorrinho; no dia seguinte, na praia, ele me falou que precisava de um tempo de Parmita, porque ela não parava de falar. Eu também tinha notado que Parmita preenchia os silêncios como se estivesse competindo consigo mesma por atenção, falando repetidamente sobre suas vitórias, suas notas estelares na faculdade e sua experiência como a mais jovem vice-presidente de um banco de médio porte. Mas, quanto mais o cirurgião falava mal de Parmita e quanto mais Parmita falava sem parar sobre tudo, mais eu sentia pena dela.

Parmita, assim como eu, apresentou-se ao grupo dizendo apenas que trabalhava "em finanças". Naquela mesma noite, quando estávamos sozinhas em nosso quarto, perguntei a ela, em tom de curiosidade, não de crítica:

— O que foi mesmo que você disse que faz em finanças?

— Eu trabalho na Insight.

— Ah, eu trabalho na Carbon.

— É por isso que só digo que trabalho "em finanças" — ela explicou, olhando para baixo enquanto desfazia as malas. — A maioria das pessoas não sabe a diferença.

Eu quis abraçá-la. Talvez tenha sido pela maneira como ela hesitou em especificar sua empresa ou o fato de ter revelado tão pouco sobre seu trabalho que senti nela uma ansiedade que eu conhecia muito bem. Quantas vezes ela não deve ter ouvido que poderia — ou deveria — fazer mais? Ela havia trabalhado em bancos de investimentos na Goldman e no J.P. Morgan e, antes disso, estudara retórica em uma das melhores universidades do país, em Chicago. Agora ela trabalhava em vendas, oferecendo os serviços de sua empresa, a Insight — uma rede de especialistas, isto é, uma empresa que fornece acesso aos mais requisitados especialistas da academia e da indústria em todos os tópicos imagináveis —, a alguns dos maiores nomes dos hedge funds. A Carbon era uma cliente importante da Insight, que, por sua vez, era uma das líderes do mercado, com uma rede composta de quase meio milhão de especialistas na época. Para alguns, a transição de Parmita talvez parecesse um retrocesso, porque ela estava se afastando do dinheiro, do lado da compra em investimentos. Eu vi sua decisão como um salto em direção a uma paixão (conversar, socializar) e a uma área na qual ela poderia ser a melhor do mundo (vender, desenvolver negócios), se quisesse.

Na segunda-feira, feriado nacional, Parmita e eu voltamos no mesmo voo. Rachamos um táxi para Manhattan. O táxi parou primeiro no prédio dela, no East Village.

— Que tal um happy hour um dia desses? — perguntei enquanto ela saía do carro.

— Com absoluta certeza! — ela disse.

No fim de fevereiro, a Carbon realizou seu Retiro Anual da Equipe de Investimentos. Sloane, que vivia entrando e saindo correndo de seu cubículo em frente ao escritório de Neil, nunca se reunia com Boone, a menos que fosse para falar sobre o retiro. Courtney também se juntou a eles.

Sloane parecia levar a vida que várias assistentes da Carbon queriam. Elas comentavam sobre sua aliança "gigante" de casamento, as entregas da Net-a-Porter que ela recebia no escritório, os churrascos com chefs famosos nas Ilhas Cayman e seu amoroso e dedicado marido, que trabalhava em um importante banco de investimento. Sempre que eu via Courtney no cubículo de Sloane, o que acontecia várias vezes ao dia, as palavras de Boone ressoavam na minha cabeça. *Não se envolva em picuinhas.*

Colocar Ethan, Boone, Michael e Neil na mesma sala por mais de um dia era como fazer com que o metrô de Nova York funcionasse conforme o cronograma: acontecia no máximo uma vez por ano. Por isso, o retiro era cheio de atividades de *team building*. *Snowmobile*. Trenós puxados por cães. *Rafting*. O retiro daquele ano seria realizado no resort de luxo Amangani, em Jackson, Wyoming. Para as atividades ao ar livre, Sloane e Courtney perguntaram a cada participante o tamanho das roupas e calçados e encomendaram trajes completos, desde botas até jaquetas de esqui capazes de sobreviver às condições mais severas. Eram cerca de 25 participantes — homens, exceto as duas gerentes de relações com investidores e uma nova funcionária, contratada para dar suporte a um analista com dados e pesquisas — e todos ganharam roupas da marca cult Arc'teryx.

Se você não estivesse ao ar livre competindo fisicamente, estaria em uma sala competindo mentalmente. Cada participante tinha de fazer duas apresentações. Todos ficaram bastante estressados com isso, incluindo Boone (e eu, que deveria preparar suas apresentações). A Carbon era obcecada por 10-baggers. A pressão para encontrar empresas que renderiam dez vezes o investimento não era diferente da pressão da indústria cinematográfica para produzir sucessos de bilheteria: o tempo entre a concepção inicial e a concretização de sua tese poderia levar anos, se é que se concretizaria. Mas, no mercado financeiro, as glórias passadas se perdiam no tempo — você só era tão bom quanto a sua aposta mais recente.

O retiro do ano anterior fora realizado no resort Amangiri, em Canyon Point, Utah. Quando vi fotos da equipe da Carbon no resort, fiquei dividida entre o eu real e um eu imaginário que houvesse fugido para um dos quatro cantos do mundo. Josh e eu ficamos noivos no Amangiri. Não tinha lembranças ruins do lugar, mas também não tinha nenhuma boa. Quando meus pais viram fotos daquela noite, me perguntaram:

— Por que você parece tão triste?

Josh me pedira em casamento com um anel em uma caixa azul-marinho da mesma joalheria na qual Boone comprou o último anel de aniversário de Elisabeth. Quando entrei na Carbon, vi na agenda de Boone que, não muito tempo antes, ele tinha ido ao Tiburón, o campo de golfe anexo a um condomínio fechado de mansões milionárias em Naples, Flórida, onde Josh e seus pais tinham uma casa e onde eu passara muitos fins de semana no inverno. Quando voltei a namorar, a primeira pessoa que me interessou estava abrindo seu próprio negócio no ramo de artes plásticas. Ele conhecia muitos amigos de Josh, porque os dois tinham se formado em Harvard. Quando me convidou para um segundo encontro, eu disse que estaria ocupada.

PRIMEIRO TRIMESTRE

Com Boone no retiro, pensei que eu finalmente conseguiria colocar em dia parte do trabalho administrativo que vinha adiando. Entre tarefas urgentes, como "preciso do celular do Mitt Romney", e outras não urgentes, como relatórios de despesas, eu não tinha escolha a não ser priorizar as primeiras. Jay e outras assistentes me disseram que nossas duas recepcionistas poderiam ajudar. Mas a regra era: só se for muito urgente, não pode virar rotina. Toda a equipe de investimentos, além dos diretores de cada departamento, encontrava-se no retiro. Sem reuniões no escritório, eu sabia que as recepcionistas estariam mais livres. Pedi a uma delas que me ajudasse com as despesas de Boone ligando para hotéis e outros fornecedores e pedindo que mandassem as notas fiscais por e-mail. Não para todos os itens da lista — eu planejava fazer a maior parte sozinha —, mas para alguns. Qualquer coisa ajudaria muito. Ela disse que sim. Meia hora depois, meu telefone tocou.

— Oi, Sloane — falei. Ela nunca me ligava. — Como vai o retiro?

— Tudo bem!

— Que bom...

— Então, ouvi dizer que você pediu à recepção para ajudar com os relatórios de despesas.

— É verdade. Pedi, sim.

— É, não é assim que fazemos as coisas.

Fiquei em silêncio.

— Cada um faz o próprio trabalho. Inclusive você.

— Ah, eu não sabia. Achei que poderíamos pedir ajuda para algumas coisas pontuais.

— Não tem problema — ela respondeu. — Você acabou de entrar. Mas agora você sabe.

Não falei com Boone sobre essa ligação. Ele me dissera que a Carbon tinha uma cultura de baixa politicagem e eu acreditava nele. Meu desempenho era julgado com base no quanto eu exemplificava os valores da Carbon, sendo que um deles era "ser a primeira a ajudar". Ao menos duas pessoas aqui não quiseram ser as primeiras a ajudar, não a mim. E tudo bem. Tudo certo. Eu faço sozinha. Coloquei o *headset* e comecei a ligar para fornecedores e a preencher os relatórios mês a mês, incluindo despesas de anos anteriores herdadas das antigas assistentes de Boone. Um dos meses, no mínimo, ainda tinha o nome de Penelope.

Na semana seguinte, em um dia quase primaveril quando toda a equipe já estava de volta a Nova York, fui correr na esteira. Era início da noite. Boone tinha ido embora. Fazia anos que eu corria por uma hora, cinco ou seis dias por semana. Apesar de correr na academia, o que era mais prático do que ir ao parque, havia conseguido manter a rotina na Carbon. A hora era quebrada em intervalos picados porque uma mensagem ou e-mail me forçava a parar para responder.

Plim.

Olhei para o celular.

Eu estava na metade da corrida, em um ritmo mais intenso — 5min28s por quilômetro em vez dos meus 9min20s habituais. Como o celular estava apoiado na borda da esteira, consegui ver que o e-mail não era urgente sem precisar pegá-lo. Não me lembro do que se tratava, se foi enviado para mim ou se era só uma cópia, e não dei bola. Mas comecei a duvidar da minha decisão e, depois de vários minutos de tortura, decidi que eu não deveria, de jeito algum, ler o e-mail. Não queria repetir o incidente do Dia da Família, quando ele mandara a foto de seus filhos, mas, mesmo assim, naquele momento, reuni todas as minhas forças para continuar correndo. Tinha passado meses deixando o trabalho interferir na minha vida e decidi que, para o bem da minha sanidade mental, precisava concluir pelo menos *uma* meta pessoal, correr por *uma* hora sem interrupções, ou então... Não sei quanto tempo passei agonizando com esse dilema enquanto corria, corria, corria, colocando um pé na frente do outro, até que finalmente resolvi responder ao e-mail ainda na esteira. Peguei o celular e comecei a digitar uma resposta.

Olhei para baixo.

Ficou tudo preto.

Senti meu queixo bater na cinta da esteira quando fui jogada para trás.

— Não foi nada! — gritei antes de ouvir exclamações de espanto e um "Minha nossa!".

Examinei meu corpo, tentando manter a calma. Estava com uma calça Lululemon da Carbon e rezei para que estivessem intactas. Enquanto eu enrolava a legging para ver se estava tudo bem com a minha perna, tudo que conseguia pensar era em não deixar minhas decisões idiotas afetarem minha capacidade de trabalhar. Notei que tinha machucado grande parte das canelas. O atrito da borracha da cinta, girando a mais de 11 quilômetros por hora, queimara minha pele. Havia uma faixa de queimadura em cada perna, do joelho para baixo, como se uma pedra afiada tivesse raspado a pele. A palma das minhas mãos e meu queixo também estavam queimando. Minha cabeça, quadris, costas, articulações — tudo doía. Emma, das relações com investidores, e May, da contabilidade, estavam lá. E José. Ele foi correndo até a cozinha e voltou com dois sacos Ziploc cheios de gelo. Me ajudou a levantar. Eu me apoiei nele, que então me ajudou a ir à minha mesa.

Alguns colegas me disseram que eu devia ir ao hospital. "Estou bem", falei. Só que não. Eu não conseguia andar. Pedaços de pele haviam sido arrancados dos meus joelhos. Fui de Uber para casa às 18h48.

No dia seguinte, às 7h42, peguei outro Uber para ir ao trabalho. Antes do almoço, contei a Boone o que tinha acontecido comigo.

— Carrie — disse. — Vá para o hospital. *Agora!*

Ele ligou para o assistente do presidente do hospital, que me arranjou uma consulta naquele mesmo dia, no início da tarde, com um médico especializado em medicina esportiva feminina. (Ele também fora médico do New York Liberty, time da liga profissional de basquete feminino dos Estados Unidos.) Boone liberou seu motorista, Ed, para me levar. Elisabeth ligou para dar uma força.

— Use os cremes de arnica e calêndula da Boiron. Eu e minhas amigas... Nossos filhos vivem se machucando. Os produtos da Boiron ajudam o corpo a se curar mais rápido.

Não contei a Boone que fora o e-mail dele que me fizera tropeçar. Esse detalhe não vinha ao caso. A culpa tinha sido minha. Quando é que eu aprenderia que era incapaz de fazer duas coisas ao mesmo tempo? Que de repente seria melhor parar a esteira? Então, mais uma vez, tirei da frente tudo o que era desnecessário e foquei no trabalho. Era melhor deixar de lado qualquer objetivo pessoal.

Comprei na internet os cremes que Elisabeth recomendou. Eles não ajudaram. Passei semanas com a pele crescendo por cima das feridas, que abriam assim que eu dobrava o joelho.

Na minha avaliação de fim de ano, Boone dissera que eu receberia avaliações trimestrais até que estivéssemos totalmente alinhados. A seguinte ocorreu na sala dele, em meados de março. Eu estava atingindo todas as metas que ele estabelecera para mim, não havia muito o que discutir.

— E as suas pernas? — perguntou Boone.

— Ainda doem um pouco — eu disse. — Para sarar, eu precisaria não andar, o que evidentemente não é uma opção.

— Deixe-me ver o machucado.

Levantei-me, contornei a mesa que nos separava e parei alguns metros à sua frente. Estiquei a perna direita e levantei um pouco a saia. Ele se inclinou. Apontei para os meus joelhos. Em quase duas semanas, as feridas continuavam vermelhas, abertas e desprotegidas. Então senti minha alma deixar o corpo. Vi a mim mesma do ponto de vista de Boone: clínico, não sexual. Ele tinha enorme curiosidade por tudo que envolvesse resistência. Presídios, hóquei, *heli-skiing*, surfe de ondas gigantes. Qualquer ambiente ou atividade na qual perder o foco pode significar a morte. Temos uma expressão em mandarim: *chīkǔ*. Na minha família, "engolir o amargor" era um distintivo de honra. Foi a capacidade dos meus pais de *chīkŭ* que lhes permitiu sobreviver à Campanha de Envio ao Campo, na qual, durante a Revolução Cultural na China, milhares de jovens intelectuais foram obrigados a deixar as cidades para trabalhar no campo. Nesse sistema, eles eram avaliados todos os dias e seu trabalho era pontuado em termos de produção e atitude. Eles me contaram que qualquer desempenho abaixo do perfeito custava meio dia ou um dia inteiro de pontos, que eram trocados por um salário miserável ao fim da colheita, dependendo da produção da equipe. Na época, eu acreditava que não tinha opção a não ser *chīkŭ*, abaixar a cabeça, não reclamar e continuar seguindo em frente.

Depois de inspecionar meus joelhos, Boone se recostou na cadeira e não disse nada. Ele não parecia impressionado.

— Para piorar ainda mais as coisas — continuei —, não posso malhar. Acabei de fazer um detox de seis dias para me manter saudável.

— É mesmo?

— Sim.

— Muito bem — ele disse, inclinando a cabeça como se dissesse: só isso? — Veja se aguenta fazer mais uma semana.

Boone encerrou a avaliação com dicas para ter sucesso na Carbon. Ele mencionou Sloane. Anotei tudo. Ele queria que eu não ultrapassasse os limites de Sloane. Também queria que eu fosse discreta e modesta, mas sem errar na mão.

— Não deixe pisarem na sua cabeça. E não se meta com politicagens.

A manhã agitada chegava ao fim. Eu estava em um Uber fazendo uma tarefa para Boone — uma tarefa que me dava a sensação de estar em um daqueles filmes de assalto com planos mirabolantes e reviravoltas inesperadas, transportando mais dinheiro do que eu jamais voltaria a carregar na vida — quando ficamos presos em um engarrafamento na Park Avenue.

Não dava para ver o que estava prendendo o trânsito. Os semáforos ficaram verdes, vermelhos, verdes, vermelhos. Tudo parado. Inquieta, eu esperava o momento em que meu celular, grudado na minha mão desde que começara na Carbon, apitaria com uma mensagem informando que minha presença era necessária no escritório.

De repente, três pessoas se colocaram na frente do Uber no meio da rua.

Um homem segurava um cartaz com o desenho de tesouras de poda vermelhas.

O cartaz da mulher dizia: CARMA RUIM COMPORTAMENTO RUIM POLÍTICA RUIM sob a foto de um homem que eu tinha visto durante o Dia do Investidor.

Outro homem segurava um cartaz com o nome daquele investidor e de seu hedge fund.

Entendi que devíamos estar parados em frente ao prédio de Elias Cohn.

Até onde eu sabia, Cohn não havia feito nada ilegal. Ele tinha a fama de se indispor com as pessoas porque seu estilo de investimento não era tão discreto quanto o de Boone. Quando olhei para o outro lado, vi mais uns dez manifestantes com cartazes. CUOMO: O MAIOR BENEFICIÁRIO DO DINHEIRO DOS HEDGE FUNDS. NOVA YORK PRECISA DE EMPREGOS & MORADIA. WALL STREET PRECISA PAGAR!

Olhei de novo para a mulher. Sua expressão não era de raiva ou ódio, mas de resignação. Ela parecia exausta, mas ainda assim estava lá segurando um cartaz. Algo me incomodou naquela situação. Eu não soube o que era exatamente, mas reconheci seus olhos gentis e sua compostura apesar de todas as dificuldades, que pareciam dizer: *Não estou pedindo muito, só quero um mundo justo.* Fiquei imaginando se ela me viu e se saberia que, na prática, também estava atacando a mim, já que as injustiças contra as quais ela e os outros manifestantes estavam protestando eram perpetuadas não apenas por Cohn, mas também por Boone.

Quando o carro começou a andar (os manifestantes tinham se afastado), peguei o celular. Tirei três fotos. Eu não queria esquecer o mundo real.

Uma tarefa que devia levar quinze minutos acabou levando o dobro do tempo. Nas ruas, a cidade estava barulhenta, quente, caótica. No arranha-céu, nosso escritório estava silencioso e tranquilo, funcionando normalmente. Não lembro se Boone me disse alguma coisa (ele deve ter feito algum comentário sobre como eu devia estar aumentando, e não diminuindo, a minha eficiência — eu me sentia controlada por uma coleira de eficiência), mas me lembro de ter pensado: *Na verdade, podemos nos dar ao luxo de desacelerar.*

Em uma sexta-feira à tarde, no trabalho, pelo Gchat:

> **EU:** O JOSH ESTÁ ME STALKEANDO
> **EU:** ele me mandou um monte de mensagens no linkedin
> **EU:** hoje ele mandou uma mensagem tipo
> **EU:** "por favor, vamos conversar"
> **EU:** EU SÓ QUERO QUE ELE ME DEIXE EM PAZ
> **YUNA:** que bizarro. chato demais
> **YUNA:** a gente tem que pedir uma ordem de restrição contra ele ou algo assim
> **EU:** bloqueei ele nos contatos
> **EU:** no gmail
> **EU:** tudo que é do google (hangouts etc.)
> **EU:** no facebook
> **EU:** e no linkedin
> **EU:** em todos os lugares em que ele tentou mandar mensagem
> **EU:** se ele continuar
> **EU:** vou pensar na ordem de restrição

O Regulamento de Divulgação Justa, criado havia mais de uma década pela Comissão de Valores Mobiliários, pretendia eliminar a divulgação seletiva de informações e, assim, promover maior transparência no mercado de ações. Contudo, na prática, os grandes players institucionais recebiam um tratamento altamente preferencial quando se tratava de acesso corporativo. Os funcionários da Carbon conseguiam marcar reuniões com os diretores-executivos e os diretores financeiros de grandes corporações para fazer perguntas relevantes e coletar insights e, mesmo que não recebessem uma resposta direta (ou qualquer resposta), podiam observar a linguagem corporal e outras comunicações não verbais. Embora seja ilegal negociar com base em informações não divulgadas ao público e que, se divulgadas, teriam impacto concreto no preço de um título (definição de *negociações com informações privilegiadas*), não é ilegal conversar sobre tendências, ideias e até estratégias.

Boone comparecia a muitas dessas reuniões. Outro dia, ele e seu analista do setor de bens de consumo essenciais, Matt, foram a uma cidade do Centro-Oeste que sediava uma marca global de alimentos embalados. Boone e Matt se reuniriam com o CEO da empresa para fazer um tour pelas instalações.

Quando Boone viajava, era comum que desse carona a amigos e colegas. O problema era que a pessoa tinha que chegar ao ponto de encontro (geralmente, um pequeno terminal de aviação privada ao lado das pistas) antes dele, porque ele não esperaria, em nenhuma circunstância. Para a maioria das pessoas, o cálculo fazia muito sentido, considerando que viajar em um jatinho particular poupava muitas horas: além de não ter que pegar filas de segurança ou embarque, o passageiro poderia, teoricamente, chegar ao terminal privado um minuto antes da decolagem e seguir viagem com Boone.

O voo de ida estava marcado para mais ou menos 7h30, saindo de Teterboro, Nova Jersey, o terminal privado mais próximo de Midtown.

Quando Boone e Matt já deveriam estar chegando para tomar seu café da manhã com frutas, ovos e torradas, meu celular tocou.

— Cadê o Matt?

Meu estômago virou pedra.

— Vou ver e ligo de volta.

A NetJets é uma empresa de jatos sob demanda, e detalhes como aeronaves específicas e terminais podem mudar a qualquer momento. Um aeroporto pode ter vários terminais privados. Em Teterboro havia cinco, um dos quais, o da Signature Flight Support, tinha dois subterminais: o Leste e o Oeste. O voo mudara de terminal e, no dia anterior, eu havia atualizado o convite na agenda on-line para que Matt e sua assistente, Sloane, soubessem exatamente onde o motorista de Matt deveria deixá-lo. No entanto, eu não mandara um e-mail separado para Sloane ou Matt para avisá-los da mudança; achava que o recurso "Enviar atualização" do Outlook seria suficiente.

Liguei para Matt, que atendeu uma fração de segundo após o primeiro toque. Ele havia chegado cedo ao aeroporto e estava esperando Boone no terminal errado.

Em algum momento perto do fim de março, Boone me chamou em sua sala.

— Lembra aquele voo com Matt? — perguntou.

Droga.

— Sinto muito *mesmo* que você teve que esperar dez ou quinze minutos. — Eu estava sendo sincera, nunca me passou pela cabeça não ser sincera. — Daqui para a frente, vou me certificar de mandar uma mensagem sep...

— Sloane pediu desculpas a você?

Tive que pensar um pouco e neguei com a cabeça.

— Ela também não pediu desculpas para mim — disse Boone.

Fiquei em silêncio.

— Ela nunca tocou no assunto — ele completou.

Tentei imaginar um cenário no qual, por descuido, eu houvesse deixado passar alguma informação e desperdiçado dez minutos do tempo de Neil; com certeza correria atrás dele pelos corredores, pediria mil desculpas, diria que já havia tomado as medidas necessárias para garantir que isso nunca mais acontecesse. De repente Sloane nunca chegou a receber o e-mail do Outlook. Talvez tenha ido para o spam. Talvez o Outlook tenha dado problema e a atualização não fora enviada. Cerrei os dentes, olhei para o lado e dei a Boone o meu melhor sorriso do tipo *estou tentando ser diplomática, como você instruiu.*

Boone me olhou fixamente e disse:

— Eu sei o que fazer.

Segundo trimestre

Quanto mais eu trabalhava, maior era a minha resistência a me matar de trabalhar e maior era a minha necessidade de preencher os fins de semana da primavera com um grande e intenso nada. Minha amizade com Parmita florescera; nos falávamos todos os dias e nos víamos pelo menos uma vez por semana. Na Insight, passava o dia inteiro ouvindo clientes, a maioria grandes hedge funds do nível da Carbon. Ela sabia exatamente do que eu precisava: fazer planos para ter alguma expectativa, mas também poder cancelá-los a qualquer momento, por qualquer razão. Eu tinha parado de ir ao escritório todo fim de semana, preferindo responder aos e-mails no domingo à noite de casa mesmo, mas continuava indo com alguma frequência para registrar as reuniões de Boone em um aplicativo personalizado, para atualizar as despesas de Boone em dia. Quando recebi o e-mail de Parmita no Dia de São Patrício às 11h23 com uma passagem surpresa em meu nome para Estocolmo no fim de semana da Páscoa, umas duas semanas depois, eu pensei: *Sim!*

Na "Veneza do Norte", Parmita me arrastou para o Moderna Museet. Meu voto havia sido por "não sair/não fazer nada", mas eu fora derrotada; Parmita tinha convidado uma amiga, analista de outro gigante hedge fund. Foi bom sair do Airbnb. Elas apreciavam sem pressa as obras de arte quando eu, que estava várias salas à frente tentando ser eficiente no meu passeio, vi algo que me fez congelar. Não sabia que era possível me sentir tão compreendida por uma oval. Uma pequena oval preta feita com a caneta mais fina do mundo, traçada repetidamente em ovais concêntricas cujas linhas furiosas suavizavam gradualmente conforme se aproximavam do centro, até que a tinta, incapaz de escapar da atração dos dois pontos gravitacionais, evaporava no abismo — e mesmo assim algo permanecia: o centro esbranquiçado. Houve um ponto no tempo em que a caneta da artista encerrou um número infinito de escolhas — uma verdade matemática —, mas o que levou essa artista a escolher um ponto, o próximo ponto e o ponto seguinte, de modo a formar uma sequência de escolhas que se enrolavam em uma tapeçaria tão repleta de sentido e ordem? Meu olhar passou do desenho para a caligrafia no lado esquerdo da página, pequena e infantil: "era o controle do caos por um de nós".

Afastei-me para ter uma visão mais ampla. A oval era uma das quinze páginas de textos e desenhos que, juntas, em sucessão em uma parede, formavam o que eu entendi — pela primeira vez — como a história da minha vida. Uma criança em um ambiente que deveria ser saudável. Mulher, homem, vozes, brigas. Terror. O "terror de ver o caos" no rosto da criança. Mas a criança "não morreu" e "não gritou". Não quebrou, não esfarelou nem lascou. A criança pegou uma vassoura no armário e começou a varrer. Movimento e ação. Ação e movimento. Um ato simbólico que pode assumir infinitas formas: pintar, esculpir, escrever, correr, trabalhar.

O título da peça era *Sublimation*. A artista, Louise Bourgeois. Uma artista cuja obra foi, como eu tinha lido antes, profundamente influenciada por traumas de infância.

Percorri rapidamente o restante do museu e voltei ao saguão para esperar Parmita e sua amiga. Uma aranha, uma grande escultura que eu não notara ao entrar, pairava sobre mim.

* * *

SEGUNDO TRIMESTRE

Na volta da Europa, eu sabia que mudanças estavam por vir. Na linguagem de Boone, "eu sei o que fazer" significava guerra. Fui ao escritório direto do aeroporto, mas perdi algumas horas da abertura do mercado. Boone me disse para nunca mais perder uma manhã de segunda-feira na Carbon.

Boone me envolveria quando estivesse pronto. Eu não precisava bisbilhotar, nunca bisbilhotei. Da minha vista para a sala dele, vi o lago do parque semicongelado em março e completamente descongelado em abril. Trechos de grama surgiam como jatos de limão espremido. As feridas dos meus joelhos ainda estavam cicatrizando. Para não desacelerar a formação da nova pele, eu parara de me exercitar. Isso não impediu Boone de me presentear — aleatoriamente, já que não havia feriados comemorativos além da Sexta-feira Santa em abril — com cinco aulas particulares na academia favorita de Elisabeth no Upper West Side. Talvez ele tivesse notado. Eu tinha *de fato* ganhado peso. Contudo, não perdi tempo ruminando isso e achei melhor transformar minhas dúvidas em gratidão por meu chefe me valorizar. Em janeiro, ele me dera um crédito de 3 mil dólares no Ritz-Carlton, em Lake Tahoe. Em fevereiro, no meu aniversário, um vale-presente de 5 mil dólares na Barneys e cinco treinos particulares na SLT, academia que seu fundador chamava de "Pilates sob efeito de crack". Já Ari, chefe de Val, nunca lhe dera nada desde que ela entrou — nem um vale-presente, nem um bônus extra em dinheiro, nem um cartão de agradecimento, nem mesmo observações em sua avaliação de fim de ano (que ele continuava adiando).

Enquanto eu esperava a próxima bomba, Boone me chamou em sua sala. Martin estava a caminho para um café.

— Quero apresentar vocês dois — Boone disse. — Mas não quero que você faça disso uma coisa.

Concordamos que, em algum momento durante o café, eu passaria pela cozinha para tratar de uma necessidade real de trabalho e Boone acenaria para me chamar.

Fui ao banheiro para verificar se estava tudo certo com a minha roupa. Naquele dia, eu estava vestindo uma blusa de seda branca com detalhes pretos (e o botão de cima bem abotoado), saia lápis preta com estampa em rosa e saltos confortáveis com tiras de camurça preta. Depois de dar a Boone e Martin uns bons vinte minutos, saí da minha mesa com um grande envelope que precisava deixar na recepção. Ao virar no corredor, vi a televisão na parede: o Masters — golfe, um esporte que envolve o controle tanto da mente quanto do corpo — sem som. Mais para a direita, estavam Boone e Martin. Chamei a atenção de Boone e ouvi um "Carrie!" com uma surpresa tão autêntica que por um segundo duvidei se era combinado ou não. Ele, um arquiteto da ilusão do livre-arbítrio, gesticulou para eu me aproximar.

Os dois estavam sentados. Eu, de pé. Eles não se levantaram.

— Gostaria que você conhecesse o Martin — Boone me disse antes de virar-se para seu mentor. — Esta é Carrie, minha nova assistente.

Eu sabia da existência de Martin desde quando era adolescente. Depois do primeiro ano do ensino médio, participei de um programa de verão no MIT para os melhores alunos do mundo em ciências, tecnologia, engenharia e matemática, muitos dos quais acabaram com páginas próprias na Wikipédia que incluíam o termo "criança prodígio". Eu e cerca de setenta outros participantes passamos seis semanas conduzindo pesquisas científicas originais e assistindo a palestras de ganhadores do Prêmio Nobel e outros prêmios. Eu e meu mentor trabalhamos no atual Instituto Kavli de Astrofísica e Pesquisa Espacial do MIT analisando dados de um dos principais telescópios da Nasa para o projeto "Espectroscopia de alta energia de explosões de raios X utilizando o Chandra HETG". Um dos meus objetivos na época, como havia escrito na redação de inscrição no programa, era descobrir uma teoria de tudo.

Pouco tempo depois, ouvi dizer que um participante do programa alguns anos mais avançado do que eu, que vencera uma das mais prestigiadas competições de matemática do ensino médio e da universidade e estudava em Harvard, estava estagiando em um hedge fund. O que um hedge fund tinha de tão especial para convencer aquele participante — que poderia inaugurar um novo ramo da matemática ou, no mínimo, provar a hipótese de Riemann — a desistir de seu objetivo de trabalhar para o avanço da ciência? Aquilo foi no começo dos anos 2000. Pesquisei "hedge funds" no Google e o nome de Martin apareceu por toda parte.

Olhei para Martin, com seus 80 e poucos anos, e me senti na presença de um ícone da história financeira.

— É uma honra conhecer o senhor — falei.

— Prazer em conhecê-la também. — Os relatos sobre seu sotaque carregado eram verdadeiros.

A bola estava na minha quadra. Eu não tinha nada a dizer. Não queria ficar tagarelando sobre o clima ou sobre golfe, então apenas sorri o máximo que conseguia sem mostrar os dentes.

— O que é isso? — perguntou ele, apontando para o meu peito.

— Oi? — Um envelope, minhas mãos, minha blusa e meus seios, que não poderiam estar chamando a atenção, pois eu tinha feito questão de ir ao banheiro para me certificar de que nenhum botão estava aberto e eu não estava usando decote. — Isso aqui?

Estendi o envelope.

— Não. — Ele apertou os olhos. Seu dedo se aproximou até quase me tocar. — Isso.

Eu ainda não fazia ideia do que ele estava falando.

— As suas unhas.

— Ah!

De todas as coisas que poderia notar em mim, ele foi direto para aquele centímetro quadrado. Tudo se iluminou; entendi sua genialidade.

— Eu adoro *nail art* — falei. — É uma maneira divertida de expressão criativa.

Olhei para as minhas unhas. Eu mesma tinha criado a arte e contratado uma designer de unha para pintá-las. Palavras. Água. Duas pedrinhas de strass turquesa.

— Nesta aqui tenho uma frase de um autor de não ficção que adoro. Conversamos sobre o escritor, mencionei seu nome e expliquei:

— Seus ensaios me lembram de prestar atenção, de perceber mais. De manter meus olhos, ouvidos e mente abertos. O mundo é tão rico em histórias e informações, basta saber onde procurar.

Pelo canto do olho, vi Boone sorrir de um jeito que eu nunca tinha visto. Então acrescentei:

— Não é muito diferente de investir.

— David o que mesmo? — perguntou Martin.

Falei mais alto:

— Foster Wallace.

— Nunca ouvi falar.

— Você pode trazer o acordo operacional? — perguntou Boone.

— Qual deles? — perguntei em resposta.

Estávamos em reunião. Não consigo lembrar o dia. Sempre que ouvia uma pergunta que considerava boba ou inadequada, Boone simplesmente não respondia ou respondia fazendo outra pergunta para confundir o interlocutor. Porém, naquele caso, eu tinha certeza de que os riscos eram altos demais para ele não ser explícito. Ele era membro de muitas sociedades limitadas das quais eu tinha conhecimento e provavelmente de muitas outras que eu desconhecia. Ele me lançou o mesmo olhar que reservava para perguntas do tipo "Você quer dar uma entrevista para a imprensa?" antes de, lentamente, relutantemente, separar os lábios e me dizer o que queria.

* * *

SEGUNDO TRIMESTRE

— Preciso de você para uma tarefa muito importante — Boone me disse uma manhã.

Ele explicou. Eu assenti e voltei à minha mesa. Erin, eu, Lena e Sloane trabalhávamos em cubículos vizinhos do lado de fora das salas de Ethan, Boone, Michael e Neil. Erin se mudara para o lugar de Kelly, que estava de licença-maternidade. Eu precisava fazer tudo sem chamar a atenção de Sloane, que sentava a poucos metros de mim, mas cujos ouvidos pareciam capazes de detectar atividades a vários quilômetros de distância.

"Ei", mandei em mensagem para Lena. "Michael pode almoçar com Boone hoje? Fora da agenda oficial."

Mandei a mesma mensagem para Erin perguntando sobre Ethan. Na Carbon, a regra era compartilhar apenas as informações necessárias para cada um fazer seu trabalho. Não falei a elas o que estava acontecendo e elas não perguntaram.

"Claro", elas responderam.

"Mando mensagem para avisar o local e o horário", digitei. "Lá pelo meio-dia."

Havia duas salas de reunião para os funcionários que não tinham escritório fazerem ligações privadas. A minha favorita, a Townsend, ficava bem na frente da estação de Sloane. Com medo de que ela soubesse ler lábios, fui à outra sala, a Logan, e liguei para o Nobu, que ficava quase ao lado do nosso prédio. Em qualquer dia da semana, eram grandes as chances de haver pelo menos um sócio da Carbon almoçando ou jantando lá. Pedi uma reserva para três em uma mesa "bem no fundo", no lugar "mais privado possível". Para a maioria das pessoas, era impossível conseguir reserva no Nobu, especialmente para o mesmo dia, mas a Carbon tinha tratamento especial. Eles me disseram que colocariam uma mesa atrás de um biombo.

Perto do meio-dia, Boone foi para o restaurante. Minutos depois, enviei uma mensagem a Erin e Lena para que pedissem para Ethan e Michael descerem.

Uma hora se passou.

Mais meia hora.

Era um dia como qualquer outro. Sloane havia saído. Neil estava almoçando em algum lugar que não me lembro. Então Boone voltou. Ethan e Michael chegaram em seguida. Fui ao restaurante para fechar a conta e dar uma gorjeta extra de algumas centenas de dólares.

Dias depois, mandei mensagem para Sloane. "Boone quer saber", digitei, "se Neil está livre para almoçar hoje." Fiz outra reserva no Nobu. Boone e Neil desceram. Mais ou menos uma hora depois, voltaram. Não imediatamente, mas menos de uma hora depois, Neil chamou Sloane em sua sala. Podia ser uma reunião corriqueira entre eles. Eu não tinha como saber; não fiquei olhando. Quando ela saiu, parecia totalmente normal.

As cerejeiras estavam florescendo. Eu e Lena fomos dar uma volta no parque no fim da tarde, quando os raios alaranjados de Sol iluminavam apenas as árvores mais altas. Ela trabalhava para Michael havia tanto tempo que, na última reestruturação de fim de ano, enquanto todas as pessoas ao meu redor sussurravam palpites, foi a única a prever os dois sócios que sairiam em janeiro — mas nem ela pôde imaginar as próximas saídas. Olhei para o céu claro e me senti estranhamente pequena.

— Tem algo grande acontecendo, não é? — Lena me perguntou.

Continuei olhando para o céu e respondi:

— Acho que sim.

— Quem você acha que é?

Eu tinha dado a minha palavra a Boone de que nunca mentiria. Quando eu ainda acreditava na fada do dente, minha mãe descobriu que meu pai era infiel, porque achou sem querer a carta que uma mulher chinesa escrevera para ele. Ela me contou alguns detalhes, desabafou comigo e me mandou fingir que eu não sabia de nada. Guardei esse segredo — e minha promessa a ela — por todo esse tempo. Mas morávamos no pequeno apartamento de um alojamento para estudantes de pós-graduação, e eu ouvia seus gritos pelas frestas das portas. Uma noite, fui arrancada dos meus sonhos por seus prantos. Levantei-me apressada e corri para o outro quarto. Minha mãe tinha bebido uma garrafa de tequila (talvez Moutai). Ela não bebia; era alérgica. Achei que o mundo estava acabando. Meu pai se achava sentado ao lado dela na cama, esfregando suas costas. Voltei para o meu quarto e fiquei olhando para o luar; prometi a mim mesma que faria de tudo para nunca mentir.

Olhei para meus pés e falei:

— Não faço ideia.

Na segunda-feira de manhã, todos ficaram sabendo: Neil, que trabalhara ao lado de Boone por mais de uma década, e Isaac, outro sócio, sairiam da Carbon.

A informação fora enviada em uma carta, escrita por Boone, aos cotistas. Ele escolhera cada palavra a dedo. Tínhamos feito várias reuniões nas quais ele lia o texto, apontava para uma palavra e me perguntava, por exemplo:

— Me dê outra palavra para "integral".

Eu acessava o dicionário de sinônimos no meu cérebro e dava sugestões:

— Vital? Fundamental? Essencial?

— Outra palavra para "espetacular"?

— Extraordinário? Excepcional? Fenomenal?

Ele rejeitava todos os meus sinônimos. Queria que as palavras e o tom fossem perfeitos. Não queria aparentar apreço exagerado ou insincero por Neil nem queria parecer de alguma forma abalado, ferido ou propenso a desacelerar. Ele queria projetar confiança, consistência, resistência. Queria sinalizar que estava *acelerando*. Ainda assim, recebi muitos e-mails e ligações de pessoas perguntando: "Está tudo bem?", "A Carbon vai fechar?", "Boone tem planos de se aposentar?". Boone odiava essas perguntas.

Como resultado da saída de Neil, Michael seria o único diretor de ações de capital aberto e Ethan, o único diretor de investimentos de capital fechado da Carbon. Boone e Michael decidiram juntar dois fundos em um para simplificar as operações e eliminar conflitos internos. Quem via de fora podia ter a impressão de que Boone não teria nenhuma função oficial na gestão dos portfólios da empresa. Para acalmar os ânimos, ele escreveu que estaria intimamente envolvido na pesquisa de investimentos e na gestão de fundos. Era típico de Boone falar nesses termos. Quem fizesse a lição de casa saberia que Boone estava dizendo que não pretendia se afastar. Com isso, quatro sócios saíram da Carbon em seis meses. Boone sabia que estava pedindo muito de seus cotistas solicitando que continuassem acreditando na Carbon (ou seja, que não retirassem o investimento) enquanto a empresa se reorganizava.

— É a coisa certa a se fazer — Boone me disse antes de a carta ser enviada.

Normalmente, quando você investe em um hedge fund, o fundo mantém seu dinheiro por um período após o investimento inicial, durante o qual você não pode resgatá-lo. O período de *lock-up* da Carbon era longo e, mesmo após esse período, as regras de resgate eram complexas.

— Vamos permitir que os investidores resgatem seu dinheiro.

Tenho certeza de ter visto um lampejo de medo nos olhos de Boone. Minha mente se voltou para *Rhythm 0*, de Marina Abramović, uma performance na qual ela abria mão de todo e qualquer controle e convidava o público a lhe fazer o que quisesse com 72 objetos, incluindo uma arma e munição. No começo, o público foi gentil. Porém logo se tornou violento, cortando as roupas da artista e seu pescoço, bebendo seu sangue, deixando-a cada vez mais perto da morte. Boone deu aos cotistas de capital aberto a opção de resgatar o dinheiro à vontade; de destruí-lo; de matar a Carbon.

Agora, restava esperar.

Em junho, eu quis fazer algo especial para o aniversário de Boone. Dias antes de completar meus 30 anos, havia alguns meses, eu entrara na sala de Boone para pedir uma folga, embora as coisas estivessem pegando fogo; antes que eu fizesse a pergunta, ele disse:

— A resposta é sim para qualquer coisa.

O presente do qual Boone mais gostaria seria a capacidade de avançar o tempo. Ele vivia me dizendo que mal podia esperar que as mudanças na empresa terminassem — que as pessoas que sairiam fossem embora de vez; que a Carbon pudesse se reorganizar, redirecionar o foco e se recompor depois de saber o valor total dos resgates. Como eu não tinha o poder da cronocinese, decidi convidar um palestrante surpresa para elevar o moral da empresa. Fiz um brainstorming com Parmita, que me contou o que estava "SUPER na moda no mundo dos hedge": palestrantes de meditação, negociadores de crises do FBI, autores "descolados" como aquele sociólogo que escreveu o livro sobre privilégios do qual "todo mundo" estava falando. Parmita ofereceu que a Insight encontrasse alguém. Ela me passou para seu colega que fazia a interface com a Carbon. Pedi alguns nomes de palestrantes disponíveis para ir ao escritório no dia 18 de junho à tarde. Fiz o pedido numa quinta-feira. Na segunda-feira à tarde, uma eternidade em anos para um hedge fund — o tempo era medido em frações de segundo, o que eu havia aprendido quando Boone, destro, recusara-se, sob a alegação de ineficiência, a assinar documentos preparados por seu contador com Post-its "Assine aqui" colados no lado esquerdo do papel —, a Insight ainda não tinha me mandado a lista.

Mas não fiquei de braços cruzados. Já havia ligado para o presidente de uma das maiores agências de palestrantes do mundo, com uma lista que incluía Michael Lewis e Alex Rodriguez. Em 24 horas, Todd me passou uma lista de pessoas com disponibilidade confirmada. Ela incluía um ex-SEAL da Marinha norte-americana que lutara contra o Talibã e escrevera um best-seller a respeito. Também pedi para Todd consultar alguns outros. Mike Krzyzewski, que tinha acabado de levar o time de basquete masculino da Universidade Duke a mais uma conquista nacional, recusou o convite devido a outros compromissos. Assim como Roger Federer, devido à agenda de torneios. Fiquei olhando para a lista. Nenhum daqueles nomes parecia o certo. Muitas das pessoas que me vieram à mente primeiro, como Bill Belichick, já haviam dado palestras na Carbon. Recomecei do zero. Do que Boone gostava?

O palestrante não aceitou de primeira. Ele nos deu a resposta que muitos homens dão quando solicitados a ceder um tempo que seria dedicado à família:

— Preciso perguntar à minha esposa.

O nome dele me viera à mente enquanto eu estava pensando sobre a teoria das preferências reveladas. Como escreveu o economista vencedor do Prêmio Nobel Paul Samuelson: "A cobaia de laboratório individual, por meio de seu comportamento de mercado, revela seu padrão de preferência". Boone adorava jogos. Adorava especialmente aquelas pessoas que transformavam o jogo dos outros. Embora odiasse esperar, perder tempo, trânsito, filas e multidões, durante pelo menos seis meses ele ia semanalmente de carro para uma cidadezinha de Long Island, na hora do rush, para jogar em uma liga de hóquei. (Quem dirigia era seu motorista, Ed.) Boone jogara hóquei antes de entrar na faculdade. Ele ganhava ingressos para as partidas do New York Rangers, que usava algumas vezes por temporada. Ele se irritava sempre que eu dizia "hóquei no gelo" e me corrigia: "Carrie! Pare de dizer *gelo*. É só hóquei". *Mas e o hóquei sobre a grama?*, eu pensava.

Só havia um nome possível.

SEGUNDO TRIMESTRE

* * *

Na semana da surpresa, Boone parecia irritado. O Almoço da Equipe era uma oportunidade para analistas, sócios e negociadores apresentarem e discutirem as ideias nas quais estavam trabalhando.

— Por que o Neil tem participado dos Almoços da Equipe? — Boone me perguntou.

Ele observava e interpretava tudo. Nem sempre suas previsões estavam certas, mas ele acertava a ponto de parecer que o destino cedia a seus caprichos. Eu vinha me perguntando o que aconteceria com Sloane. Em uma reunião, Boone, intuindo a pergunta que eu queria fazer, disse:

— Sloane falou comigo e pediu demissão.

Faltando um dia, Val sussurrou para mim na cozinha:

— Acho que Boone está de mau humor porque está pensando que esquecemos o aniversário dele!

Na manhã da surpresa, Boone estava em Montreal. Ele havia se cansado da NetJets.

— Não podemos mandar outra pessoa no meu lugar? — perguntou.

— Não — falei. — Já liguei para a Bombardier, eles estão esperando que você vá receber pessoalmente.

— Tenho que fazer a cerimônia de entrega?

— Não — expliquei —, mas acho que seria um gesto gentil e você não vai levar mais do que dez minutos, se tanto, para cumprimentar e agradecer pessoalmente aos mecânicos e engenheiros que literalmente construíram seu jatinho.

* * *

16h14: desci correndo para o térreo. O jogador de hóquei favorito de Boone chegou acompanhado de dois homens de preto. Pedi a Todd que avisasse que os guarda-costas não poderiam participar do evento, devido à política da empresa; eles disseram que retornariam por volta das seis da tarde. Apertei a mão da lenda do esporte; na outra mão, ele levava uma sacola. Caminhamos até os elevadores e subimos.

Boone voltara de Montreal por volta do meio-dia. Eu tinha agendado uma sessão para ele com seu instrutor de ioga na academia uma hora antes da surpresa, para que pudéssemos nos preparar em paz. Conduzi o atleta à Everest. Ficamos um tempo absorvendo a vista. Na parede de vidro, bexigas enormes, cada uma do tamanho de uma criança, soletravam "FELIZ ANIVERSÁRIO, BRP". Na mesa principal: chapéus de festa, apitos, serpentinas; pelo menos cinco tipos de cerveja; cookies *red velvet* com recheio de Nutella, cookies de chocolate recheados com *cheesecake*, cookies de chocolate cravejados com quatro tipos de chocolate belga e sal marinho francês; cookies da Levain, aqueles que eu havia comido compulsivamente quando estava no fundo do poço; uma torre de cupcakes de três camadas, alguns com gotas de chocolate; um bolo de chocolate alemão, supostamente o favorito de Boone, embora eu nunca o tivesse visto comer bolo; e, o ponto alto, um bolo tridimensional em camadas esculpido no formato de um disco de hóquei com as cores dos Rangers, com um jogador de biscuit no uniforme completo do time. No bar improvisado: garrafas de Tito's, Fireball e Patrón; um balde com garrafas de Cloudy Bay; outro balde cheio de garrafas rosa e douradas de Veuve Clicquot; tudo isso ao redor de uma escultura de gelo do Monte Everest com dois canais esculpidos para *shots*.

— Aqui — disse o central, entregando-me sua bolsa. — Trouxe camisas do time.

Contei duas, cada uma valendo pelo menos mil dólares. Agradeci e deixei o atleta com Michael, que tinha acabado de entrar. Fui pegar o disco de hóquei. Eu havia comprado um disco de hóquei oficial dos

Rangers e convencido o central a escrever um autógrafo personalizado como presente de aniversário para Boone.

Passei pela cozinha. Na ilha central, um oceano do Nobu: o bordô escuro do atum *bluefin*, a pérola rosada do *yellowtail* fresco, o laranja vibrante do salmão-rei, cercados por sashimis de *yellowtail* com *jalapeño* banhados em molho *yuzu*, salmão amanteigado coberto com um delicado toque de microverdes, *tataki* de atum temperado com vinagrete de soja e gergelim, além de uma abundância de bacalhau negro ao missô — marinado, dourado, polvilhado com *kataifi* e envolto em folhas de alface — e tacos crocantes recheados com caranguejo-real, salmão e lagosta. Tudo isso preparado por um chef do Nobu que estava escondido na nossa cozinha secreta, pinçando e esculpindo cada iguaria em ninhos de bambu. Na mesa lateral, mais doces: potes de Häagen-Dazs, que as pessoas me disseram ser o sorvete favorito de Boone, embora eu nunca o tivesse visto comer sorvete. Doses de Tipsy Scoops. Confeitos coloridos. *Fudge*. Caramelos. Cerejas. Dominique Ansel, o confeiteiro criador do café-padaria cult Cronut, lançara seu próximo grande sucesso, o Cookie Shot, uma dose de leite com infusão de baunilha servida em um biscoito de chocolate no formato de um copinho de *shot*: a verdadeira definição de *eficiência*.

— Carrie — disse Erin enquanto eu voltava a meu cubículo —, o Martin está subindo.

Escondi as camisas dos Rangers debaixo da minha mesa e corri para a recepção.

16h32: mandei mensagem ao instrutor de ioga de Boone: "Diga que ele precisa voltar ao escritório AGORA".

As pessoas se amontoavam na Everest. As luzes estavam acesas; eu as apaguei. Através das portas de vidro da sala de reunião, vi Boone chegando com uma camisa branca, calça preta e uma gravata azul-claro, uma combinação que ele usava com tanta frequência que as assistentes já haviam me perguntado se ele só tinha essa roupa. Ele caminhava devagar, olhando para baixo, pensando e decidindo, mal virando a cabeça para ver o que acontecia no escritório. Quase passou por nós antes de erguer o olhar e fazer contato visual comigo.

Ele entrou.

Gritamos:

— Surpresa!

As luzes se acenderam.

As bochechas de Boone ficaram vermelhas. Ele girou para a esquerda, viu o jogador dos Rangers e deu um salto para trás. Observei os dois homens se cumprimentando e pensei na estranha distância que separa uma pessoa de seus heróis, como se a pessoa estivesse no paradoxo da tartaruga de Zenão, segundo o qual qualquer movimento e qualquer mudança não passam de ilusões e parece impossível para Aquiles correr e alcançar a tartaruga, que partiu em vantagem, até que um dia, desafiando a lógica, ele consegue. Aquiles ultrapassa a tartaruga.

As pessoas conversavam e bebiam. Boone escolheu uma Heineken. Perguntei se ele queria a planilha que eu havia preparado com as estatísticas e realizações do atleta. Ele disse que não, que não precisava.

O jogador, Boone e Michael sentaram-se em três banquetas altas que o pessoal da cozinha me ajudara a levar para a frente da sala. As pessoas se acomodaram. O central começou a falar. Não sobre como vencer (isso seria muito básico), mas como *continuar* vencendo.

— Você precisa ir lá e jogar cada dia como se fosse a partida do título. Não existe o conceito de se acomodar.

A conversa voltou-se para a importância de jogar em equipe. Muitos consideravam que ele havia transformado o hóquei em um jogo verdadeiramente coletivo.

— Quando você ganha o campeonato, a vitória é de todos — ele disse.

— Quando ganhava um campeonato — perguntou Boone —, qual era sua rotina logo depois?

— Eu voltava a treinar imediatamente. A gente comemorava um pouco, saía para jantar, bebia direto da taça. — O olhar do central percorreu a sala. — Mas sempre fui o primeiro a voltar ao gelo, já no dia seguinte.

Os três homens falaram sobre se mover na direção para onde o disco *está indo*, e não onde o disco *está*, um conceito do hóquei que os líderes de negócios adoram repetir.

— Mas — perguntou Michael — como você sabe *para onde* o disco está indo?

— Prática. Nada além disso. Com bastante treino, você desenvolve uma espécie de intuição. Você simplesmente sabe.

Ao observar a interação dos três homens, não pude deixar de notar a banalidade da genialidade. Ocorreu-me que a Carbon não tinha nenhum superpoder além da mais tediosa e completa eficiência. As pessoas trabalhavam como máquinas, isto é, elas estabeleciam metas e as alcançavam — a genialidade estava em executar os planos. A genialidade de treinar o cérebro por meio da prática até codificá-la na memória processual de modo a evitar reflexões como: "Estou com vontade de fazer isso agora?"; e desculpas do tipo "Estou cansado" ou "Estou tendo um dia ruim". Havia um desejo, seguido de ação. É querer e fazer. Sem se deixar acomodar. Mas me perguntei se a genialidade também não podia levar ao horror: talvez o cérebro perdesse o controle sobre as práticas diárias que deveria ou não codificar. É bem possível codificar, inconscientemente, uma falta de sensibilidade moral se você passar cada segundo do seu dia focado em interesses pessoais, vitória, lucro, dinheiro; em esmagar, matar e destruir seus concorrentes.

Dei uma olhada no meu relógio e saí sem ser notada. Voltei à minha mesa, peguei as camisas dos Rangers, entrei na sala e abri caminho pela multidão. Boone agradeceu ao central pela presença. Entusiasmadas com o começo da festa, e gratas pela sessão de perguntas e respostas não ter se alongado tanto, as pessoas aplaudiram Boone. Entreguei a bolsa ao atleta com uma caneta hidrográfica preta.

— Tenho uma lembrancinha para você — disse o atleta enquanto se virava para Boone, que sorriu.

Uma causa, um efeito. Consegui fazer alguém feliz; o mundo fazia sentido.

Boone olhou para mim.

— Que tal sortearmos a segunda camisa? — ele perguntou.

Pelo menos, acho que perguntou. Eu estava a poucos metros dele, mas não consegui ouvi-lo por causa da festa. Ele voltou a perguntar:

— Que tal sortearmos a outra camisa amanhã?

Assenti enquanto Boone vestia a camisa azul com número vermelho.

As pessoas se revezaram para se ajoelhar em frente à escultura de gelo e tomar *shots*.

Chamamos o jogador. Gritamos o nome dele.

— *Shot*! *Shot*! — entoamos.

O atleta fingiu que não era com ele. Seu rosto enrubesceu.

— Vamos lá! — continuamos. — Tome um *shot*!

— Posso fazer de tudo — ele disse, sorrindo —, mas não vou me ajoelhar.

— Aí sim! — alguém gritou.

— Nem para a minha esposa — ele acrescentou, ainda sorrindo.

— Posso escolher a Scarlett Johansson no *meu* aniversário? — alguém gritou para mim.

Deu seis horas. Fui procurar o jogador. Ele estava na cozinha com Boone. Sozinhos perto da parede de janelas, olhavam para além do parque, onde uma bandeira americana tremulava ao vento no alto de um prédio. O atleta falava no ouvido esquerdo de Boone enquanto apontava o horizonte com a mão esquerda. Boone, imóvel de início, começou a assentir, e o jogador colocou a mão direita em seu ombro, em um movimento que poderia ser descrito como um tapinha nas costas. Saí de fininho.

* * *

19h47: "Mil desculpas", escrevi para duas amigas com quem tinha marcado um jantar, que acabara de cancelar. "Sinto muito." O central tinha ido embora, mas Boone ainda estava lá e, a menos que fosse por uma emergência médica, era inconcebível eu sair antes dele. Um grupo de pessoas permanecia no escritório. Boone sugeriu comermos pizza. Pedi o suficiente para todos e entreguei uma pizza inteira a Boone, que, para minha surpresa, comeu quase tudo. Vi Boone e Sloane conversando, sentados sozinhos em um banco contra a parede de vidro. Ela estava com os olhos marejados. Eram seus últimos dias na Carbon.

Depois que Sloane saiu, me aproximei de Boone. Sentei-me no lugar dela no banco.

— Então... a Sloane está triste — disse Boone com uma franqueza que eu sabia ser tão efêmera quanto uma bolha de sabão. — Ela me agradeceu. Disse que estava grata pela oportunidade de ver os bastidores de algumas das coisas mais incríveis que acontecem no mundo.

Senti uma onda inexplicável de lágrimas reverberar dentro de mim, um caos que contive e reprimi e que jamais revelaria no trabalho. Pensei nos eventos recentes — o novo jatinho particular, as mudanças de equipe, a realocação de responsabilidades da gestão de portfólio — e como tudo isso de certa forma tinha resultado, ao menos da minha perspectiva, daqueles dez minutos que ele passara esperando em um terminal privado. Mude dez minutos e você poderá mudar tudo. Me recompus e disse:

— É... É claro que ela está triste. Ela dedicou grande parte de sua vida à Carbon.

Não sei como Boone e eu começamos a falar sobre namoro. Eu bloqueara Josh em tudo, nunca havia passado meu e-mail de trabalho, e nossa última conversa tinha sido no ano anterior. Dias antes do aniversário de Boone, Josh me mandara um e-mail no trabalho com o assunto: "Muito importante, leia, por favor". Li a primeira frase , "Eu te perdoo totalmente", e pedi ao TI que bloqueasse todos os endereços de e-mail de Josh. Se ele descobrira o meu e-mail de trabalho, o que mais seria capaz de fazer?

Ele me perdoava por não ser mais virgem. Era assim que começava o e-mail. Li um pouco mais do primeiro dos seis longos parágrafos: "Eu queria que você nunca tivesse dormido com outro homem antes de me conhecer? Claro, com todas as minhas forças. Mas espero que você entenda que não era senão pelo meu enorme amor que eu desejava você só para mim". Escrever sobre meu histórico sexual e enviar para meu e-mail de trabalho, que eu nunca compartilhara, sendo que o TI, Jay e Boone poderiam ver... isso foi demais. Na reunião seguinte com Boone, contei o que havia acontecido e garanti que ele não precisava se preocupar, porque minha atenção estava no trabalho e somente no trabalho. Eu mantinha minha vida muito bem organizada em pequenos compartimentos: trabalho; pessoal; passado; presente. Não li (até hoje) o e-mail inteiro.

Boone me orientou a ignorar e não entrar com uma ordem de restrição, pois isso me obrigaria a lavar a roupa suja em público. Ele disse algo sobre como encontrar a pessoa certa é uma das decisões mais importantes que eu tomaria na vida.

— Mas como vou saber quem é? — perguntei.

— Leva tempo, anos e anos. Falar é fácil. É só com o tempo que a pessoa se mostrará de verdade.

A festa foi perdendo força. Boone navegou por um campo crescente de pratos sujos, serpentinas rasgadas e sobras de pizza para me encontrar.

— Vamos dar 500 dólares para cada funcionário da equipe de limpeza noturna — disse ele, abrindo a carteira e me entregando o dinheiro.

23h15: passei os olhos pela bagunça. Tampas de garrafa, guardanapos sujos, cookies comidos pela metade por toda parte. Boone não tinha comido nenhum doce. Não que eu tivesse visto. O bolo personalizado dos Rangers, que custara mais de mil dólares, estava intocado, descartado — nem uma única fatia havia sido cortada. Passei pela cozinha e, com o dedo indicador, raspei um pouco da cobertura de alguns cupcakes ao sair.

Quando cheguei ao trabalho no dia seguinte, não encontrei a segunda camiseta. Boone tinha ganhado uma e eu tinha guardado a que iríamos sortear embaixo da minha mesa. Só podia ter sido alguém de dentro. Mantínhamos muitos objetos de valor aos olhos de todos no escritório. Um Warhol original na sala dos consultores. Sapatos femininos de grife — Gucci, Givenchy — em armários destrancados no vestiário. As roupas de Boone — casacos Loro Piana, ternos — em sua sala, destrancada. Câmeras cobriam cada centímetro do escritório, exceto os banheiros. Pelo menos uma pessoa do escritório não estava a fim de dar primeiro, mas sim de tirar primeiro da Carbon. Perguntei ao gerente de manutenção, Luis, o que fazer. Ele disse que preferiria não ver as imagens gravadas porque um dos funcionários da limpeza poderia perder o emprego.

— O que você quer fazer? — perguntei a Boone na nossa reunião. — Você quer ver as imagens?

— Vamos deixar para lá — ele respondeu.

Terceiro trimestre

Está sentindo a diferença? — perguntou Boone.

Estávamos em julho. Mais de uma pessoa referira-se à saída de Neil como um divórcio.

— Está mais silencioso — falei. — Menos burburinho, menos fofoca.

Boone tinha acabado de voltar de Sun Valley, onde uma corretora exclusiva realizara uma conferência anual conhecida como o acampamento de verão para bilionários. A Carbon recebera um único convite, como a maioria das empresas presentes, exceto Amazon, Facebook e algumas outras. Semanas antes, após a restruturação, Boone me pedira para garantir que ele seria convidado.

— Certo — confirmei, anotando a tarefa no bloco de notas.

— Porque a maioria das fotos públicas da Carbon são de Neil em Sun Valley — ele explicou.

Fitei-o e notei um vinco em seus olhos e uma ruga na boca que eram novos para mim. Talvez ele estivesse sendo afetado pela situação — com tantas pessoas entrando em contato para perguntar se Boone ficaria bem. Talvez fossem as dissonâncias provocadas pela mudança, considerando que qualquer mudança é uma ruptura do que já foi.

Ou talvez ele apenas estivesse ansioso em relação aos resgates. Depois de uma pausa, ele disse:

— Nós colhemos o que plantamos.

A sala de Neil passara para Ari, e o cubículo de Sloane, para Val. Boone queria focar, simplificar e alinhar, de modo que os investimentos fora das áreas essenciais da Carbon seriam em grande parte desfeitos. Órfãos, os relatórios de Neil ganharam novos responsáveis. Senti pena da pessoa que me contou que chegara para seu primeiro dia de trabalho pronta para apresentar novas ideias a Neil, mas fora puxada por Michael até a Vinson, a sala de reunião do back office de onde não saía nenhuma boa notícia, e escutara:

— Agora você trabalha para mim.

Sean tinha 26 anos, era do Centro-Oeste e estudara em uma faculdade de elite.

— Todo mundo aqui é tão talentoso que chega a dar raiva — disse-me Sean certo dia em que estávamos trabalhando até tarde.

Ele se juntara ao grupinho exclusivo que passava fins de semana na Carbon: eu, Felipe e, algum tempo depois, uma pessoa que trabalhava com capital de risco para Ethan. O cubículo de Sean ficava posicionado com vista direta para Gabe, que havia ganhado uma sala.

— Todo mundo aqui é simplesmente o melhor — Sean me disse outro dia. — Os monitores de Gabe estão sempre ligados, inclusive na hora do almoço.

— É... o Gabe me manda e-mails o tempo todo. Leia-se meia-noite ou cinco da manhã — respondi.

Deixei meus tênis de corrida no único armário livre do vestiário feminino.

Na reestruturação, eu trabalhara com Boone em sua apresentação para um Almoço da Equipe especial, cujo objetivo era lembrar a todos — e por "todos" Boone se referia à equipe de investimentos — da cultura, dos valores e do direcionamento da Carbon para o futuro.

— Pouquíssimos hedge funds sobrevivem por vinte anos — Boone me disse. Assenti pensando no conceito de regressão à média, que nada excepcional dura para sempre. — Temos um longo caminho pela frente. Pelo jeito a Carbon era, sim, um hedge fund.

Cada retiro tinha um palestrante convidado. O deste ano fora Jim Collins, o lendário consultor de gestão empresarial que escreveu os clássicos de negócios *Feitas para durar* e *Empresas feitas para vencer*, em que apresenta ideias canônicas como "confrontar os fatos brutais". Um dos slides da apresentação deixava claro para mim o que Boone e as pessoas faziam na Carbon. Um slide que me fez, pela primeira vez, realmente questionar o que eu estava fazendo ali.

O título do slide era "Metas de longo prazo da empresa". O slide era dividido em quatro seções verticais, cada uma contendo um conceito de Collins. Enquanto trabalhava naquele slide, fui transportada para a biblioteca da minha cidadezinha natal, que atendia uma população de vinte mil pessoas, um prédio sem graça, de tijolos, localizado em frente a um clube esportivo famoso por um de seus melhores jogadores ter sido o segundo colocado no US Open de 1999, atrás de Andre Agassi. Nessa biblioteca, lá pelos 13 anos, eu já tinha lido livros como *The HP Way*, atraída à seção de negócios pela curiosidade de saber mais sobre meus pais, que conversavam sobre mercado financeiro, ações, margem de garantia; e que, ainda garotinha, eu via de manhã analisando o desempenho das ações no *Lansing State Journal*. Aos 14 anos, tive um súbito senso de direção: em uma redação para a escola, que deveria ser uma autobiografia, desenhei na capa uma mulher usando um terninho em frente a uma mesa com uma plaqueta com os dizeres "CEO Sun". Na seção de metas, escrevi "MIT". Formação: "ainda não sei". Talvez "Medicina, Ciência da Computação ou Administração". Depois de ler *Empresas feitas para vencer*, no ensino médio, lembro-me de pensar que outro objetivo era ser uma "Líder Nível 5".

Segundo Collins, esses líderes são aqueles que construíram uma grandeza duradoura por meio de "uma mistura paradoxal de humildade pessoal e determinação profissional". São "mais cavalos de arado do que cavalos de exposição". Eu estava vivendo meu sonho — ou melhor, uma versão substituta dele. Eu não era, pelo menos ainda não, uma Líder Nível 5. Mas Boone era. E Boone, que jamais admitiria se ver como tal, queria que eu incorporasse os valores *dele*, me dizendo repetidas vezes que me via como a principal embaixadora da cultura da Carbon.

Mas e para que servia essa Liderança Nível 5?

O primeiro objetivo era a Meta Audaciosa, Arriscada e Desafiadora, que Collins descreve como um objetivo que está "bem fora da zona de conforto" e é "tão claro e empolgante que requer pouca ou nenhuma explicação". A Meta Audaciosa, Arriscada e Desafiadora da Carbon era obter apenas retornos excepcionalmente altos... pelos quinze anos seguintes. Não se falava de *branding*, visão de mundo, declaração de missão baseada em valores. Não se falava de paixão, inspiração ou disrupção. Muitos fundos e gestores de fundos tentam se diferenciar por meio de algum tipo de *branding*, e a maioria dos empreendedores afirma que a marca da empresa de capital de risco faz a diferença na hora de decidir o fundo cujo capital aceitará. Mas a Carbon parecia acreditar que dinheiro é dinheiro e ponto-final. Eram os modelos, os números, que reinavam.

O segundo objetivo era a Marcha das Vinte Milhas, o termo de Collins para a capacidade de "se autoimpor uma rigorosa meta de desempenho a ser sistematicamente atingida". Se a Meta Audaciosa, Arriscada e Desafiadora é o *quê*, a Marcha das Vinte Milhas é o *como*. Como atravessar um país a pé? Sem correr na descida. Sem desanimar na subida. A ideia é manter um ritmo estável. Para a Carbon, a marcha tinha duas frentes: concentrar-se em investimentos excepcionais em um número definido de empresas escolhidas a dedo a cada ano e melhorar continuamente a cultura e os processos internos da empresa. A segunda parte não era nova. Emma, das relações com investidores, havia me falado sobre as metas móveis.

A primeira parte me dizia que a Carbon era agnóstica em relação a ações abertas ou fechadas, bem como ao estágio de desenvolvimento e à geografia; o ritmo não era algo medido em intensidade, e sim um número determinado, ou seja, quantificável e bem definido; e o cronograma era anual, o que significava que a empresa se dava ao luxo de ganhar um tanto e perder um tanto a cada trimestre, desde que mantivesse o ritmo anual. Para ninguém pensar que a Carbon não mirava alto, o termo "excepcionais" deixava claro o objetivo de ser a melhor do mundo, e era um adjetivo aplicado a *investimentos*, não a empresas, demonstrando certo grau de humildade epistêmica.

O terceiro objetivo era o Impacto Distintivo, que, segundo Collins, é resultado da Meta Audaciosa, Arriscada e Desafiadora e da Marcha das Vinte Milhas. Qual é a sua contribuição única para a sociedade, algo de que, se você e sua empresa desaparecerem, as pessoas sentirão falta? Para a Carbon, era a performance obtida da maneira certa, com o intuito de construir uma plataforma de investimentos com a qual todos ambicionassem estar envolvidos. Duas palavras se destacavam. A primeira era "certa", que moralizava e separava a Carbon — o mocinho — de todos os outros. A segunda era "todos". A Carbon não buscava ser objeto de ambição apenas da elite informada; a empresa buscava ser a plataforma cobiçada por todos. A palavra "todos" era importante porque, quando tem uma ambição, você inevitavelmente dá algum poder àqueles que podem ajudá-lo a realizar seu sonho. Como Boone me dissera no mês anterior, quando eu lhe contara que havia entrado no conselho de uma ONG:

— Carrie, por que você não me perguntou antes? Você trabalha na Carbon. Pode fazer o que quiser nesta cidade.

Esses três objetivos foram muito bem pensados, com palavras escolhidas a dedo.

O objetivo final era o Impacto Distintivo na Comunidade, ou seja, como queremos contribuir para a comunidade mais ampla. Era agora que a Carbon se revelaria a mim, que revelaria até que ponto estava ciente de seu papel social e se a diretriz de Boone de "ser o primeiro a ajudar" incluía o resto do mundo. Eu sabia que a Carbon era generosa com doações. Todos os anos, na época do Natal, cada membro da equipe de investimento podia escolher uma instituição de caridade para a qual a Carbon faria uma doação significativa em nome do funcionário. Boone tinha uma fundação com Elisabeth (assim como outros gestores de portfólio e suas esposas); e também fazia doações pessoais. Ele atuava no conselho da Argon Foundation, que Martin fundara décadas antes com o objetivo de romper o ciclo da pobreza. Contribuía para ações filantrópicas de amigos e colegas, geralmente com doações generosas (e anônimas). Foi por isso que fui pega de surpresa quando, nesse slide de objetivos de longo prazo, Boone preencheu a quarta seção com "A definir".

A definir. O slide se transformou em um espelho, uma articulação visual da ordem das coisas. Vi o reflexo de uma mentalidade que até então havia me recusado a admitir que existia: ganhar dinheiro, fazer o bem, mas, se você só tiver tempo para uma coisa, prefira o dinheiro, o emprego e o trabalho. Aquele "a definir", jogando a decisão para *depois*, me levou a pensar no valor temporal das decisões. Se cada pessoa se dedicasse apenas às decisões mais urgentes, estas decisões (relativas a, digamos, investimentos) começariam a render frutos acumulados, enquanto outras decisões (relativas a fazer o bem, fazer mudanças; a reformas, progresso e justiça) seriam adiadas até sabe-se lá quando. Contudo, essa aposta tinha um preço — mental, físico, emocional, financeiro — que inevitavelmente seria pago pelas pessoas cujas decisões não eram consideradas prioritárias o suficiente.

A produção desse slide removeu as camadas morais, os ornamentos narrativos, as histórias doces e viciantes que eu vinha contando a mim mesma sobre o meu trabalho, sobre mim mesma, sobre a Carbon e sobre Boone. Ele não fazia do mundo um lugar melhor. A Carbon também não. Nem eu. Qualquer grandeza que ele e a Carbon tivessem alcançado não viera de razões nobres. Na Fidelity, eu pelo menos podia me consolar dizendo que trabalhava em uma organização que também atendia pessoas físicas, investidores comuns. Na Carbon, trabalhávamos para gerar retornos excepcionais para um punhado de bilionários famosos cujos nomes decoravam museus, pavilhões, praças, galerias, bibliotecas, jardins e centros de pesquisa. É verdade que alguns cotistas eram fundos de universidades e que os retornos gerados pela Carbon teoricamente iriam para bolsas de estudo e subsídios — mas não era por isso que as pessoas trabalhavam lá.

Os fundos da Carbon contavam com uma demanda maior que a oferta. A Carbon estava em posição de escolher seus cotistas e decidir a distribuição de cotas de seus fundos. Podia se dar ao luxo de aceitar apenas o dinheiro de boa reputação e prestígio. A Carbon alocava os maiores retornos sobre capital para as maiores fortunas, mas, mais do que isso, estava investindo na mudança que queria ver no mundo. Fazia isso não apenas por meio dos portfólios, selecionando startups inovadoras, mas, talvez mais importante, selecionando cotistas que atuavam para reforçar — em vez de combater — a visão de mundo da Carbon. Uma visão demonstrada nesse slide: você pode ser tão agressivo quanto quiser como investidor e fazer o que for preciso para obter os maiores retornos (objetivo nº 1), desde que retribua com responsabilidade social (objetivo nº 4). As pessoas estavam aqui porque acreditavam nesse evangelho da riqueza. Ganhe muito antes. Dê muito depois. Mas quem pode dizer que o processo de ganhar não comprometerá a pessoa que vai doar?

Quando terminei o slide, entendi que o "A definir" era uma oportunidade — talvez. Eu faria um ano na empresa em breve. Na minha última avaliação, em julho, alguns dias antes, Boone me dissera que eu estava atingindo todas as metas que ele tinha para mim. Ele me falou para ser uma líder mais proativa e me oferecer para fazer mais. Eu queria liderar as ações filantrópicas da Carbon.

Desenterrei as anotações do retiro feitas durante uma sessão sobre "Impacto distintivo na comunidade". Li os 29 tópicos coletados por *crowdsourcing*. Não havia nomes associados a eles, mas o grande número de itens e o pensamento que expressavam mostravam que as pessoas envolvidas realmente se importavam. Elas sentiam o dever de retribuir. Pela primeira vez desde que entrei na Carbon, vi o reconhecimento de questões sociais como educação, fome e moradia, com sugestões como disponibilizar o acesso à internet para mais pessoas; fornecer cursos EAD para crianças em áreas remotas; ajudar desempregados a melhorar seus currículos; eliminar a *pobreza* — a não ser por esta ocorrência da palavra, não havia naquelas páginas qualquer reconhecimento da distribuição desigual dos bens ou do fato de que os hedge funds e os fundos de capital fechado, antes de retribuir, extraíam em demasia. Ainda assim, era possível perceber um foco em pessoas "menos privilegiadas" e crianças "desfavorecidas", termos vagos para uma empresa obcecada por precisão. Menos privilegiadas devido à raça? Ao gênero? À classe? Todas as alternativas acima? Imprimi esses slides e fiz anotações com uma caneta azul ao lado do quarto conceito de Collins, na esperança de elaborar o que estava chamando na minha cabeça de Iniciativa Carbon.

Olhei para baixo. Li minhas anotações. Vi os quatro Objetivos de Longo Prazo reunidos em pequenos compartimentos organizados — Meta Audaciosa, Arriscada e Desafiadora, Marcha das Vinte Milhas, Impacto Distintivo, Impacto Distintivo na Comunidade — e já era tarde demais. Um pensamento invadiu minha mente. A um só tempo compreendi que meu salário dependia de eu *não* saber que muitos dos desafios sociais mencionados em minhas notas para a quarta seção seriam mais fáceis de resolver se a primeira seção, sobre ganhar bilhões e dar altos retornos aos ricos e privilegiados, perpetuando a desigualdade — isto é, se a própria Carbon —, não existisse.

Lembrei-me de uma conversa com Boone no fim de uma das minhas primeiras semanas de trabalho. Ele disse orgulhoso:

— Acabamos de ser auditados pela Comissão de Valores Mobiliários e eles não encontraram nenhum problema. Nenhuma violação.

Ele esperou que eu tivesse a reação apropriada. Eu não reagi, era nova na empresa. Isso não deveria ser o normal? Ele continuou:

— Você sabe como é difícil? Tivemos *zero* violação. Apenas duas pequenas advertências.

— Quais foram as advertências? — perguntei.

— Esqueci de listar dois itens no meu formulário de divulgação de conflitos de interesse.

Lá estava: a Carbon era a melhor versão de um hedge fund/capital de risco/multimercado no sistema financeiro global. Não era perfeita, mas era a epítome da performance obtida da maneira certa.

Voltando um pouco no tempo, para maio. A carta informando sobre a saída de Neil e Isaac fora enviada aos cotistas no dia anterior.

— Carrie — Boone me disse durante uma reunião —, você faz ideia do quanto as pessoas torcem pelo meu fracasso?

O trabalho dele era difícil, muito difícil. Eu o respeitava demais por isso.

Dois meses depois, perto do fim de julho, Boone fez sua apresentação no Almoço da Equipe. Tínhamos a resposta do problema do resgate. Boone me disse que os investidores não quiseram resgatar seus investimentos. Ao contrário, muitos pediram para investir ainda mais.

Em agosto, Boone fretou um iate e foi para algum lugar distante com Elisabeth e alguns amigos e parentes por uma semana. Aproveitei para tirar uma semana de folga também. Eu tinha planejado viajar sozinha pela primeira vez, mas Parmita e eu estávamos cada vez mais próximas. Ajudávamos uma à outra em todos os tipos de projetos de autoaperfeiçoamento, desde mudar de emprego (ela vinha fazendo entrevistas desde que eu a conhecera) e perder peso (em determinados dias da semana, ela só comia caldo e ostras; eu visitara uma clínica de bem-estar de medicina oriental para uma dieta extrema recentemente) até aperfeiçoar a rotina de cuidados com a pele (ela fazia fototerapia em casa; eu usava cremes esteroides e com hidroquinona e evitava o sol). Nenhuma de nós queria namorar. Principalmente eu. Mas então ela me dava um chacoalhão. "*A GENTE PRECISA CASAR*", ela me disse no Gchat para me avisar que nenhum cara iria namorar comigo se eu colocasse MIT e Carbon no meu perfil. "*COMO É QUE A GENTE VAI CASAR?*"

Fomos à Europa para nos recompor, redefinir o foco, encontrar um recomeço e equilibrar nosso *qi*.

Passamos uns dias em Viena antes de pegar avião, trem e ônibus para uma clínica de bem-estar em Adelboden, Suíça. Fizemos o check-in e tivemos uma surpresa na recepção: dois menus degustação seriam oferecidos como cortesia durante a nossa estadia. Entramos no quarto e encontramos outra surpresa: um arranjo de lírios brancos, rosas vermelhas, galhos e folhas em um vaso preto brilhante com um bilhete de agradecimento por todo o meu trabalho duro, assinado por Boone e Elisabeth.

Parmita e eu estávamos nos Alpes. Passávamos os dias separadas e nos encontrávamos à noite para jantares que nenhuma de nós estava a fim de comer. Minha dieta extrema, que custara 900 dólares, terminou no dia em que as férias começaram. Havia começado a dieta porque um dia, em julho, vi que tinha engordado 11 quilos desde que entrara na Carbon. A mudança me preocupou — principalmente porque teria que comprar roupas novas e não tinha tempo nem cabeça para combinar peças para um novo guarda-roupa —, mas fiquei mais surpresa por notar que, por mais que comesse, nunca me sentia satisfeita. Durante a maior parte dos meus 20 e tantos anos, eu conseguia comer uma única batata frita ou uma única colher de sorvete e parar por aí, sem nenhum esforço.

Minha primeira compulsão foi com os cookies gigantes da Levain. Desde então, não chegara nem perto de ter outro episódio. Mas notava uma fome. A minha fome. Eu comia e comia, cada vez mais, embora tentasse conter o apetite que antes era capaz de reprimir com tanta facilidade. Depois de me pesar naquele dia, imediatamente procurei no Google o programa de perda de peso mais intenso de Nova York. A clínica me deu as opções de um programa de dez dias, duas semanas ou quatro semanas. Escolhi o de duas semanas, motivada pelo comentário passageiro de Boone, meses antes, de que eu deveria "fazer mais uma semana". Um comentário, eu tinha consciência, que passava dos limites, mas me convenci de que ele só estava tentando me ajudar a otimizar minha saúde. No início das férias, após quatro dias comendo apenas no café da manhã e no almoço; seis dias de jejum; e, novamente, quatro dias de café da manhã e almoço, perdi 5 quilos. Senti uma enorme clareza mental — eu estava no topo do mundo, no controle.

O hotel era famoso por seu spa, com piscinas aquecidas internas e externas, além de sauna finlandesa, banho de vapor e um chuveiro com efeito cascata. Eu e Parmita, que odiávamos nosso corpo em trajes de banho, evitamos todos. Na nossa última noite, fomos ao restaurante saborear o menu degustação.

— Não quero comer isso tudo — disse Parmita. — Posso pedir só um caldo?

— O que você quiser — falei, analisando o prato principal feito com um peixe de água doce de um lago suíço. — De qualquer maneira, é por conta do Boone.

— Estou falando sério. Você tem, tipo, *o melhor* chefe. Você tem o melhor emprego do mundo.

— É... — Ergui os olhos do cardápio e olhei através das portas de vidro, em direção às montanhas verdejantes, me perguntando se não seria mais feliz morando em um chalé. — Eu adoro o meu emprego.

* * *

Duas semanas depois de voltar da Europa, eu e Parmita viajamos para o WeWork Summer Camp. Gostávamos de encher nossas agendas depois do trabalho com eventos que exigiam pagamento antecipado — Glamsquad, Soul Survivor, LIVE from the NYPL — para que os custos irrecuperáveis nos obrigassem a ir mesmo quando preferiríamos cancelar, ficar em casa e dormir. Íamos a esses eventos para nos manter ocupadas, para evitar enxergar coisas que ainda não estávamos prontas para enxergar. Então, tínhamos comprado passagens de 550 dólares cada para ir de ônibus às sete da manhã para as montanhas Adirondack. Eu me arrependi dessa decisão assim que embarcamos no ônibus, que parecia uma festa. Continuei me arrependendo quando chegamos às tendas, equipadas com beliches, banheiros e chuveiros. A WeWork se autodenominava uma empresa de tecnologia badalada, na qual uma empresa como a Carbon certamente investiria. No entanto, tudo o que vi foi bagunça e desorganização. Os eventos não começavam no horário, a internet mal funcionava e o *food truck* da Korilla esgotava imediatamente. Lembro de pensar que Boone jamais investiria na WeWork. Ele não se deixava levar por distrações, tendências ou modismos; atrás de seu monitor, havia uma citação de Steve Jobs: "Na verdade, tenho tanto orgulho de muitas das coisas que não fizemos quanto das que fizemos". Eu e Parmita analisamos a programação do fim de semana. Não nos impressionamos com as atrações. Decidimos abrir mão de todos os eventos.

Contudo, decidi que queria ir a um evento e, lá pelas oito da manhã do dia seguinte, arranquei Parmita da cama. Onze de nós estávamos às margens de um lago: quatro mulheres, sete homens, incluindo um conselheiro amoroso conhecido como Hitch da vida real. Olhei para a animada funcionária da WeWork que nos dizia:

— Esta é a tribo de vocês, vocês são a Tribo da Inspiração!

Os outros participantes do acampamento estavam dormindo. Para quebrar o gelo, formamos um círculo, nos apresentamos e dissemos por que estávamos em busca de inspiração. A maioria das pessoas disse que não estava feliz no trabalho. Olhei para a esquerda e pensei no que Parmita diria. Ela tivera três perspectivas de emprego, mas, apesar de chegar às rodadas finais, não recebeu nenhuma oferta. Ela vinha dizendo coisas como "daqui a pouco meus amigos vão me abandonar também" e "meu próximo endereço vai ser debaixo da ponte" e "mal consigo pagar as contas com o que ganho, é constrangedor". (Ela me contara que ganhava mais de 300 mil dólares por ano.) Fui arrancada do devaneio quando a pessoa à minha direita, um homem alto, asiático, que dissera estar trabalhando para modernizar a imobiliária da família, falou:

— Não faço ideia de qual é a minha paixão, mas vim aqui para tentar descobrir.

Olhei para Parmita e lutei contra a vontade de revirar os olhos, pensando que encontrar uma paixão não é como encontrar um par de meias. Mas depois me perguntei se na verdade não seria profundamente sábio da parte dele ter a consciência de que se conhecia tão pouco. Fui a próxima a me apresentar.

— Oi, pessoal, meu nome é Carrie. Estou aqui porque vivo em busca de inspiração. Eu *adoro* o meu trabalho. Estou vivendo um sonho.

No fim de agosto, me encontrei com Jen.

Na primeira vez que fizemos algo fora do trabalho, em outubro do ano anterior, tínhamos ido a uma aula de *hot yoga* (uma sugestão muito apropriada vinda da mulher que gerenciava a vida pessoal dos Prescotts), depois em um brunch, e nos conectamos com a nossa aversão às redes sociais. Jen me contara que já havia trabalhado para uma das mulheres mais poderosas do setor de tecnologia, em uma função semelhante à que desempenhava agora para Boone. Também me disse que nunca teve conta no Facebook. Lembro-me de ir a um evento em Brookline, Massachusetts, quando o livro *Faça acontecer*, de Sheryl Sandberg, então diretora de operações do Facebook, foi publicado. Na época, eu namorava Josh e estava tentando fazer meu próprio caminho, me sentindo julgada pelas pessoas ao redor por não mergulhar de cabeça e simplesmente "fazer acontecer". Havia passado praticamente a vida inteira sendo rotulada como alguém com desempenho acima da média; dois anos depois de largar a faculdade de Negócios, percebi que as pessoas passaram a me ver como alguém com desempenho abaixo da média. Também me lembro de pensar nas críticas ao livro sobre o que era necessário para trabalhar intensamente como ela, imaginando que tipos de ajuda oculta Sandberg e outras executivas de alto escalão recebiam. Minha amizade com Jen revelou a resposta.

Jen se formara em uma universidade de elite. Além de ser inteligentíssima — ela se lembrava de cada detalhe de tudo que eu lhe contava, incluindo coisas não relacionadas ao trabalho —, tinha uma enorme inteligência emocional e social. Uma das primeiras perguntas que ela fez no brunch foi:

— Você está se dando bem com a Sloane?

Ela nunca pressionava, apenas observava e me fazia perguntas enquanto ouvia com a intensidade sincera de um primeiro encontro perfeito. Foi a única pessoa da Carbon que nunca, jamais, me fez sentir que eu estava desperdiçando meu potencial. Também era a única que conhecia a real extensão e intensidade do meu trabalho.

Era verão em Nova York. Eu e Jen decidimos fazer um passeio depois do trabalho. Enquanto andávamos ao redor do reservatório do parque, refleti sobre meu primeiro ano no emprego e, pela primeira vez, arrisquei revelar um pensamento com alguém do trabalho sobre o trabalho e que não era 100% positivo.

— Pode ser um pouco corrido demais — eu disse. — Estou um pouco cansada.

— Não sei como você aguenta — comentou Jen. — Quando ele vai a cem por hora, você vai a cem por hora. Quando ele vai a 150, você vai a 150.

Jen já havia usado essa metáfora do carro para descrever meu relacionamento no trabalho com Boone. Ela vivia repetindo que eu fazia muito mais do que as assistentes anteriores. Mas a que custo? Eu não tinha a minha própria assistente para me ajudar a fazer as malas ou para separar, mandar lavar e guardar as minhas roupas. Não tinha alguém para me entregar as luvas no escritório quando eu as esquecia, para assim conseguir enviar mensagens enquanto caminhava de volta para casa, a fim de tomar um ar fresco (meu motorista estaria me esperando na frente do prédio, caso eu mudasse de ideia).

— E tudo bem para você acumular o serviço da próxima assistente do Gabe?

Morrendo de vergonha, confessei:

— Não.

Gabe fora autorizado a contratar alguém para ajudá-lo, mas vivia tão ocupado que não tinha tido tempo de concluir o processo de recrutamento. Ele vinha pedindo cada vez mais a minha ajuda, e eu aceitava porque achava muito mais interessante pesquisar empresas de software corporativo do que preencher relatórios de despesas. Expliquei a Jen que a agenda de Gabe era tão cheia quanto a de Boone; todo mundo vivia apagando incêndios. Nunca tinha visto ninguém trabalhar tanto quanto Boone, Gabe e os outros três gestores de portfólio.

— Além disso, Gabe é tão legal que me sinto mal em negar ajuda — expliquei. — Ele sempre fica em segundo lugar, o que não é justo com ele. Mas administrar a vida de Boone já é *mais* do que um emprego em tempo integral. — Respirei lentamente, inspirando e expirando. — Boone é muito legal. Gosto muito dele. Mas acho que...

A coisa mais importante na Carbon, pelo menos para Boone, era exercitar a modéstia e nunca se vangloriar — agir como uma startup quando você claramente é o líder de mercado, porque esconder sua posição, ser subestimado, lhe dá muito mais espaço de manobra. Eu vinha tentando calibrar minha atitude para corresponder à de Boone, que parecia muito razoável e empiricamente bem-sucedido, mas não conseguia me livrar da sensação de que estavam se aproveitando de mim. Por exemplo: certa vez,

Boone me mandou recorrer ao TI para fazer uma tarefa e, quando pedi à equipe, eles se recusaram. Perguntei se poderiam por favor tentar dar um jeito. Eles me deram um prazo de mais de um dia e um orçamento de mais de 300 mil dólares para um novo software que precisariam comprar. Eu não disse nada ao TI (nem a Boone). Agradeci pelo tempo deles, desliguei o telefone e fiz a tarefa sozinha em mais ou menos um minuto usando um aplicativo gratuito no celular. Não se tratava daquele minuto que passei fazendo o trabalho de outra pessoa; era um padrão que se repetia todos os dias. Boone podia se dar ao luxo de não impor sua autoridade e continuar sendo altamente eficaz porque todo mundo sabia que ele era o fundador da Carbon. Quando eu — uma mulher, uma imigrante asiático-americana, uma funcionária, não uma fundadora — tentava ser humilde, as pessoas me tratavam como capacho. Não contei nada disso a Jen. Continuei:

— Eu adoro trabalhar com Boone. Não preciso dos créditos, não preciso de poder; só preciso que alguém reconheça o trabalho por trás do trabalho e perceba que estou sobrecarregada.

— Carrie — disse Jen —, você está indo *muito* além dos seus limites. Converse com Boone. Você precisa se livrar de parte da carga de trabalho. No mínimo, você não deveria ajudar o Gabe. Outras pessoas na posição do Boone têm uma equipe inteira de assistentes. Você está sozinha e, como se não bastasse, ainda ajuda os outros.

— Tenho certeza de que vai ser melhor no ano que vem — eu disse. — Vai dar tudo certo.

Boone passara as duas semanas anteriores ao Dia do Trabalho em sua casa nos Hamptons. Como gesto de agradecimento por planejar sua festa-surpresa de aniversário no trabalho, ele me deu três noites de férias no Surf Lodge, o hotel mais comentado de Montauk, além de aulas particulares de surfe e ioga para duas pessoas. Eu não conhecia Montauk. Convidei Yuna para ir comigo.

Alugamos um carro na segunda-feira da última semana de verão. Senti um distanciamento entre nós. Ela ficou no banco do passageiro sem dizer nada. Enquanto eu preenchia o silêncio, ela me dava um ou outro "Uau" ou "Legal".

Nossa vida na infância e adolescência fora parecida: nascemos na Ásia; éramos filhas únicas; crescemos no Centro-Oeste americano morando em apartamentos apertados quando a maioria dos nossos colegas morava em casas com quintal. Depois nossas vidas se separaram. Ela largou a faculdade e nunca retomou os estudos. Abriu seus próprios caminhos sozinha e achou que não valia mais a pena estudar; ela queria ganhar dinheiro. Tirei meu diploma pelo MIT sem pagar nenhum centavo. Graças a bolsas de estudo e a ajuda dos meus pais, entrei no primeiro emprego depois da faculdade sem nenhuma dívida estudantil. Às vezes eu olhava para Yuna e pensava não que eu poderia ter sido como ela, mas que eu *era* ela: atribuía a maior parte das diferenças em nossas vidas à sorte, à minha sorte por ter tido segurança financeira, possibilitada não pelo meu trabalho duro, mas pelo grande esforço dos meus pais e outros golpes de sorte. Eu olhava para Yuna e via a precariedade do sonho americano.

Uma hora se passou.

— Carrie — disse Yuna —, tudo bem se eu fumar?

Respondi que preferiria que ela não fumasse, lembrando-a do meu histórico de pneumonia. A relação de Yuna com o cigarro era de idas e vindas, ela vivia tentando parar. Havia perdido muito peso desde a última vez que a vira. Parei o carro no meio do caminho, em uma reserva natural. Seria bom esticar as pernas, mas eu queria lhe dar a pausa para o cigarro que ela parecia estar precisando tanto. Assim que saímos do carro, ela tirou um cigarro.

— Carrie — disse —, não precisa ficar perto de mim respirando toda essa fumaça.

Horas depois, chegamos ao Surf Lodge e fizemos o check-in em nossa suíte. Yuna deixou sua mala ao lado de uma das duas camas *queen*.

Sorriu para mim, saiu para a varanda e aninhou-se em uma cadeira amarela. Pegou um cigarro e o celular e começou a fumar enquanto mexia no aparelho, olhando de vez em quando para o lago ondulado que refletia o Sol da tarde nebulosa.

Às oito da manhã do dia seguinte, fomos de carro até a praia. Nenhuma de nós tinha surfado antes. Vestimos roupas de mergulho e entramos no mar. O instrutor nos levou para uma área afastada da maioria das pessoas, caso perdêssemos o controle de nossas pranchas e corpos. Quando o instrutor gritasse "Agora!", nadaríamos para pegar uma onda, pularíamos sobre nossas pranchas e tentaríamos pousar sobre os dois pés. O instrutor nos disse que conseguir ficar de pé no primeiro dia já seria um grande sucesso. Yuna e eu conseguimos subir na prancha uma ou duas vezes. Desistimos antes do fim da aula. Eu sentia uma dor distante se aproximando, prestes a se instalar. Em algum momento, enquanto tentava voltar para a terra firme, não tive mais energia para nadar contra a corrente. Estava cansada, desgastada, deixei as ondas me banharem.

— Carrie! — o instrutor gritou. — Volte agora! Você vai bater nas pedras!

E foi o que aconteceu. Doeu como tomar um milhão de socos minúsculos. Tentei me levantar, apoiando-me nas pedras escorregadias para me equilibrar. Depois de muito esforço, consegui voltar.

— Que perigo! — disse o instrutor, correndo para me ajudar a sair da água.

Eu não fazia ideia do perigo, nem tinha sido alertada antes de entrar na água. Passado o incidente, a experiência não havia sido tão ruim. Minhas pernas, braços e tronco começavam a tremer, mas consegui me levantar.

Às oito da manhã do dia seguinte, tivemos uma aula particular de ioga em nosso quarto. A instrutora que veio à nossa suíte era alta, bronzeada, magra e loira, com os cabelos perfeitamente bagunçados pelo vento. Quando eu lhe disse que nossa hospedagem no Surf Lodge tinha sido um presente do meu chefe, ela perguntou quem era.

— Boone — eu disse.

— Ah, sim... Conheço a Carbon.

Ela estendeu seu tapete no chão. É claro que a linda e etérea iogue de Montauk seria a melhor amiga da esposa de um ex-sócio da Carbon. Eu e Yuna dissemos que estávamos bem travadas. Passamos uma hora fazendo alongamentos leves.

Na terceira e última manhã, Yuna e eu acordamos às 7h30 para a segunda aula de surfe. Quando estávamos prestes a sair do hotel, olhei para ela, que se movia como um bicho-preguiça em câmera lenta. Percebi que eu não estava conseguindo nem levantar os braços.

— Yuna, você quer surfar?

— *Você* quer?

— Só se você quiser.

— Para mim tanto faz.

— Então vamos cancelar.

— Beleza. — Ela riu, sua primeira emoção autêntica na semana inteira. — Ufa! Graças a Deus!

Algumas horas depois, fizemos as malas, o check-out e voltamos para Nova York. Ao volante, não consegui mais me conter.

— Yuna. Qual é o problema?

— Como assim?

— Você passou a semana inteira quieta. Está distante. Está com algum problema?

Yuna soltou um suspiro. Depois de um longo momento, ela respondeu:

— Não sei, Carrie. Não sei mesmo o que é.

Ela olhou pela janela do carro. Fiquei em silêncio e a olhei de soslaio. Éramos *filhas* de imigrantes antes mesmo de sermos imigrantes. Talvez esse impulso de viver como personagens das histórias de nossos pais houvesse nos levado ao lugar onde nos achávamos, a esse sentimento de que nunca tínhamos realmente nos emancipado. Yuna já tinha me contado que, em situações de conflito com namorados (os ex e o atual), ela congelava e se fechava, apesar de no fundo querer demonstrar seus sentimentos; o namorado a pressionava, a acusava de ser fria, e ela se retraía ainda mais. Não a pressionei. Até que ela disse:

— Nossa vida é tão diferente. Você tem essa vida de glamour em Nova York e eu...

— Não é verdade.

— É sim, Carrie. Olhe a sua vida.

— Mas não é verdade. Eu não tenho a vida dos sonhos.

— Você mudou, ou... Não sei se foi *você* que mudou, mas, tipo, a sua *vida* mudou.

— Mas por que isso agora?

— Sabe, as minhas amigas do Kansas... Eu falo de você para todo mundo. Elas me perguntam: "Você não tem inveja da Carrie?". Eu digo não. Nunca. Eu digo que nunca, jamais. Mas, estando aqui, me sinto um peixe fora d'água. Eu nunca iria aos Hamptons sozinha nem...

— Eu também nunca tinha ido! Você é a única pessoa que eu convidaria. Também não me sinto à vontade aqui.

— Mas essa é a sua vida agora. E, tipo, você adora seu trabalho. Já o meu trabalho...

O emprego, que ela havia conseguido por meio de um ex-namorado, envolvia testar novos modelos de celular Galaxy em diferentes redes de telefonia móvel para identificar bugs que a Samsung pudesse resolver antes do lançamento.

— Qual é o problema com o seu trabalho?

Yuna soltou outro suspiro. Ela respondeu em voz baixa:

— Acho que odeio o meu trabalho.

— Entendi. Mas tudo bem. Outro dia você disse que adorava, o que acha que mudou?

— Na verdade... não é que eu *odeie* meu emprego. É só que... eu trabalho o tempo todo, e para quê?

— Você é bem paga?

— Sim. Esse é o problema.

— Quanto?

— Oitenta por ano. Mas meu chefe é um idiota. Eu trabalho quase todo fim de semana. Está todo mundo atolado de trabalho, é uma loucura. A empresa é coreana e, não sei se você sabe, na cultura coreana tudo é baseado na hierarquia, então temos que nos dirigir entre nós pela posição e cargo de cada um… A gente nem se chama pelo nome! Dá para imaginar? Mas que inferno! Estamos nos Estados Unidos!

Pensei no fato de que o pessoal do family office de Boone e Elisabeth os chamava de sr. e sra. Prescott, às vezes de sr. e sra. P.

— E como eu fui a última a entrar, fico com as piores tarefas e ainda tenho que trabalhar sorrindo. Que ódio! Mas… consigo mandar dinheiro para os meus pais — disse Yuna, a voz voltando a suavizar. — Ajudo Jason a pagar seus empréstimos estudantis e pago muitas das nossas contas. Parece que estou num beco sem saída.

— Yuna — Respirei fundo. — Não posso dizer o que você deve fazer, mas você não está sozinha. Eu amo meu trabalho, mas… Quer saber? Também tenho as minhas dúvidas. Eu vivo no limite; é o tempo todo apagando incêndios, correndo de um lado para o outro. A correria nunca acaba. Mesmo quando não estou trabalhando, estou sempre de prontidão e, a qualquer momento, posso ter que mudar todos os meus planos. Sabe aquele diário que você me deu? O lugar para eu ser brutalmente honesta comigo mesma? Então, meu *único* objetivo pessoal quando vim para Nova York era começar a escrever naquele diário, e não escrevi nada. NENHUMA PALAVRA. Nem cheguei a abrir. Então… é verdade que o meu saldo no banco aumentou um pouco e posso usar roupas legais e tirar férias de luxo, mas nós duas sabemos que isso não quer dizer nada. Eu quero ser escritora. Eu achava que a Carbon tinha tudo que eu queria em um emprego. Em um emprego formal, pelo menos. Não sei por quê, mas, quanto mais sucesso tenho na Carbon, mais sinto que estou enlouquecendo. Literalmente. Sinto que a minha vida é um caos. Vivo me odiando por não ter tudo sob controle. Além disso, algumas pessoas podem achar que meu trabalho tem *status*, mas *muitas* outras pessoas me olham de cima. Porque eu não passo de uma secretária de luxo. Eles acham que eu deveria fazer mais da minha vida. Mas por quê? Quem disse? E se eu não quiser?

— Meu Deus, Carrie, eu sei exatamente o que você está dizendo!

— Por que as pessoas não podem aceitar que estou fazendo o que funciona *para mim*?

— Tudo o que eu quero é ganhar dinheiro para poder cuidar dos meus pais, do Jason e também de mim, é claro — Yuna riu. — Tipo, quem sabe comprar uma casa? Seria legal.

— São objetivos muito válidos. Não deixe que ninguém diga o contrário ou diga que você precisa fazer mais.

Com meus olhos na estrada, percebi que Yuna me olhava.

— O que a gente faz? — ela perguntou.

Dei de ombros e não disse nada. Ela olhou para a frente, através do para-brisa, e ficamos as duas encarando a estrada.

No primeiro dia útil depois do feriado do Dia do Trabalho, Boone me chamou para uma reunião logo cedo. Fazia semanas que eu não o via.

— Como foi em Montauk? — ele quis saber.

— Foi ótimo! O surfe foi difícil. Mas até que fomos bem.

— Quem você levou?

— Minha melhor amiga, a Yuna. Ela foi uma das minhas referências no processo de seleção. Você falou com ela ao telefone.

Boone assentiu.

— E as suas férias? Como foram?

— Tudo bem — ele disse. — Pronto para voltar ao trabalho. As coisas vão ficar intensas.

Ele se deteve para me observar, então também me observei. Meus joelhos apresentavam cicatrizes permanentes, que eu disfarçava com corretivo. Tinha voltado a correr na esteira. Estava me sentindo melhor, mais saudável, mais parecida com o meu antigo eu, e quase tinha conseguido voltar ao meu peso normal.

— Parabéns por ter completado um ano na empresa — falou Boone.

— Sei o quão duro você trabalha. Como agradecimento, vamos lhe dar uma participação no fundo.

Eu não esperava por isso.

— Queremos que você se comprometa com o sucesso de longo prazo da Carbon.

Contudo, eu não poderia investir mais do que eles me dariam e precisava ser discreta.

— O fundo comporta um número bem limitado de pequenos investidores, e estamos concedendo uma dessas vagas — ele olhou fundo nos meus olhos — a você.

Fiquei dividida. Uma parte de mim, o meu lado experimentador, estava incrivelmente grata por receber dinheiro — claro que estava, afinal, era *dinheiro* —, enquanto a outra parte, o meu eu observador, pensante e crítico, sempre o lado mais forte, não conseguia ignorar o fato de que eu não poderia aumentar o investimento. Eu estava começando a perceber a desigualdade, e não era possível desvê-la. Neste caso, eu via a estratificação dos cotistas nos fundos da Carbon; o fato de ser colocada na base da pirâmide significava que eu estava à mercê da generosidade de Boone. Eu não teria autonomia nem liberdade para fazer o que quisesse com o presente. Também compreendi que não éramos a organização horizontal que Boone descrevera para mim. Se eu deveria manter a discrição e não contar a ninguém, quais privilégios ele estaria dando ou tirando de outros?

Ele explicou que havia um limite de isenção fiscal para doações e disse:

— Eu e Lis vamos transferir, cada um, esse valor para você. Ainda preciso conversar com ela, mas sei que ela vai concordar.

O total da doação deles antes dos impostos daria pouco menos de 20% do meu salário do ano anterior.

— Algo mais?

As palavras de Jen zumbiam nos meus ouvidos. "Converse com Boone." Respirei fundo, prendi a respiração e pensei nas palavras dela por um, dois, três, quatro segundos antes de decidir que não, era melhor não. Tinha medo de que, se eu falasse e ele dissesse não, não fizesse nada ou postergasse indefinidamente qualquer decisão a respeito — ou, pior, me culpasse pelo meu *burnout* —, eu não teria escolha a não ser pedir demissão. Ainda não estava pronta para implodir minha vida.

— É só isso. Muito obrigada, Boone. Sou muito grata. Tenho perfeita consciência de que é um grande presente.

Também decidi não me oferecer para liderar os esforços filantrópicos da Carbon. Eu precisava fazer menos, não mais, e ele tinha acabado de me dizer que as coisas estavam prestes a ficar caóticas.

— Está tudo ótimo — completei.

— Que bom. O segundo ano vai ser muito melhor, pode confiar.

Era o Dia da Família na Carbon.

— Quem é aquela? — sussurrou uma assistente em uma rodinha com o pessoal do front office, gesticulando em direção a uma mulher que eu nunca vira antes. Ela empurrava um carrinho de bebê com um braço enquanto levava a criança no outro.

— Acho que é a mulher do Nate — respondeu outra assistente. Nate era o auditor-chefe.

— Se eu não tivesse que trabalhar — disse uma terceira —, seria magra como ela.

Depois de uma hora, fomos ao Zoológico do Central Park, que a Carbon havia reservado com exclusividade para a noite. No caminho, prestei muita atenção ao redor. Notei que o cheiro de lixo, urina e esterco impregnava o ar sob as luzes brilhantes da Avenida dos Multimilionários. Eu estava prestes a me mudar do estúdio em Midtown para um apartamento de um quarto em Flatiron; o trajeto para o trabalho aumentaria de seis minutos a pé para vinte minutos de trem. O escritório da Carbon, o apartamento de Boone e seu family office ficavam todos a uma curta distância a pé um do outro. Eu estava saindo do ninho.

Eu convidara Parmita e uma colega dela — "o ser humano mais incrível do mundo", como Parmita descrevera — para o zoológico. Aos 19 anos, Katherine tinha largado a faculdade e fundado sua primeira empresa e agora era empreendedora residente na Insight. Eu queria apresentá-la a Boone. Parmita acabou não indo, disse que sua roupa não estava apropriada para ver animais. Katherine chegou minutos antes de mim. Encontrei-a perto da área dos macacos. Juntas, fomos ao centro do zoológico, onde Boone estava sozinho.

— Boone, gostaria de apresentar a minha amiga Katherine.

— A Carrie é só elogios a você — Boone disse a ela. — Então quer dizer que você tem uma startup?

Olhei para os leões-marinhos em um lago que cercava uma pequena ilha de rochas — não peixes em um aquário, mas mamíferos em uma piscina de vidro. Na natureza, eles se adaptaram para fechar as narinas debaixo d'água. No entanto, mais cedo ou mais tarde, tinham de subir para respirar.

Quarto trimestre

Na minha avaliação de julho, Boone me orientara a pedir ajuda para tarefas temporárias. Em uma das mensagens que eu e Maya, do family office, trocamos sobre como estávamos *podres* porque o trabalho estava tão *corrido*, *caótico* e *frenético* para todos, escrevi: "Eu brincava que não tinha tempo nem para ir ao banheiro. Ontem foi como se não tivesse tempo nem para respirar". Isso foi depois de algumas vezes em que um telefonema com ela ou com alguém do family office terminara no meio de uma frase, pois a pessoa do outro lado da linha simplesmente não tivera tempo para me dizer que precisava desligar, que era uma emergência e que me ligaria mais tarde.

A troca de mensagens foi no começo de outubro. O back office estava me cobrando os relatórios de despesas atrasados. Meses haviam se passado desde que eu pedira ajuda à recepção e Sloane interviera. Duas recepcionistas novas haviam sido contratadas, ambas jovens e muito simpáticas. Uma era formada na Tufts, a outra, em Yale. Elas me ajudavam com pequenas tarefas, como imprimir documentos. Um dia, no fim da tarde, quando boa parte do pessoal do front office estava em conferência ou reunião externa, fui à recepção. Antes de fazer meu pedido — ligar para hotéis e outros fornecedores pedindo que mandassem as faturas por e-mail —, falei no meu tom mais gentil:

— Se vocês estiverem muito ocupadas, é só dizer, OK?

— Tudo bem — elas responderam.

— O que vocês conseguirem encontrar nesses relatórios de despesas, já será ótimo — acrescentei.

Meia hora depois, meu telefone tocou.

— Oi, Courtney — eu disse. — Tudo bem por aí?

— Tudo certo.

— Que bom!

— Então, a recepção me disse que você pediu ajuda com os relatórios de despesas...

— É verdade.

— Elas estão sobrecarregadas e não têm tempo para ajudar.

— Não foi isso o que elas me disseram.

— Infelizmente, não vão conseguir ajudar hoje.

— E na semana que vem?

— Também não.

Eu sabia que não era fácil recusar um pedido de alguém com mais tempo de casa e não fiquei nem um pouco chateada com as recepcionistas. Liguei para elas logo depois de desligar o telefone com Courtney. Dawn, a que se formou pela Tufts, atendeu.

— Oi, então — eu disse —, fiquei sabendo que vocês estão com muito trabalho aí. Podem ficar tranquilas, não tem problema algum.

— Nossa, *mil* desculpas. Sinto muito, muito mesmo — disse Dawn com tanta sinceridade que quase me ofereci para ajudá-la com alguma tarefa dela. — É só que esta semana temos que fazer uma montanha de relatórios de despesas para Courtney, e são só alguns dias para fazer tudo.

Desliguei o telefone. Olhei para Boone — que estava em sua sala digitando no computador —, respirei fundo e me levantei da cadeira.

Assim que eu entrara na empresa, várias pessoas me disseram — um comentário que não levei muito a sério, preferindo acreditar em Boone e não nos meus colegas — que "O segredo do sucesso na Carbon é fazer com que os outros façam o seu trabalho por você".

Entrei na sala.

— Boone, você tem um minuto? — perguntei. — Você sabe que eu nunca trago questões de política do escritório e nunca peço a sua ajuda...

Ele gesticulou com as duas mãos para eu me aproximar.

— Pode falar.

Fechei a porta, sentei-me e comecei a contar a história.

— Então... A Courtney...

— O que ela fez?

— Ela me ligou dizendo que a recepção não pode me ajudar. Mas, então, a recepção me disse que não pode ajudar porque está fazendo os relatórios de despesas *dela*.

Boone pegou o telefone e apertou o botão do viva-voz. Ao tom de discagem, Boone me encarou.

— Vou ligar para dizer que ela está demitida.

— Não!

— Não?

Meu coração disparou. O tom de discagem ressoou no ar. Suspirei e balancei a cabeça.

— Não.

Eu só queria ajuda com o trabalho. Se ela fosse demitida, meu problema não seria resolvido e ainda teria que gastar tempo e energia emocional resolvendo questões interpessoais. Ainda não tínhamos um RH. Boone e Jay disseram que eu e Courtney deveríamos dar um jeito. Eles queriam que resolvêssemos o problema entre nós. Eu estava por conta própria. Marcamos uma conversa na Meru, a mesma sala na qual ela me entrevistara catorze meses antes. Com uma energia tão intensa quanto o loiro dos cabelos, ela entrou em suas botas pretas Givenchy Shark Lock.

— Acho que tudo isso não passou de um mal-entendido — ela disse, sorrindo. — É só o meu jeito de falar.

Fiquei menos brava com ela e mais brava com a futilidade daquele teatro de resolução. Sorri com sinceridade, querendo que aquilo acabasse logo para poder voltar ao trabalho; me arrependi de ter falado com Boone.

— Meu estilo de comunicação é muito direto e pode soar um pouco grosseiro.

Eu assenti.

— Os relatórios de despesas do Jay estavam *enormes* por causa dos muitos eventos da empresa. — Sim, mas os de Boone também; além disso, por que eu é que deveria me adaptar ao estilo de comunicação dos outros, por que eu é que deveria ser mais compreensiva? — Ele me disse para pedir a ajuda das recepcionistas.

A minha tormenta de indignação já tinha passado, mas os destroços formavam a imagem de uma pessoa e um nome que eu não ousava me permitir ver. Boone. Sua intenção tinha sido boa, ele tomara meu lado, quisera me proteger, facilitar a minha vida. A única coisa que eu tinha exigido era justiça, o mesmo acesso ao tempo das recepcionistas ou que ele contratasse alguém para me ajudar. Mas não: Boone teria preferido demitir uma pessoa — fazer uma *única e definitiva* mudança — a modificar o processo e estabelecer um precedente. Olhei para Courtney e disse:

— Tudo bem.

Certa vez, Boone me dissera:

— Se você conhecer alguém competente que acha que pode se encaixar na empresa, mande o contato para mim.

QUARTO TRIMESTRE

Eu acreditava na competência de Katherine. Ela pretendia desenvolver novas maneiras de avaliar o potencial humano. Acreditava que o sistema educacional dos Estados Unidos era obsoleto e injusto, focado em ensinar os alunos a tirar boas notas nas provas e a entrar na faculdade, favorecendo as famílias de classe média e alta que tinham como pagar cursinhos e tutores. Sua meta era levantar 2 milhões de dólares em uma rodada inicial de investimentos até o Dia de Ação de Graças. Ela queria uma chance de conversar com Boone. Falei que estávamos no meio de uma captação de recursos, e Boone deixara claro que, por tempo indefinido, não deveríamos focar em "nada que não seja crítico para a missão", evitando toda e qualquer distração. Assim que o Fundo V fosse concluído, eu colocaria a apresentação dela na pilha de coisas "Para ler" de Boone, com minha mais efusiva recomendação.

Na quinta-feira da segunda semana de outubro, concluímos a apresentação da captação de fundos do Fundo V.

— Você precisa ir ver essa sua perna — sugeriu Boone assim que soube que eu estava de muletas. Eu não conseguia colocar peso algum sobre o tornozelo direito; mal conseguia andar. — Ligue para o hospital. *Agora*.

Nada que não seja crítico para a missão. Estávamos na semana mais corrida do ano. O evento externo para o qual eu tivera que terminar as apresentações de Boone, uma das quais era "Nossa metodologia de investimento padronizada", seria na quinta-feira. Para a mesma quinta eu teria de escrever o roteiro do bate-papo de Boone com Derek Jeter. Houve reuniões de arrecadação de fundos, teleconferências de resultados, *webcasts*; Boone participou de todas que pôde, mas sua agenda estava tão lotada que faltou em muitas delas e me pediu para atuar como sua representante e fazer anotações. Boone estava construindo uma nova posição comprada de bilhões de dólares. Ele também queria iniciar uma posição vendida em uma empresa que abriria o capital em breve, sobre a qual me pediu para fazer uma pesquisa preliminar. Não, eu não tinha como sair do trabalho.

Mas Boone me obrigou a ir às três da tarde a um ortopedista especializado em pés e tornozelos. Quando o médico entrou no consultório, expliquei que pisara em uma pedra enquanto corria por uma calçada irregular. Ele não me olhou nem fez qualquer pergunta. Pensei que podia estar de mau humor, porque era o fim do expediente. Ele tentou dobrar meus dedos dos pés, girou meu tornozelo e pressionou meu pé para baixo — senti uma dor lancinante.

— Você vai ter que usar uma bota imobilizadora por quatro a seis semanas, no mínimo — declarou. — Vou pedir uma ressonância.

No dia seguinte, peguei um Uber rumo ao trabalho às 6h24 e saí às 19h45, ignorando as ordens do médico.

O evento em um campo de golfe de Nova Jersey ocorreu sem problemas e fiquei sabendo que Boone e Jeter tiveram uma conversa divertida e inspiradora, conduzida por perguntas inteligentes. Não tive como ir. Alguém disse que Boone me deu os créditos por suas apresentações.

— Nada disso teria sido possível sem a Carrie — ele teria dito.

Boone me ligou entre duas sessões para me dizer que eu era "a mestra dos bastidores". No dia seguinte, Boone disse a Jen (que me contou):

— Este evento teria sido impossível sem a Carrie. Subi ao palco sem nem ler as perguntas ou apresentações. Ela sabe o que faz.

Fiquei nas nuvens com os elogios.

Marquei a ressonância três dias depois. Eu gostaria de pensar que fui motivada pela mentalidade de não colocar o trabalho acima da minha saúde, mas só liguei para a clínica quando Boone exigiu que eu fizesse a ressonância logo.

* * *

Josh ligou para a Carbon. A recepcionista que atendeu me ligou perguntando o que dizer. Eu a instruí a dar uma justificativa neutra, algo como "A Carrie não está disponível".

Nada que não seja crítico para a missão.

Parmita se ofereceu para escrever um e-mail dizendo a Josh que me deixasse em paz. Em setembro, Josh mandara um e-mail de quinhentas palavras para os meus pais falando que estava furioso com o mundo — furioso porque eu tinha passado, palavras dele, por um "momento difícil" na faculdade e, como ele não sabia lidar com toda essa raiva, redirecionava grande parte contra mim. Ele concluiu: "Sendo a sabe-tudo que é, tenho certeza de que ela está se dando muito bem em Nova York. A propósito, decidi passar metade do ano lá". *Ele se mudou para Nova York.* Meu pai não teve qualquer reação emocional. Sua apatia me levou a acreditar que ele estava do lado de Josh. Minha mãe temia pela minha segurança, porque eu havia contado que, sempre que tentava terminar com Josh, ele dizia coisas como "Vou me matar se não tiver você" ou "Se você conseguir uma ordem de restrição contra mim, acho que vou acabar na cadeia". Mas a única sugestão da minha mãe era que eu voltasse com ele. Como eu não queria ser abordada por Josh na saída do trabalho ou de casa, aceitei a oferta de Parmita. Ela escreveu um rascunho e, com a minha aprovação, o enviou.

Uma memória passou pela minha cabeça; não me lembro do ano exato. Foi uma das muitas vezes que tentei terminar com ele. Estávamos em Michigan. Josh não aceitou o término, e pedi para acompanhá-lo na próxima consulta com seu terapeuta. Comecei:

— Obrigada, dr. Wright, por me receber no seu consultório. Estou aqui porque o Josh não reconhece nem respeita meus desejos. Estou declarando, para que fique registrado, diante de uma testemunha, que não quero mais ter um relacionamento com ele. Eu não o amo. Quero ficar sozinha.

Seu terapeuta, um líder na área de saúde mental, virou-se para ele e perguntou:

— Josh, o que você tem a dizer sobre isso?

Josh olhou para baixo, para o lado, para o nada, e disse:

— Não acredito nela.

O terapeuta perguntou calmamente:

— Então você não reconhece que Carrie tem necessidades e desejos e quer viver uma vida separada da sua?

Josh, também tranquilamente, respondeu:

— Não. Eu não acredito nela.

Eu, mais tranquila do que os dois, agradeci o terapeuta e saí.

Seis dias depois de Parmita mandar o e-mail, Josh respondeu com um textão de 748 palavras dizendo que conhecia "um monte de advogados", sabia "quais eram os limites legais" e que "ele não tinha cruzado nenhum". Na sequência perguntava: "E por que a Carrie não consegue responder por conta própria?". Ele mesmo concluía: "Só pode ser porque ainda gosta de mim".

Dezenove minutos depois, escrevi para Josh: "Não sinto nada por você além da mais total indiferença. Por favor, me deixe em paz".

Se passaram doze dias até que sua resposta chegasse: "Não acredito em você".

Usei a bota por várias semanas e voltei ao mesmo ortopedista. Ele entrou e leu o prontuário.

— Como está o tornozelo?

— Está bem, acho.

— Ah. — O médico apontou para algo no prontuário. — Estou vendo aqui que a dra. Marshall ligou para você. — A dra. Marshall era a diretora do departamento de radiologia do hospital.

— Sim, ligou.

— Você deve ser importante.

— Não.

— Não?

— Não. — Fiquei irritada com a leve contração dos lábios dele. — Bem, quero dizer, o meu chefe... faz doações para a pesquisa dela. E ele faz parte do conselho deste hospital.

— Ah.

O médico me perguntou como eu estava me sentindo e o que eu conseguia ou não fazer com o tornozelo. Analisou a ressonância — dois ligamentos rompidos na parte externa, uma ruptura parcial na parte interna, uma fratura óssea — e prescreveu meses de fisioterapia. Ele me perguntou no que eu trabalhava.

— Ajudo o meu chefe a organizar a vida dele — respondi. — Principalmente a vida profissional, algumas coisas pessoais.

Não demonstrei minha ofensa diante de sua mudança de comportamento e nunca mais me consultei com ele.

Boone fazia doações para pesquisas médicas. Isoladamente, isso seria considerado a atitude de alguém que faz muito mais bem do que mal no mundo. Contudo, uma das consequências era que algumas pessoas — como Boone e eu — conseguiam vantagens no sistema de saúde.

O Fundo V fechou na segunda-feira da semana de Ação de Graças, em novembro. Como a investidora nº 557, com uma participação de 0,000812% no fundo principal, recebi uma cópia da apresentação. Folheei as páginas e pensei no que diferenciava a Carbon aos olhos de um investidor.

Posse de ativos de ponta no mercado mundial. Boone não viajava muito para fora das Américas. Nos meus meses na Carbon até então, ele não saíra do continente a negócios. As principais regiões de investimento de capital da Carbon incluíam partes da Ásia, para onde ele nunca viajara, não que eu soubesse. Ele fazia investimentos globais de sua sala em Manhattan.

O foco do Fundo V. A Carbon pretendia implantar o Fundo V o mais rápido possível — na pior das hipóteses, ao longo de dois anos. Um fundo de capital de risco costuma levar de dois a três anos para ser implantado, às vezes até cinco. A Carbon esperava fazer tudo em cerca de um ano ou menos.

Foco. Em comparação com outros capitalistas de risco, Boone era menos intervencionista quando se tratava das empresas de seu portfólio. Ele não participava dos conselhos. Parecia acreditar que a vantagem da Carbon estava mais em escolher as empresas certas nas áreas certas do que em ajudar nas operações. Essa postura, aliada ao fato de não viajar a negócios a menos que sua presença física fosse absolutamente necessária, liberava horas, dias e semanas para que ele se dedicasse a tarefas com maior retorno sobre o tempo investido.

Boone me pedira para fazer um exercício que calculasse o meu retorno sobre o tempo investido: em um dia de trabalho normal, registre o que você faz a cada minuto. Registrar, analisar. Some todos os minutos que pouparia dos períodos em que foi ineficiente ou abaixo do ideal e veja se não consegue fazer mais tarefas e com mais qualidade. Havia grande preocupação com o tempo que cada tarefa deveria levar e com a possibilidade de realizá-la mais rápido e com a mesma qualidade. Também havia uma grande preocupação com a real necessidade de se realizar a tarefa — como a tarefa contribuía para o retorno da empresa? Por isso, Boone odiava reuniões desnecessárias. Ele odiava encontros sociais, bailes e eventos desnecessários. Nada de jantares. Nada de happy hours. Apenas uma ou outra partida ocasional de golfe.

Embora Boone tivesse me dado acesso (limitado) ao fundo principal, fiquei de fora do Fundo Venture V. Fiquei chocada ao perceber que não me importava muito com o sucesso de longo prazo da minha empresa. Eu não conseguia conciliar o que sentia por Boone com o que sentia pela Carbon.

QUARTO TRIMESTRE

    Mais de um slide da apresentação falava sobre serviços de transporte sob demanda (como o Uber), que, de acordo com a Carbon, possibilitavam menos tempo de espera, mais clientes, mais dinheiro para os motoristas e, portanto, mais motoristas — no que a empresa chamava de *círculo virtuoso*. Li esta e outras partes do texto e senti o tempo parando enquanto via imagens de futuros possíveis passando como déjà-vu pela minha cabeça. Pensei na minha primeira semana na Carbon, quando minhas colegas quiseram pedir salada na Sweetgreen, que tinha acabado de abrir em Nova York (pelo menos no Midtown), e não tinha um serviço de delivery.

    — Sem problema! — me disse uma assistente. — Vamos pedir para um Postmates pegar nosso almoço. Muitos meses depois, amigos me perguntavam: "Você já ouviu falar da Postmates?", "Você já ouviu falar da Peloton?". Enquanto meus amigos me contavam empolgados sobre essas novas e descoladas empresas, eu não pensava que já vinha usando a Postmates e a Peloton desde que entrara na Carbon, mas, sim, que o mundo vislumbrado pela Carbon — e, de preferência, com o qual poderia lucrar — estava sendo criado. A apresentação do Fundo V que eu tinha em mãos era o mundo que a Carbon queria concretizar. Era um mundo dominado pela Amazon, pela Netflix; um mundo de ubiquidade; um mundo de *círculos virtuosos* de conteúdo sob demanda, praticidade e tudo mais. Eu sabia que era questão de tempo para o mundo da Carbon virar realidade. Só não sabia se eu queria viver nesse mundo.

O Fundo V angariou bilhões de dólares em compromissos totais, com mais de 95% dos cotistas existentes e 14% de sócios e funcionários da empresa (demonstrando a crença da Carbon em arriscar a própria pele). Durante uma reunião no dia do fechamento do fundo, Boone me deu um voucher para uma massagem e uma esfoliação corporal no Mandarin Oriental com um cartão dizendo: "Tenha um fim de semana relaxante" e "Obrigado por todo o trabalho duro!" e "Você arrasa ;)". Tive vontade de chorar. Mas não chorei. Aquilo foi logo antes dos bônus. Ele era legal — muito legal — enquanto me fazia trabalhar como um burro de carga.

Eu estava esperando o Fundo V terminar a captação de recursos para falar de Katherine, mas ela dissera que, com um grande número de interessados, provavelmente encerraria a rodada de investimentos em breve. Ela perguntou se havia como adiantar a minha conversa com Boone. Então, em uma reunião antes do fechamento do novo fundo, perguntei a ele:

— Você se lembra da minha amiga que conheceu no Dia da Família?

— Sim.

Boone não gostava de abordagens de venda diretas, agressivas. Ele gostava de números, cifras, históricos. Meu argumento de vendas:

— Ela vendeu a primeira empresa para a Insight e fundou sua segunda startup para revolucionar a avaliação escolar e está levantando uma rodada de investimento inicial para esta. Você não gostaria de dar uma olhada na apresentação para ver se você ou a Carbon teriam interesse?

Boone investia por meio de pelo menos três entidades distintas: a Carbon, ele mesmo e sua fundação, e as melhores e maiores oportunidades iam primeiro para a empresa.

— Se achar uma boa ideia, posso marcar uma reunião?

— Ela é ambiciosa?

— Muito.

— Claro, pode marcar.

Um ou dois dias depois, do nada, sem eu precisar lembrá-lo, Boone mencionou Katherine.

— Então, aquela sua amiga...

— Sim?

QUARTO TRIMESTRE

— Ela parece superinteligente — senti um enorme desânimo, um "porém" estava a caminho —, mas não estamos investindo em tecnologias educacionais.

Sorri, acenei com a cabeça e agradeci a Boone por seu tempo. Mas eu sabia que não era verdade. Poucos meses antes, a Carbon investira em startups como uma plataforma de tutoria on-line e um mercado virtual para educadores compartilharem materiais didáticos originais. Fiquei decepcionada em parte com Katherine e em parte com Boone, mas acima de tudo fiquei me questionando sobre a maneira como o jogo era jogado — se, na melhor das hipóteses, ele poderia ser considerado justo.

AUTOAVALIAÇÃO DE **CARRIE SUN**
(NÃO SUBMETER)

1. Principais aspectos do trabalho
    a. Boone (150%)
    b. Gabe (50%)

2. Projetos relacionados à empresa
    a. Muitos.

3. Aspectos mais gratificantes
    a. As poucas vezes que Boone diz que eu sou capaz de fazer qualquer coisa.

4. Realizações mais significativas
    a. Eu sobrevivi.

5. O aspecto mais desafiador e como lidei com ele
    a. <u>Feedback constante</u>: Boone me dá conselhos sobre dieta, embora eu nunca tenha pedido. Um dia ele me mandou a

imagem de um post no Instagram (que ele não curtira) da conta (que ele seguia) da fundadora da academia favorita de Elisabeth no Upper West Side. A mulher, que supostamente treina a Shakira, a Kelly Ripa e a Sarah Jessica Parker, postou uma foto da seção transversal de um iceberg. A parte acima da água tinha os dizeres: "30% TREINO". A parte abaixo da água tinha os dizeres, em uma fonte agressiva: "70% DIETA". A legenda: "Alguém quer salada??! Não se dê ao trabalho de se matar na academia se você vai comer uma pizza depois".

- i. Lidei com isso sentindo a vontade absurda de comer uma pizza inteira.

b. <u>Perguntas retóricas</u>: Boone lê principalmente livros de não ficção. *O golfe não é um jogo para perfeccionistas*, *A arte de aprender*, *Dias bárbaros: uma vida no surfe*. Ele compra livros na internet e me passa com a instrução: "Leia primeiro e me diga se vale a pena". Um dia, Parmita e eu fomos à palestra de uma professora da Harvard Business School e os participantes ganharam exemplares antecipados de seu livro. Em uma reunião no dia seguinte, mencionei o livro a Boone. "O que você achou da palestrante?", ele quis saber. Ela é inteligentíssima, falei, mas acho que sua palestra no TED cobriu grande parte do conteúdo. "Carrie, por que você me daria um livro que considera menos do que espetacular? Pior, por que você me daria um livro que nem leu?"

- i. Lidei com isso não lhe dando o livro e quase morrendo de vergonha com suas perguntas retóricas e seu olhar fulminante.

c. <u>Mais perguntas retóricas</u>: Vince, presidente e CEO de uma grande instituição cultural de Nova York, se aproximou de Boone por meio de um conhecido em comum. A instituição precisava de dinheiro para uma reforma na esperança de conservar melhor seu acervo. Vince convidou Boone para um tour privado pela instituição e jantares especiais, mas recusamos todos os convites. "Por que Vince continua me convidando?", perguntou Boone. "Acho que ele quer a sua ajuda", eu disse. Confesso que eu estava pensando nos meus interesses pessoais — criatividade, aprendizagem; eu queria que a Carbon ajudasse a instituição e sempre priorizei os convites de Vince. Vince perguntou de novo se Boone não queria fazer um tour pela instituição. "Na Carbon", disse Boone, "nos empenhamos para construir o futuro. Por que eu daria dinheiro para preservar o passado?"

    i. Lidei com isso perguntando se realmente me encaixava na empresa, um lugar tão hostil ao mesmo passado que proporcionou a Boone os séculos de retornos que lhe possibilitam estar onde ele está hoje.

d. <u>Ameaça de estereótipo</u>: eu e Boone estávamos em uma reunião, olhando o Instagram. Não lembro por quê, já que eu raramente usava o aplicativo, mas pedi para segui-lo. Ele aceitou, mas não me seguiu. Ele riu. "Carrie", disse, ainda rindo. "Você *precisa* mudar seu nome de usuário." Eu quis saber o motivo, me perguntando se tinha postado sem querer algo que não fosse profissionalmente adequado, mas não: minha conta não tinha nenhum post do meu rosto ou corpo. Boone me olhou. "Fica parecendo que você..." "O quê? Pode dizer. Eu quero saber." Boone olhou para a esquerda e para a direita. Ele olhou

bem para mim. "Trabalha em um serviço de acompanhantes."
Mantive a compostura e dei uma explicação racional. Disse
que era uma alusão a uma entrevista de que eu gostara muito
publicada na seção "Arte da Ficção" da *Paris Review*; que a
palavra "mandarim" não se referia a mim, mas a um tipo de
prosa formal e complexa; que era uma referência à pressão para
me conformar a regras rígidas das quais eu queria escapar; e
que, como a Carbon naquele ano, depois da saída de Neil, eu
estava tentando voltar ao básico fazendo bem as coisas simples
— como me expressar. "Não interessa", disse ele. "Pode até ter
sido a sua intenção, mas não é o que as pessoas vão pensar."

i. Lidei com isso mudando meu nome de usuário, ciente
do peso extra imposto às mulheres asiáticas para se conformarem ou não aos estereótipos.

e. <u>Desperdício</u>: os banheiros da Carbon são equipados com
descarga automática. Houve problemas com pessoas (homens
do front office) deixando líquidos e sólidos para trás. Por isso,
a Carbon contratou uma mulher só para limpar os banheiros
após cada uso. A mulher passava o dia inteiro no banheiro
unissex. Eu sorria para ela sempre que a via. Às vezes chegávamos ao escritório ao mesmo tempo, subíamos juntas no
elevador e eu reparava em seu salto alto, as luzes no cabelo, a
bolsa extragrande e o celular sempre conectado aos fones de
ouvido brancos. Um dia, me ocorreu que eu não fazia ideia
do seu nome — ela não estava na lista de contatos internos
da Carbon — e perguntei ao nosso gerente de manutenção,
Luis. Passei a cumprimentá-la pelo nome até que, depois de
mais ou menos uma semana sem vê-la, o esqueci. Perguntei de
novo. E esqueci de novo. Fiquei com vergonha de perguntar

QUARTO TRIMESTRE

uma terceira vez a Luis, então perguntei a alguns colegas do trabalho e descobri que ninguém sabia.

i. Lidei com isso dando duas descargas e limpando o assento; como eu era responsável pelos brindes corporativos para os funcionários, garanti que ela, uma colaboradora externa, fosse incluída na lista de feriados sazonais; e fiquei frustrada com os homens da Carbon que não lidavam com a própria merda.

f. <u>Percepção</u>: era Sloane quem organizava festas de fim de ano, retiros, Almoços da Equipe e outros eventos. Quando ela saiu, Boone disse às assistentes que dividiria o trabalho de Sloane entre nós e pediu que cada uma enviasse suas preferências em ordem de prioridade por e-mail. Eu e ele contaríamos os votos. Repetiríamos o processo todos os anos para que as responsabilidades fossem rotativas. A ideia era eliminar monopólios. Ele achou que veríamos isso como uma espécie de promoção, como se a Carbon estivesse nos fazendo um favor ao dar a oportunidade de nos envolvermos mais. Nós víamos isso como responsabilidades adicionais que ninguém tinha tempo de fazer. Como Sloane costumava ter prioridade em tudo — e era essa hierarquia que Boone estava tentando eliminar —, eu não queria ser vista como alguém que recebia tratamento especial. Cada assistente ficou com sua primeira ou segunda escolha (as responsabilidades que consumiam menos tempo foram as primeiras), enquanto eu fiquei com o que sobrou. "No ano que vem", disse ele, "vou dar um jeito de você ficar com a sua primeira escolha."

i. Lidei com isso com gratidão pois a responsabilidade que tinha sobrado era a minha primeira escolha de verdade

— a festa do 15º aniversário da Carbon, em março do próximo ano —, um evento que me mostrava que Boone se importava com histórias selecionadas, e compreendi que a Carbon de fato só se importava com performance.

6. O que eu posso melhorar e o que a empresa pode fazer para ajudar
   a. Eu costumava ser muito boa em ignorar quando Boone dizia algo inadequado, rude ou até maldoso. O que eu posso melhorar — preciso melhorar — se quiser ter sucesso na Carbon é me conformar. Colocar a equipe acima de tudo. Mergulhar de cabeça. Acreditar e confiar que ele sabe o que é o melhor para mim e para a empresa. Mas não tenho mais certeza se esta última afirmação é verdadeira.
      i. A empresa poderia dar às assistentes/mulheres os mesmos recursos que dá sem pensar duas vezes à equipe de investimento/homens.

7. Metas da autoavaliação do ano passado
   a. Atingi todas, segundo o feedback constante e instantâneo de Boone.

8. Metas para o próximo ano
   a. Parar de priorizar o trabalho em detrimento da minha saúde mental e física.
   b. Me posicionar mais, especialmente para Boone, mesmo se não for o que ele quer ouvir.

9. Como melhorar como equipe/empresa
   a. Fazer reuniões com as assistentes para que possamos organizar nosso trabalho.

QUARTO TRIMESTRE

Fiquei um bom tempo olhando para o cursor pulsante no monitor; parte de mim fantasiava sobre digitar esta lista dos verdadeiros desafios do meu trabalho e como eu lidava com eles, enquanto outra parte pensava que, mesmo no espaço privado de uma página em branco, mesmo sabendo que tinha o poder de digitar e deletar, escrever e revisar, eu — ainda — não me sentia livre para dizer o que queria. Não consegui reunir coragem para submeter uma autoavaliação mais sincera nem a determinação necessária para sequer pressionar aquelas teclas. Lembro-me de olhar para o documento e sonhar com a liberdade de dizer o que realmente pensava e sentia.

Lembro-me de me perguntar repetidamente: *Qual é o meu problema? O que há de errado comigo?*

Lembro-me de tentar responder a essa pergunta e de ser transportada ao início dos anos 1990, quando minha mãe ganhava 6 dólares por hora trabalhando como babá para um casal — ele, americano; ela, suíça — que, na época, tinha dois filhos, o mais velho da minha idade. Minha mãe me levava para brincar com eles; eu adorava. Ela era um doce no trabalho. Quando os meninos subiam em uma árvore e caíam ou corriam, tropeçavam e ralavam os joelhos, minha mãe corria até eles e perguntava se eles tinham se machucado. Em casa, se eu cortasse o dedo, escorregasse, tropeçasse ou me machucasse, recebia uma surra verbal. "*Nǐ zěnme zhème bèn?*", ela gritava, a frase que eu ouvia com mais frequência. "Como você pode ser tão burra?" Ela lavava minhas roupas ou fazia um curativo no machucado enquanto resmungava sobre minha burrice.

Depois de um dia divertido jogando *Super Mario Bros. 3* com os meninos quando eu tinha uns 6 ou 7 anos, perguntei a ela:

— Mamãe, por que você gosta mais do Andrew e do Brett do que de mim?

Eu ainda não conhecia o conceito de autocensura.

— *Nǐ zěnme néng shuō zhème nántīng dehuà?* — ela disse. "Como você pode dizer uma coisa tão feia?"

Ela me disse que eu estava errada. Ela gostava de mim, não deles; como eu podia não saber disso? Eu também não sabia nada sobre perguntas retóricas e respondi:

— Porque parece que você é mais legal com eles do que comigo.

Não. Minhas emoções estavam erradas. Muito erradas. Meus pensamentos também estavam errados. Como eu podia ser tão burra?

— *Nǐ luójí dào guòláile* — ela disse. "A sua lógica está toda torta." Nós éramos chineses. E as famílias chinesas eram assim.

Quando eu estava no ensino fundamental, o orientador de doutorado do meu pai, um alegre ítalo-americano que crescera em Milwaukee e que eu chamava de tio Palermo, disse aos meus pais que eu parecia ser uma criança fria, porque não sorria, não ria, não gritava nem chorava. Minha mãe e meu pai me culpavam pela minha frieza e me perguntavam por que eu era tão estranha, por que eu "*zǒng shì gēn biérén bù yàng?*". Àquela altura, eu já sabia o que eram perguntas retóricas e não respondi por que "nem sempre era como as outras pessoas". Mais ou menos na mesma época, lembro-me de morrer de tédio toda vez que viajávamos ao lago Lansing ou ao rio Grand. Eles passavam o tempo pescando para cozinhar peixe no vapor com gengibre, cebolinha e molho de soja; eu passava o tempo olhando para as minhas pernas — eu era um ímã de mosquitos. Ficava sentada em um banco observando cada picada e a sensação de coceira na pele. Inventei um jogo: tentar fazer a coceira passar só com a força do pensamento. Consegui na primeira tentativa. Era muito fácil para mim ignorar meu corpo, passar um anestésico mental em qualquer coisa que me causasse sofrimento.

Dos 9 aos 13 anos, mais ou menos, tentei esporadicamente voltar a acessar minhas emoções. Anotava-as em um diário turquesa, depois em um caderno preto cuja capa era ilustrada com a Ponte dos Suspiros, em Oxford, Inglaterra. Foram esses diários, enterrados em uma gaveta, que desconfio que minha mãe encontrou. A última entrada do primeiro dizia: "Eu adoro a mamãe e o papai". No segundo, em cuja contracapa escrevi três frases com canetas rosa e dourada — "Por quê?"; "Qual é o sentido de existir??"; "É difícil demais viver" —, a entrada mais longa falava sobre minhas oito noites internada na UTI devido a uma pneumonia. Outra entrada dizia: "Mamãe vive reclamando que sou uma desocupada e que joguei as férias no lixo porque não estudei. Às vezes fico tão cansada de estudar que acho que um dia vou ter um treco". E outra: "Pensei em me matar muitas vezes nos últimos anos. Para acabar não só com a minha dor, mas com a dos outros também". Para acabar com a dor de ser o alvo de uma negatividade incessante que beira a aniquilação.

Se eu sorrisse muito, desse muita risada, minha alegria era seguida de um grito: "Por que você está tão feliz? Você é muito esquisita". Ou: "Se você for feliz demais, vai atrair inimigos".

Se eu ficasse quieta demais ou vertesse uma lágrima que fosse, minha introspecção e tristeza eram alvo de risadas: "Você é uma covarde. Você não serve para nada". Ou: "Se você for sensível demais, as pessoas vão tirar vantagem de você".

Eu não respondia.

Se eu vivesse apenas para estudar, sem expressar qualquer opinião ou emoção, talvez minha mãe me deixasse em paz.

No último ano do ensino médio, li *O conto da aia* no curso de literatura inglesa. Não tive a mesma reação (na verdade, nenhuma reação) dos meus colegas de classe à história de Offred. Achei que estivesse morta por dentro, que minhas bases morais estivessem podres. A personagem principal tinha uma vida boa sob um regime totalitário. Ela estava viva. As regras eram claras. Qual era o problema de segui-las? Onde estava o drama?

No último ano do ensino médio, durante um piquenique em comemoração ao Ano Novo Lunar, a mãe de um colega da escola chinesa dominical me contou que tudo o que meus pais faziam quando eu não estava por perto era falar o quão boa filha eu era e o quanto eles se orgulhavam de mim por ter entrado no MIT.

— Não acredito! — exclamei e corri para o banheiro.

Olhei para mim mesma no espelho, me vi incapaz de aceitar aquela informação tão distante do meu conjunto de experiências vividas. Foi a primeira vez na vida que pensei na possibilidade de meus pais não me acharem um fracasso.

Minha mãe se lembra do momento exato em que, segundo ela, me tornei uma completa estranha para ela.

Eu tinha 28 anos. Estávamos em Chicago, em uma viagem de mãe e filha. Com dúvidas em relação a Josh, eu tinha acabado de terminar nosso (primeiro) noivado. Um amigo dele, da Stanford, havia me convidado para sair. Eu simpatizava com esse amigo; no encontro, conversamos sobre Alain de Botton, Rachmaninoff. Contei à minha mãe que estava saindo com outro homem.

— *Nǐ zěnme néng shì nàme yàng de nǚrén?* — ela esbravejou.

"Como você pode ser esse tipo de mulher?" (Não foi a primeira vez que ela me disse algo do tipo. Quando tinha uns 20 e poucos anos, eu lhe mandava fotos da minha vida em Boston e ela me chamava de *jìnǚ*. "Prostituta". Porque eu usava regata e sombra preta.)

— Pare com isso! — comecei a berrar sem parar, respondendo pela primeira vez. — Por que você me trata tão mal?

Minha mãe me mandou parar de gritar. Falando em uma mistura de línguas, ela disse com a mesma tranquilidade de sempre:

— *Nǐ néng bùnéng* gentil. Seja mais gentil *duì nǐ mā*. — Então, em mandarim, ela acrescentou: — Minha filha morreu para mim. Você não é mais minha filha. Eu também não sou mais sua mãe e *nunca mais serei*.

Mas eu já não me deixava afetar pelas palavras dela.

Embora tenha uma cópia das duas páginas da autoavaliação que de fato digitei e submeti, não tenho nenhuma lembrança da avaliação em si. Minha mente estava esgotada, em um estado perpétuo de distração, pulando de uma tarefa para outra. Boone preferia telefonemas a e-mails;

acontecia muito de eu estar ao telefone com alguém, com outra pessoa em espera, e Jay passar pela minha mesa e perguntar se Boone estava livre. Eu olhava a agenda de Boone e, torcendo para não ser ouvida pela pessoa do outro lado da linha, sussurrava um horário para ele. Forças de cima, de baixo, internas e externas competiam constantemente pela minha atenção, e eu passava cada segundo do meu tempo reagindo ao mundo, como se um vírus tivesse infectado meu celular e alterado todas as configurações para permitir que as notificações piscassem/vibrassem/soassem o tempo inteiro. Se, como Boone acreditava, a maneira como você passa seus dias é um reflexo da maneira como vive a vida, eu definitivamente não tinha controle algum sobre a minha. Boone não apenas influenciava os meus dias, ele os dominava. Eu jamais poderia priorizar minhas necessidades às dele, a menos que ele permitisse, decidindo se e quando isso aconteceria. Como na vez que me deu ingressos para o US Open; como choveu e a partida foi remarcada para o horário comercial, não pude ir, porque tinha uma tarefa urgente; quando Boone me viu digitando furiosamente em meu cubículo, ligou para o meu ramal e, antes que eu dissesse "Oi, Boone", falou "Vá para o jogo. Agora". (Peguei os minutos finais da derrota por virada de Serena Williams.) Eu estava sofrendo de fadiga por urgência. Eu era a raposa que permitia que Boone fosse o ouriço; eu lidava com as interrupções para que ele se mantivesse no fluxo, trabalhando em sua capacidade máxima. Como ninguém ousava interromper Boone, todos interrompiam a mim. Eu carregava o fardo e o desprazer de nunca ser a causa, de nunca ser a finalidade de uma ação. O trabalho era uma série de parênteses em uma frase que nunca atingiria seu ponto-final.

Tenho duas outras folhas nas quais Boone digitou a minha avaliação de desempenho, na fonte Calibri. "Excelente postura no trabalho. Demonstra gratidão. Bom senso de humor, sorri muito. Aceita bem o feedback."

Os aspectos positivos ocupavam a maior parte da primeira página. Os pontos negativos que ele listou: "Altos padrões o tempo todo. Não consegue se desprender de tarefas menores". As metas para o próximo ano eram: "Comunicar-se rapidamente", "Continuar aumentando a proatividade" e "Aceitar bem o feedback — ele só existe para podermos melhorar".

Tenho um poço aparentemente inesgotável de memórias semânticas de coisas que Boone me disse — fatos embaralhados e desvinculados do tempo e do espaço, já que, como Parmita notou, minhas avaliações eram "superficiais" porque eu "recebia feedback 24 horas por dia, sete dias por semana". Ele me disse que meus padrões talvez estivessem caindo. (Não muito tempo atrás, ele havia passado metade de um Almoço da Equipe explicando o único padrão da empresa: excepcional.) Ele me explicou que era mais rigoroso comigo porque queria que eu tivesse sucesso. Ele me disse para ficar de olho em oportunidades de ajudar os outros. Falou para ser legal, ser mais legal com todos, sempre seguir o caminho mais nobre e não ruminar as coisas. Seja simpática, seja gentil. Mantenha a calma e siga em frente, sempre em frente. Também me disse:

— Seu calcanhar de aquiles é que você confia demais nas pessoas. Você é uma eterna otimista e acha que as pessoas são boas por natureza.

Conversei com Parmita no Gchat logo após minha avaliação de fim de ano, que levou exatamente 54 minutos:

> **EU**: ele disse, tipo, "eu não pego leve com você"
> **EU**: ele disse "porque eu sei que você aguenta"
> **EU**: "eu gosto de trabalhar com você, o que é muito raro"
> **EU**: "você, nós, estamos tentando vencer uma maratona, não uma corrida de 100 metros"

QUARTO TRIMESTRE

EU: "a carbon tem poucas posições de influência e você ocupa uma delas"

EU: "quero que você fique muito tempo com a gente e faça coisas de que gosta"

EU: só que a minha questão não é essa

EU: eu fico pensando. será que eu *me* vejo trabalhando aqui por muito tempo?

Como eu iria trabalhar em coisas de que gostava se não tinha ajuda com tarefas como relatórios de despesas? Ele queria que eu desse antes de receber, que eu fosse gentil, ajudasse as pessoas, mas quem me ajudava?

No dia seguinte, fiz uma avaliação com Gabe. Não me lembro do que conversamos. Tenho conversas registradas no Gchat em que Gabe me dava uma "excelente avaliação"; pelo jeito, ele e Boone adoravam a minha "capacidade de fazer pesquisas e ajudar em tudo". Gabe mencionava que a única preocupação de Boone era que eu ficasse entediada e saísse da empresa. Pensando agora, lembro-me de várias coisas: lembro-me de pensar que o meu problema não era tédio. Lembro-me de ficar ansiosa porque o prazo de dezoito meses de Boone estava quase acabando. Eu tinha apenas mais dois meses e, se não desse certo, não seria pela razão que eu lhe dissera quando fora contratada. Lembro-me de uma reunião recente na qual Boone disse:

— Dá para ver que você é um ser que gosta de aprender.

E eu pensei: *Sim, você tem razão*. E, para um ser sobreviver, ele precisa estar sob uma camada de ozônio e à distância certa da estrela no centro do sistema.

* * *

Quatro dias depois, Boone, e não Jay, me chamou à sala Townsend. Ele me entregou uma folha de papel.

— E também tem o presente — ele disse —, se você se lembra...

— Lembro, claro.

— E isso com os impostos já descontados...

— Sim, eu sei. Obrigada.

Como eu poderia esquecer o presente? Val e outras assistentes haviam me dito que pretendiam pedir a Jay que lhes permitisse investir nos fundos.

— Você está indo muito bem. Vamos lhe dar um aumento, queremos colocá-la no mesmo patamar que as assistentes mais bem pagas daqui.

Ah, Lena. Lena, que eu ouvia conversando baixinho ao telefone com sua melhor amiga de Iowa por horas a fio toda semana. Eu sorri e disse:

— Muito, muito obrigada.

— É um grande aumento.

Ele fez as contas, falou o delta.

Será que eu não estava demonstrando gratidão suficiente? Val, Parmita, Penelope — todas me diziam que eu tinha o melhor emprego, o trabalho mais legal, o melhor chefe do mundo. Jen me contara que havia passado anos procurando, estudando milhares de currículos, para encontrar, em suas palavras, "a pessoa certa": eu. Eu fui a escolhida. Eu deveria ser mais grata. Acenei com mais energia e entusiasmo, apesar de no fundo me sentir culpada, com a mente nublada e a alma vazia. Fui pobre e, depois, de classe média. Minha culpa vinha de não querer coisas que alguém com as minhas origens deveria querer.

— É — ele concordou —, foi um *grande* aumento.

Meu novo salário se aproximava do que eu ganhava como analista na Fidelity. Isso cutucou minha ferida. Boone me disse que a cultura da Carbon remetia muito mais a uma startup do que a um hedge fund: enxuta, horizontal, empreendedora. Todo mundo fazia um pouco de tudo.

Mas muitas startups atraíam talentos — o tipo de talento que se dispõe a trabalhar o dia inteiro, todos os dias, em cargos complexos para ajudar a concretizar uma missão — em troca de participação acionária. Em outras palavras: todos os funcionários compartilhavam o sucesso da empresa detendo ações ou opção de ações. Todos os funcionários, não apenas os sócios, compartilhavam as vitórias e sentiam-se donos da empresa, já que o acesso aos ganhos era transparente, combinado e — o que é fundamental, na minha opinião — geométrico. Era multiplicativo. E, com o tempo, composto. Em outras palavras: quando os lucros e a avaliação da empresa aumentavam, a parcela dos lucros do CEO aumentava mais ou menos na mesma proporção que a do zelador. A remuneração de todos não era um mero jogo de adivinhar a generosidade do chefe ao fim de cada ano.

Meu bônus parecia aleatório.

— É complicado — Boone tinha dito em nossa última conversa sobre remuneração. — São muitos fatores em jogo.

Boone queria que eu fosse responsável pelas minhas decisões e pelos produtos do meu trabalho. Ele queria que eu agisse e me sentisse como sócia da empresa. Assumisse a culpa. Assumisse a responsabilidade. *Sentisse o baque na pele.* Mas ele controlava as taxas. Ele me pagava do próprio bolso. Ele me pagava o que achava que eu valia, mas — considerando que eu fazia o trabalho de pelo menos cinco pessoas: assistente executiva, assistente pessoal, assistente de pesquisa, gerente de projeto e consultora de comunicação —, eu achava pouco. Boone tinha machucado feio o dedo e quebrado alguns ossos do corpo e ia trabalhar mesmo com dor. Mas por que *eu* deveria ir trabalhar mesmo com dor? Qual era o sentido de trabalhar como ele sabendo que eu nunca seria paga como ele?

Não fui à festa de fim de ano de Martin. Também não queria ir à nossa, não tinha mais energia. Mas, como era eu que a estava organizando, não tive escolha.

A festa foi realizada em um restaurante no Flatiron Building com toalhas de mesa xadrez e um menu inspirado na Costa Oeste que beirava o aventuresco: fígado de frango, ovas de truta, carne crua, pescoço de cordeiro. Alguns meses antes, quando Matt estava pesquisando restaurantes, ele e eu pensamos que, antes de Boone decidir investir ou não na Chipotle, seria interessante que provasse o produto. Um dia, na hora do almoço, Matt e eu fomos à biblioteca e entregamos um burrito para Boone, que deu um pulo, empurrou a cadeira para trás e, com as mãos no ar, perguntou:

— O que é isso?

Horas depois, quando ele terminou de ler e voltou à sua sala, fui arrumar a biblioteca. Ele não havia tocado em uma lasca de queijo. Na hora de escolher a comida da festa, apresentei a Boone um menu de itens como "salada de *kale*", "salada de folhas" e "bacalhau assado", que ele aprovou.

Depois do risoto de *funghi* e do *rigatoni* à bolonhesa, Boone se levantou para fazer o discurso que eu havia escrito para ele. Eu sabia que estava ansioso (apesar de ele nunca admitir). O fundo principal terminaria o ano com alta de apenas um dígito. O desempenho era bom, muito bom, principalmente considerando que, naquele ano, os mercados ficaram estagnados: o retorno total do S&P 500 fora de cerca de 1%; o índice MSCI World apresentara queda de quase 1%; o retorno ponderado sobre ativos do setor de hedge funds ficara perto de zero. Já os lucros corporativos do S&P 500 caíram por dois trimestres consecutivos em comparação ao mesmo período do ano anterior. O petróleo despencara, a China despencara; o mercado estava tenso.

Como seria de esperar, Boone demonstrou zero ansiedade em seu discurso. Ele se levantou, passou a apresentação de PowerPoint que eu havia feito com a retrospectiva anual da Carbon (principalmente as fotos tiradas por fotógrafos profissionais no retiro e no outro evento externo), fez algumas piadas (uma delas sobre como o cabelo de um analista lembrava o de um integrante de uma *boy band* dos anos 1990) e reuniu todo o otimismo que lhe restava para nos agradecer por nosso trabalho duro. Ele nos disse para nos divertirmos no ano que vem.

Na hora do almoço do dia seguinte à festa, uma sexta-feira, mandei um pedido de socorro a Parmita no Gchat. Eu disse que estava "prestes a entrar em colapso". Que queria "pedir a demissão hoje mesmo". Que estava "tão exausta que nem sei mais o que sentir ou pensar".
Parmita me convenceu a não tomar "nenhuma decisão maluca". Ela também estava passando por problemas no trabalho. Depois que concluíra seu estudo de caso na rodada final do processo seletivo de um dos maiores hedge funds do mundo (ela estava sendo entrevistada para uma função de desenvolvimento de negócios), a empresa entrara em contato com algumas de suas referências no feriado do Dia de Ação de Graças. Um dos contatos se dera perto da meia-noite. Em seguida, eles ligaram para sua empresa atual, a Insight, e para outras empresas nas quais ela trabalhara a fim de pedir referências, o que a forçou a pedir demissão porque a Insight não sabia que ela estava procurando emprego. Das cerca de dez referências, todas foram positivas, tirando duas, ambas de homens: um disse que ela era uma "millennial mimada", outro, que era "agressiva demais". Ela acabou não sendo contratada. Apesar de estar vivendo uma fase bem estressante, Parmita se fez presente para mim, embora eu houvesse me retraído, me afastado.
Eu costumava falar com Yuna algumas vezes por semana. Em dezembro, conversei com ela apenas uma vez, pelo Gchat, no dia em que ela se tornou cidadã americana depois de trinta anos nos Estados Unidos. Ela disse que sua vida estava uma "loucura, muito estressante".
Eu não costumava beber. Só bebia socialmente e, mesmo assim, muito pouco. Mas, desde outubro, chegava em casa quase todos os dias com vontade de beber. Tomei Ritalina várias vezes. Ecstasy, uma vez.

Lá pelas sete da noite, Parmita chegou na minha casa para uma sessão de "vinhos + queijos + seu sofá".

— Estou exausta — falei, pegando o brownie que Parmita havia trazido, além de uma grande seleção de queijos artesanais da Beecher's. — Estou até o pescoço de trabalho. Boone diz para todo mundo "Pode deixar que a Carrie cuida disso" ou "A Carrie cuida daquilo". Ele tem uma equipe de analistas e mesmo assim me pede para fazer uma lista de perguntas para reuniões ou pesquisas preliminares. Quero dizer, eu adoro fazer essas coisas. Mas é demais. Para lá de demais. E não posso recusar. Meu desempenho é julgado pela minha disposição de dizer *sim* para tudo.

— Pelo que estou vendo — Parmita disse enquanto pegava um pedaço gigante de pão —, ele está *destruindo* você. Ele está sugando todo o seu sangue. Quando foi a última vez que você tocou piano? Ou escreveu?

Enquanto ela tentava me consolar, minha mente repassava as razões que me levavam a continuar naquele emprego: eu não precisava me preocupar com dinheiro; não precisava me preocupar em controlar os gastos; tinha acesso à rede de contatos e à influência da Carbon; a combinação da minha formação acadêmica com o meu currículo profissional me dava o benefício da dúvida em muitas situações. E, acima de tudo, eu dera a minha palavra a Boone.

— Tudo bem — eu disse. — Em janeiro vou ter uma conversa com ele sobre a minha carga de trabalho.

Boone e eu trocamos presentes na sala dele. Olhei em direção ao parque e, como não havia neve para refletir o luar, vi apenas uma grande escuridão. Eu não esperava nada do futuro.

— Então — comecei —, toda semana você me pergunta "Quais são os melhores lugares para surfar neste fim de semana?", não é?

Ele assentiu enquanto desembrulhava uma pequena caixa com um papel dentro.

— E nós sempre passamos horas pesquisando no Magicseaweed e perdemos um tempão clicando em cada local para acessar as informações, certo? Então, criei um site para você. Por enquanto, é só um endereço. — Ele girou a cadeira e digitou a URL no computador. — Ainda não está no ar. Mas o presente é que, no meu tempo livre, vou construir um site personalizado que vai poupar seu tempo.

Era para economizar tempo, o dele, o meu; mas também para automatizar o monitoramento do clima, as variações, para ele pegar as melhores ondas. Expliquei o produto: você digita o código postal de onde está e quantas horas está disposto a viajar. Usando APIs de vários agregadores de relatórios de surfe, o site mostrará uma lista (com base nas suas preferências) dos melhores locais de surfe nos próximos sete dias. Parecia muito trabalhoso, e era mesmo. Eu já havia contratado e pago um desenvolvedor na Índia para trabalhar no site, mas, depois de várias conversas pelo Skype e sessões compartilhando minha área de trabalho para explicar o que eu queria, problemas de idioma acabaram por fazê-lo criar um site com uma funcionalidade totalmente diferente. Decidi que seria muito mais simples se eu fizesse tudo sozinha.

Boone sorriu e disse:

— Incrível! — Ele me entregou uma sacola de presente. — Vá em frente. Pode abrir.

Tirei uma bolsa preta de couro de jacaré.

— Elisabeth adora essa designer — ele explicou. — Alexandra...

Achei que ele tivesse dito "Alexander", então falei:

— Wang?

— Não. — Pausa. — Knight.

Abri uma caixa da Barneys. Leggings de couro da The Row. Soube na hora que precisaria devolvê-las porque tinha engordado dois tamanhos e não usava mais calças. Depois da segunda lesão do ano enquanto corria, que coincidiu com o período de *nada que não seja crítico para a missão*, desisti de cuidar do meu corpo. Quase todos os dias, eu pedia um sundae da Sprinkles: uma grande bola de sorvete entre duas metades de cupcake, com cobertura de chantili e farelo de brownie de chocolate. Às vezes, pedia um cupcake extra. Muitas vezes, sentia repulsa; é verdade que sempre batia a euforia do açúcar, mas eu sentia uma emoção muito mais profunda que não conseguia nomear, expressar nem situar no meu ser corpóreo enquanto olhava ao meu redor e via um mar de sucos detox e saladas com claras de ovo cozidas. Não me passava despercebido que o serviço de entrega Postmates era uma empresa na qual a Carbon investia e que a equipe da cozinha da Carbon entregava os agrados na minha mesa. A Carbon era responsável pelo meu *burnout*, mas também providenciava minha automedicação sob demanda.

Coloquei as leggings de 2 mil dólares de volta na sacola. Voltei a agradecer e, sorrindo, disse:

— A propósito, meu namorado gostou muito de conhecer você.

Eu tinha começado a sair com um homem bem diferente das minhas preferências habituais: loiro, simpático e que me encorajava a comer mais do que eu normalmente comeria. Tínhamos sido apresentados por amigos em comum.

Boone riu.

— Seu namorado tem o segundo aperto de mão mais fraco que já vi na vida. — Ele voltou a rir e acrescentou: — Ele só perde para o... — e disse o nome de um colega.

Quando cheguei em casa naquela noite, li o cartão de Boone. Palavras. Uma carinha sorridente. Um voucher de dez massagens em casa ou sessões particulares de ioga ou fitness (minha escolha). Ele me agradeceu — duas vezes — por "todo o empenho".

Alguns meses antes, em setembro, quando me mudara para o apartamento no Flatiron, Boone mandara uma cesta gourmet (que ocupou o balcão inteiro da cozinha) acompanhada de belas e exóticas orquídeas brancas (que tinham 1 metro de altura). Coloquei as orquídeas no parapeito de uma janela com luz solar indireta, ao lado de um terrário de musgos e suculentas que Jen e Maya haviam me dado. Decidida a manter os organismos vivos, configurei um lembrete semanal no celular para colocar alguns cubos de gelo no vaso. Todos os dias, eu chegava do trabalho me perguntando se aquele seria o dia em que os caules quebrariam: as plantas se empenhavam tanto para produzir as flores que os caules ficavam vulneráveis ao peso da floração. Os caules nunca quebraram. Mas, em algum momento antes do fim do ano, as plantas morreram. Algo no ambiente era inóspito à vida.

Primeiro trimestre

A China começou o ano novo com uma queda brusca na economia. Quedas nos índices de Xangai e Shenzhen acionaram os *circuit breakers* que haviam sido estabelecidos quando as bolhas estouraram em meados do ano anterior devido a temores de uma desaceleração econômica, desvalorização da moeda e turbulência crescente no mercado criada por pequenos investidores. Nai Nai, minha avó por parte de pai, que se agarrava ao que era considerado o sonho chinês — ou a restauração da grandeza e do poder por meio da prosperidade de um povo, de uma nação —, fazia parte desse grupo de pequenos investidores. Nai Nai *adorava* o mercado de ações. Ela vivia apostando suas economias em uma ou outra ação, o que eu sempre via como algo especulativo, nada mais que um jogo de azar. Fiquei sabendo que ela ganhara uma grande aposta. Ela resgatou o dinheiro e quitou o financiamento da casa dos meus pais. Eu não sabia se atribuía esses eventos à sorte, à habilidade ou a algo como o destino; o que eu sabia era que valia a pena ficar de olho na China. O resto do mundo parecia ter chegado à mesma conclusão: depois das quedas de junho do ano anterior, os mercados globais tinham levado semanas para reagir. Agora, no primeiro dia de negociação do ano, uma venda em massa no mercado de ações chinês desencadeou um efeito dominó global de pânico, levando o S&P 500 e a Nasdaq a terem o pior início de ano desde 2001, e o Dow Jones, desde 2008.

O prêmio acumulado da Powerball, uma das mais populares loterias dos Estados Unidos, atingiu o recorde de mais de 1,5 bilhão de dólares. Fiz várias apostas para Boone. Chinês, americano... será que o sonho era o mesmo?

Às 9h27, meu pai me mandou mensagem pedindo para conversar. Seria feriado na segunda-feira, então eu e meu namorado estávamos visitando meus pais em Michigan. Mandei mensagem de volta para o meu pai: "Que tal conversarmos hoje no almoço". Meu pai respondeu: "Ótimo, apague esta mensagem do seu celular depois de ler". Não me lembro sobre o que conversamos. Mas tenho mensagens que troquei logo depois com Parmita pelo Gchat:

> **EU**: ele começou dizendo
> **EU**: o dan é como um fantasma oco com uma máscara de ouro
> **EU**: ele é doente
> **EU**: é fraco
> **EU**: e tem uma genética ruim
> **PARMITA**: Caramba, desculpe, mas isso é tão chinês
> **PARMITA**: TÃO CHINÊS
> **EU**: ele passou, tipo, uns 15 min nisso
> **EU**: o filho de vocês vai ser fraco
> **EU**: ele é incapaz de ficar quieto
> **EU**: ele não se conforma

EU: você é tão inteligente. não consegue encontrar outro homem em Nova York?
EU: O DAN NÃO VAI TE FAZER FELIZ
EU: e eu dizendo, pai
EU: EU ODEIO O JOSH
EU: ELE NÃO ME FEZ FELIZ
EU: e ele ficou lá, pedindo uma explicação
EU: disse que eu não parecia feliz
EU: eu quase chorei
EU: meu pai tem boas intenções
EU: mas né
PARMITA: A propósito, nunca conte isso pro Dan
PARMITA: Ele não precisa saber
PARMITA: Olha, eu passei a minha vida INTEIRA doente
PARMITA: No dia em que fui diagnosticada com tumores no fígado
PARMITA: Era o último dia de inscrição para o estágio na Goldman
PARMITA: Meu pai me inscreveu POR TELEFONE enquanto eu estava internada no hospital
PARMITA: Tipo, todo mundo estava surtando e eu estava, tipo, gente
PARMITA: Se eu morrer, tudo bem
PARMITA: Mas se eu viver sem um estágio
PARMITA: Vai ser pior

Dan, que era um pouco mais novo que eu, não tinha nenhuma doença, pelo menos não que eu soubesse. Tínhamos mais ou menos o mesmo peso. Ele sempre carregava uma almofada para as costas e dormia com uma máscara para apneia do sono, a qual havia levado para Michigan. Meus pais devem ter entrado no meu quarto.

À tarde, mandei outra mensagem para Parmita:

EU: hoje
EU: foi um pesadelo
EU: não aguento mais o boone
EU: vou jogar tudo para o alto
EU: VOU LIGAR O BOTÃO DO F*DA-SE

Também não lembro o que aconteceu. Até então, Boone nunca havia gritado comigo. Seus conselhos e pedidos, que ficaram mais intensos, eram incessantes e desconexos, de modo que eu nunca conseguia estabelecer uma rotina nem automatizar nada para facilitar minha vida.

Um exemplo típico: uma das empresas de Boone iria divulgar seus resultados em breve. Em vista da queda dos mercados globais, analistas estavam revisando para baixo a projeção de vendas da principal fonte de receita da empresa. Boone estava preocupado com um ponto de dados — talvez um fornecedor advertindo a empresa de que as vendas estavam caindo — e, por volta das nove da manhã, me pediu para estudar meticulosamente os relatórios de analistas financeiros para sentir a *mudança* do humor do mercado. Para examinar um único ponto de dados, eu precisava ler não um, mas dois relatórios. Cada relatório tinha cerca de vinte páginas de texto denso e gráficos.

— Preciso disso até a abertura — falou Boone. — De preferência bem antes. E preciso que você seja categórica.

Eu tinha menos de trinta minutos para ler dezenas de relatórios de pesquisa e extrair e sintetizar dados que poderiam ou não impactar uma posição de 1 bilhão de dólares.

Depois do fechamento da Bolsa, a primeira das principais posições da Carbon divulgou os resultados. A Netflix, outra aposta bilionária da Carbon, cujas ações haviam caído cerca de 5% no acumulado do ano, superou as expectativas em termos de rendimento por ação e crescimento de assinantes globais. Os investidores estavam preocupados com a desaceleração do crescimento de assinantes nos Estados Unidos devido à alta penetração conquistada no país, mas acabaram ignorando essas preocupações e se concentrando na expansão da Netflix em 130 novos territórios, o que elevou as ações em 10% nas negociações pós-pregão.

Às dezessete horas, 17h17 e 17h28, minha mãe me mandou uma série de mensagens. "Meu coração está sangrando", ela começava. "A sua vida é a nossa vida... Somos unidos pelo destino. Seu pai está tentando te fazer ver a amargura da realidade insuportável e eu, como a sua mãe, quero que você entenda que o destino é inescapável e a realidade é inevitável." E continuava: "Dan nunca vai ser um bom homem para você... Tenho muito dó dele. Ele é fraco e é questão de tempo para ele cair doente". Ela concluía: "Perdoe a mãe... não deixe o Dan ler... Apague todas as minhas palavras depois de ler". Ela disse que me amava — *amor*, uma palavra que surgira em nossas mensagens logo depois que fui para a faculdade —, mandou três emojis de coração, mas a minha única vontade era renunciar para sempre a qualquer coisa minimamente relacionada com a China.

E também gritar, mas, como estava no trabalho, fui ao banheiro. Olhei para o celular, para o ícone do Instagram, pensei no meu antigo nome de usuário — mandarinescape — e ficou claro para mim que representava o quanto eu desejava escapar da minha etnia. Entrei no WeChat e, pensando que nem estava tão a fim de Dan, respondi com a maior tranquilidade possível: "Você pode ou não aceitar o Dan. Mas vou morar com ele".

No dia seguinte, a Netflix parou de subir. E passou o resto da semana em queda.

* * *

Às 9h49, dois dias depois da mensagem em que pedia para falar comigo, meu pai me mandou outra mensagem: "Você pode me ligar quando puder na sua hora do almoço hoje?".

Respondi: "Claro, está uma correria aqui, porque os mercados estão uma loucura, mas posso tentar ligar. Vou ter só cinco minutos no máximo".

Meu pai respondeu: "Pode ser amanhã ou algum outro dia".

Até um ou dois anos antes, eu não suportava que meus pais ficassem chateados comigo por um minuto que fosse. Se uma ligação terminasse com um clima pesado, eu fazia questão de ligar para pedir desculpa. Como quando eu era criança e minha mãe me levava ao shopping, e era eu quem andava atrás dela — eu quem corria atrás dela, não o contrário; nas poucas vezes em que a perdi de vista (na loja da Disney, no Castelo do Aladdin), eu é que fui ao balcão de informações e, na ponta dos pés, pedi aos adultos que chamassem minha mãe pelo sistema de alto-falantes. Não liguei para o meu pai.

Em janeiro, uma agência de notícias publicou um artigo com uma foto de Boone obtida dos arquivos da faculdade em que ele se formou. Nada do que era divulgado ao público era acidental — caso fosse, a situação logo era remediada. Em meados do ano passado, por exemplo, algumas assistentes me perguntaram: "Carrie! Você viu a foto do Boone no blog da *Goop*?". Não, eu não tinha visto. Elas me disseram que era uma foto dele sentado ao lado de Gwyneth Paltrow em uma festa nos Hamptons. Quando entrei no blog, a foto não estava mais lá.

Um ano depois, a mesma agência de notícias monopolizou o mercado de imagens recentes de Boone com a publicação de um artigo sobre como ele e outros investidores estavam se preparando para um temporal iminente. Boone comparecera a vários eventos em Nova York para apoiar Elisabeth, homenageada por seus anos de trabalho voluntário em um hospital renomado da cidade. O artigo continha uma foto dele de terno, sorrindo atrás da esposa.

Mensagem do meu pai, 9h22 do sábado: "Qual é o seu novo e-mail pessoal?". Uma nevasca, que acumulara quase 70 centímetro de neve no Central Park, caíra sobre a cidade e impedira as pessoas de sair de casa. Decidi não respondê-lo de imediato.

Menos de uma hora depois, ele me mandou um e-mail com o assunto "Sua vida e Amor" e um anexo intitulado Note2Carrie.docx. Em fonte Calibri tamanho 14, ele escreveu:

1) Ficamos muito chateados com a mensagem que você mandou no WeChat para a sua mãe.
2) Você já é uma mulher adulta, mas nós, como pais, temos a obrigação moral de compartilhar com você o que sabemos sobre a vida e o amor.
3) Você tem um QI de 140, mas seu QE é muito baixo. Você é muito ingênua a respeito do "amor". Nós só queríamos proteger você. Em troca, você abandonou seus pais pelo que acha que é "amor".
4) Em termos de valor familiar, o valor de uma pessoa é 100 dividido pelo número de pessoas que ela namorou, sendo que o valor familiar máximo é 100. Isso não tem nada a ver com a cultura chinesa; é um valor universal da humanidade civilizada. Tudo bem ver *Sex and the City* para se divertir. Mas é um lixo em termos de valor familiar e você norteia a sua vida por isso. Parece que esse tipo de coisa envenenou a sua alma. Inacreditável!
5) Fiquei chocado ao saber que Dan está se esforçando muito para te fazer feliz. O amor verdadeiro vem do fundo do coração, é natural. Não requer esforço. Eu e sua mãe estamos felizes o tempo todo. Não precisamos do esforço um do outro para sermos felizes.

Se um dos dois tiver que se esforçar, mais cedo ou mais tarde vai cansar e parar de tentar. Não há definição para a felicidade. Como alcançar uma coisa que não tem definição?

6) A lógica da vida é a seguinte: se você não tiver qualquer ambição, será feliz o tempo todo. Se você tiver alguma ambição, será feliz, mas não muito. Se você tiver muitas ambições e esperar que os outros lhe tragam felicidade, sua vida vai ser um inferno. Em chinês: ZhiZu ChangLe, a felicidade vem da satisfação. Wong, Mark, Ruth, Palermo e Beth acreditam ou acreditaram que precisamos nos esforçar para ajudar os desafortunados. Foi por isso que conseguimos vir aos Estados Unidos. Ninguém pode ser feliz se for incapaz de fazer a própria felicidade. Se você não estiver feliz e se esperar que essa felicidade venha dos outros, a sua vida será um inferno.

7) Ninguém duvida que o Dan está tentando te fazer feliz. Mas por quanto tempo é possível fazer isso? Um ano, cinco anos ou dez anos? Nós sabemos que ele quer tentar. Mas ele tem saúde para isso? Steve Jobs queria viver e tentou continuar vivo. E o que aconteceu? Não basta querer. É preciso ter capacidade física. Pense no que vai acontecer: a saúde de Dan vai piorar rapidamente, em apenas alguns anos ele vai estar de cama e você vai ter que cuidar dele. É uma probabilidade de 90%. É uma aposta arriscada demais.

8) Em conclusão: o Dan vai destruir a sua carreira e a sua vida, mesmo sem querer. Essa decisão vai definir todo o resto da sua vida. Deus é a sua mente, e os seus pensamentos definem quem você é. Você controla a sua vida.

9) Acima de tudo, não podemos ser felizes se você escolher esse homem que vai destruir a sua vida. Como poderíamos?

10) Resumindo, a maior felicidade da vida é ver os filhos crescendo saudáveis e felizes. Essa é a essência da vida. Uma vida feliz é uma vida normal. Uma vida normal é uma vida sem preocupações.

PRIMEIRO TRIMESTRE

Uma vida com preocupações não é uma vida feliz. Despender muito esforço para buscar a felicidade na vida acabará sendo um esforço em vão (veja abaixo).

Meu pai terminava a mensagem com um *koan*. Senti uma pressão no peito, um fogo cresceu dentro de mim — não, eu não queria ser normal. Virei o celular com a tela para baixo e peguei a garrafa d'água da Carbon.

Tentei apagar o e-mail da minha cabeça, mas não consegui. Não me lembro de ter feito teste de QI, mas tenho a vaga lembrança de, quando tinha uns 6 anos, ouvir minha mãe e meu pai decidindo se deveriam me contar os resultados. (Meu pai achava que não, pois não queria que isso me subisse à cabeça; a vontade dele prevaleceu.) Também fazia sentido eu ter 6 anos na época, porque tenho a vaga lembrança dos meus pais discutindo se me passariam da primeira para a quinta série. (Minha mãe era contra, pois queria que eu desenvolvesse minha inteligência socioemocional; ela venceu a discussão.) Contudo, o destino de fato é inescapável e já nascemos com ele: saí do útero da minha mãe prematuramente, semanas antes. Passei pelo ensino médio às pressas; terminei os currículos de matemática e física no segundo ano e fui fazer aulas de ciências na Universidade Estadual de Michigan, contando os segundos para entrar na faculdade como graduanda.

Meu pai não estava errado sobre a minha inteligência emocional. Eu tinha um alto QE no que dizia respeito aos outros — observar os desejos, as necessidades e os sentimentos alheios e descobrir como deveria agir para obter um bom resultado; eu era recompensada na Carbon por essas habilidades. Mas a outra parte do meu QE, aquela direcionada a observar e conhecer a mim mesma, era pior do que "muito baixa". Era inexistente.

Para ter consciência e controle das próprias emoções, é preciso ter um eu, um eu para ter um ponto de vista, um eu que começa com um corpo. Se eu não tivesse um corpo, não teria uma alma capaz de ser envenenada.

Refletir sobre meu teste de QI me fez pensar em outro teste: o Teste da Carbon.

No início dos anos 1990, Martin almejava uma maneira sistematizada de encontrar talentos que pudessem ajudar sua empresa, a Argon — que havia gerado retornos anuais compostos de mais de 40% líquidos nos primeiros onze anos —, a continuar vencendo. Com a ajuda de um psicanalista que atuava como consultor sênior do fundo, Martin desenvolveu uma ferramenta para identificar nos candidatos as características que formavam, na sua visão, um grande investidor. A lista de atributos incluía inteligência, um forte senso de ética, compromisso inabalável com o trabalho, competitividade, especialmente em esportes e condicionamento físico (não é de se admirar que a maioria dos funcionários estivesse em excelente forma física), e uma aptidão natural para trabalhar bem em equipe. A Carbon aplicava o Teste aos candidatos do lado dos investimentos, nas rodadas finais do processo de seleção. Era um ritual de iniciação, e esse "esclerômetro da mente" não era nada incomum, pelo menos nas empresas mais proeminentes de Wall Street. Os detalhes eram mantidos em segredo.

Como não fiz o Teste, tudo o que sei é: você entra em um apartamento no Upper West Side com uma decoração típica do modernismo pós-guerra. Dá para ver que alguém mora lá. O apartamento não é muito grande e está abarrotado de móveis e livros. Você passa metade do dia lá. Parte um: a mulher que mora nele, uma psicoterapeuta com formação tradicional, lê para você algumas perguntas clássicas de QI, que você deve responder oralmente. Parte dois: um teste de Rorschach. Sua personalidade é avaliada, especialmente sua tendência ao narcisismo. Como escreveu em seu livro sobre o tema publicado décadas atrás, o consultor sênior de Martin acreditava que todos os seres humanos nascem com instintos egoístas; que o grande acúmulo de riqueza e conquistas produtivas não deve ser culpado pelo colapso da sociedade; você pode ser um capitalista tão voraz quanto quiser, desde que aprenda a amar, a dar e a controlar seu narcisismo. Não importa qual seja a sua trajetória de vida ou quais sejam os seus resultados, como o autor deixa claro na última página, você só tem a si mesmo para culpar.

A psicóloga tabulava seu desempenho. Ela ligava para Boone e informava os resultados com um suspense digno do veredito de um julgamento de homicídio. Boone fazia anotações; eu as escaneava e as colocava no banco de dados. Pessoas que fizeram o Teste me pediram para revelar as anotações. Eu nunca o fiz. Mas eu achava desconfortavelmente assimétrico entrar em uma empresa que sabia algo sobre você que nem mesmo você sabia.

Mensagem do meu pai, domingo às 11h32: "Oi, Carrie, você está muito ocupada?".

Eu respondi: "Oi, pai, estou. Estou exausta e preciso de um pouco de paz e tranquilidade. Tirei o dia para ler".

Meu pai: "Te mandei um e-mail ontem. Dê uma olhada, por favor. É importante".

Não respondi.

E-mail do meu pai, 10h51 da manhã, dois dias depois, com o assunto "Vida e felicidade" e o texto: "Confúcio disse: 'Você deve ter formado uma família aos 30 anos'"...

Parei de ler.

Após o fechamento do mercado, a Apple divulgou os resultados. De acordo com o seu comunicado à imprensa, a empresa registrou seu melhor trimestre de todos os tempos devido aos recordes de vendas do iPhone, do Apple Watch e da Apple TV. Atingiu o marco de um bilhão de dispositivos ativos, superando as expectativas de lucro por ação. Apesar do excelente trimestre, o CEO alertava para condições sem precedentes, mencionando o impacto para os mercados globais da flutuação das moedas, da queda nos preços das commodities e da desaceleração do crescimento econômico. Com queda de 5% no acumulado do ano, a Apple cairia mais 6% no pregão seguinte.

Uma empresa pode superar expectativas e estabelecer recordes históricos e ainda assim perder valor.

Mensagem do meu pai, 11h34 do dia seguinte: "Podemos conversar amanhã na hora do almoço?".

Não respondi. Eu só queria que eles me deixassem em paz.

Tudo o que eu queria na infância era que meus pais me dessem um pouco de atenção. Eles não tinham tempo para brincar comigo no fim de semana, muito menos durante a semana, e eu passava o tempo brincando sozinha, folheando as apostilas de preparação para a pós-graduação da minha mãe, resolvendo quebra-cabeças de lógica, lendo, planejando e esperando pelos sábados. Eu implorava para os meus pais me levarem a qualquer lugar. Não importava onde — podia ser para a lavanderia, o supermercado, mas, de preferência, um lugar que não envolvesse tarefas. Eu amava o zoológico da cidade e o parquinho.

— No sábado nós vamos — minha mãe às vezes respondia depois de um longo dia cozinhando, limpando a casa, trabalhando, estudando e não raro costurando roupas novas para mim com tecidos que ela havia comprado em promoção. No sábado de manhã, eu pulava da cama.

— Mamãe! Que horas nós vamos ao zoológico?

Silêncio.

— Mamãe?

Silêncio.

— Mãe? Você disse que me levaria ao zoológico hoje…

— Não vai dar.

— Por quê?

— Eu não quero.

— Por quê?

— Porque não.

— Mas por que você não quer?

— Porque não! — Eu não entendia por que ela se irritava e gritava comigo, considerando que era ela quem estava quebrando a promessa. — Me deixe em paz!

Quando eu começava a sentir vontade de chorar, me lembrava da frase do meu pai: "Ninguém tem tempo para chorar". Mas nunca parei de esperar ansiosamente pelos sábados. Foi naquela época que comecei a dar um valor excessivo ao cumprimento de promessas. Também comecei a reprimir os impulsos do meu corpo. Porque, na verdade, meus pais me davam muita atenção. Eu não podia tossir sem que minha mãe resmungasse: "Coloque uma blusa". Eu não podia dar um passo sem que ela reclamasse: "Não arraste os pés". Eu não podia assistir a desenhos animados (com o volume no mínimo possível) sem levar uma bronca: "Não fique tão perto da tela. Assim você vai ficar cega". Eu lavava as louças com muito cuidado. Fechava as portas sem fazer nenhum barulho. Tentava existir como um fantasma. Mas meus pais sempre davam um jeito. Quando eu tinha 10 anos, minha professora da quinta série me deu de presente uma revista *Seventeen*. Em casa, enquanto eu virava as páginas em silêncio, meu pai me viu e disse:

— Você vai acabar com a sua mente lendo esse lixo.

Minha mãe e meu pai nunca desistiram. Eu me afastei para me proteger. Sufocada e negligenciada: assim eu me sentira a vida inteira.

* * *

A Amazon, mais uma aposta bilionária da Carbon, com 6% de queda no acumulado do ano, divulgou seus resultados. A empresa ficou abaixo das estimativas do mercado no rendimento por ação e na receita, e suas ações despencaram à noite, abrindo no dia seguinte com uma queda de cerca de 10%. Era possível que os resultados excepcionais no segundo e terceiro trimestres do ano anterior tivessem deixado os investidores e analistas um tanto otimistas demais. A Amazon continuaria em queda em sete dos oito pregões seguintes. Embora a empresa tenha ficado aquém das expectativas, sua receita cresceu 22% em relação ao ano anterior, o lucro operacional, 88%, e a divisão de serviços on-line decolou, com crescimento nas vendas líquidas e no lucro operacional do segmento de 69% e 186%, respectivamente, em relação ao ano anterior.

Uma empresa pode crescer, porém, se não crescer exatamente na direção e na magnitude esperadas, ela pode se dar mal — isso acontece com frequência.

Nada importava. Eu estava absolutamente indiferente em relação ao trabalho, aos meus pais, a Dan. Se eu morresse, não faria qualquer diferença.

Qualquer rugido de raiva em relação aos meus pais que ameaçasse sair de mim, uma vez percebido, era imediatamente subjugado por gemidos de tristeza, compaixão e cuidado, e esse ricochete de emoções me deixava debilitada. "Estamos felizes o tempo todo" era uma grande mentira — para mim. Eles é que precisavam que aquela declaração fosse verdadeira. Minha mãe afirmava que a época do *xiàfàng*, quando teve de "trabalhar no campo", foram os dias mais felizes e fáceis de sua vida. Eles nunca disseram nada negativo sobre a China, sua infância, seus pais ou a Revolução Cultural. Lembro-me das minhas primeiras orações, quando eu tinha uns 7 anos. Eu saía correndo do apartamento quando meus pais começavam a brigar com violência. Meu pai gostava de jogar coisas no chão e na parede. Minha mãe gostava de mencionar a morte. *Wŏ sĭle jiù hăole. Wŏ sĭle nĭ jiù gāoxìngle.* Na infância, eu não sabia se declarações como "Eu preferia estar morta" ou "Você finalmente vai poder ser feliz quando eu morrer" deviam ser levadas a sério. O estresse que eu sentia era *sempre* equivalente ao de uma situação de vida ou morte. Eu ficava sentada na escada do prédio, no escuro, tampando as orelhas com a palma das mãos, sussurrando com os olhos bem fechados:

— Querido Deus, por favor, faça com que meus pais sejam felizes e parem de brigar. Estou disposta a sacrificar qualquer coisa. Muito obrigada. Amém.

A oração e o sacrifício me davam a sensação ilusória de controle. Assim como a ambição: eu dizia aos meus amiguinhos no parquinho e aos meus pais que seria muito rica e compraria casas para todos eles. Eu queria ganhar muito dinheiro para que meus pais não precisassem trabalhar tanto e, assim, tivessem energia para serem gentis e amorosos um com o outro e comigo.

Era o último dia de janeiro. A Carbon estava para baixo, Boone estava para baixo. Eu não tinha coragem de falar com ele sobre minha carga de trabalho — não naquele momento.

Uma das empresas de Gabe divulgou os resultados. As ações da empresa de tecnologia de alto crescimento caíram cerca de 13% no acumulado do ano. Ela superou as expectativas de rendimento por ação e receita. Contudo, um número importante para os investidores em seu modelo de negócios era a receita proveniente de licenças, que cresceu 31% em relação ao ano anterior, mas ficou muito abaixo do crescimento anual de 60% de dois trimestres atrás. A empresa reduziu suas projeções para o ano. Investidores e analistas já vinham demonstrando preocupação com as avaliações vertiginosas das empresas de software e com o aumento da concorrência no setor, inclusive da Microsoft. As ações foram para o buraco, caindo quase 50% após o fechamento da Bolsa e atingindo uma mínima histórica de 66% abaixo do pico. Gabe reuniu-se com Boone. Eles passaram o dia inteiro juntos desde o início da teleconferência de resultados. Não ousei olhar na direção deles.

Lá pelas oito da noite, Gabe abriu a porta. Levantei-me. Ele passou por mim sem me olhar nem me cumprimentar. Boone fez sinal para que eu entrasse. Ele ficou em silêncio, inexpressivo, enquanto eu repassava a agenda. No fim da reunião, ele não me perguntou o habitual "Algo mais?". Estudei seu rosto. O avermelhado de suas bochechas formava um padrão que eu nunca tinha visto antes. Eu queria ajudá-lo a se sentir melhor, mas não sabia o que dizer. Tudo parecia um grande risco. Por fim, falei algo como:

— Não há por que se culpar por coisas que estão fora do seu controle.

— Não — ele disse. — Preciso assumir a responsabilidade por isso. Uma queda nunca acontece do nada.

Boone e eu tivemos uma longa conversa. Ele me disse que eu estava testemunhando a história. Lembrei-me das palavras de despedida de Sloane para Boone — "ver os bastidores de algumas das coisas mais incríveis que acontecem no mundo" — e pensei que, como ela, eu gostava dessa vista privilegiada do mundo. A Carbon tinha acesso a primeiros-ministros, empreendedores, filantropos, financistas, produtores musicais, designers de moda e dirigentes de ligas esportivas. Havia rumores constantes de possíveis envolvimentos de gestores de portfólio da Carbon com fatos financeiros importantes, orquestrando fusões de empresas que afetariam o estilo de vida dos consumidores. Sim, esse tipo de coisa podia ser considerado *incrível*. Mas era *incrível* ou era vil viver de uma reputação, uma associação, herdada de Martin por sorte, que permitia à Carbon se concentrar mais em retornos e em aumentar os retornos sobre o tempo investido e menos em relações públicas e na construção de uma marca totalmente nova do zero? Interrompi esses pensamentos rebeldes, paralisada por sua declaração do dia anterior, que ele repetira no dia seguinte — "Preciso assumir a responsabilidade por isso" —, ao mesmo tempo admirada por ele assumir a responsabilidade e repelida por sua presunção de que algo tão entrópico quanto os mercados poderia estar sob seu controle.

Liguei para a minha mãe. Ela havia me mandado uma mensagem via WeChat. Não nos falávamos desde o feriado de Martin Luther King. Ela me desejou feliz aniversário e então perguntou:
— O e-mail do seu pai, *nǐ shōu dàole méiyǒu*?
— Sim, li.
— *Ránhòu ne?*
— Obrigada pelas palavras, levei-as em consideração. Mas a vida é minha e a minha decisão é ficar com Dan.

Ela soltou um suspiro tão alto e pesado que quase senti sua respiração. Em mandarim, perguntou:
— Você o conhece? Como você o conhece? Você acha que pode mesmo conhecer uma pessoa em tão pouco...
— Mãe, não posso falar sobre isso agora. Estou no trabalho.
— Você já foi *tão* obediente, era uma filha tão boa quando estava com o Jo...

Desliguei a chamada.

De novo a expressão: *tīnghuà*, algo como "escutar e seguir as instruções". *Obediente. Submissa.* Na primeira vez que falei à minha mãe que me sentia controlada no relacionamento com Josh, ela me disse:
— Ótimo. Você é uma criança selvagem. Precisa ser domesticada por um homem.

Só então entendi por que ela era tão enfática em tomar o partido de Josh: não era de Josh que ela gostava, mas de quem eu era quando estava com ele.

Abri a pasta de spam e encontrei um e-mail de Josh, enviado às 9h06 daquela manhã: "Pensando em você. A 'família' toda deseja a você um dia incrível. Gostaria de poder passar este dia com você". Fui ao banheiro, fechei os olhos e gritei, gritei e gritei — em silêncio — na palma das mãos.

Meados de fevereiro. O S&P 500 fechou em queda de 10% no ano, 14% abaixo do pico de maio do ano anterior. Estávamos passando por uma correção.

Parte do portfólio da Carbon em posições compradas e seus desempenhos no acumulado do ano:

Uma empresa de pagamentos, queda de 20,67%.

Uma empresa de armazenamento de dados, queda de 25,24%.

Uma empresa de e-commerce, queda de 29,03%.

Uma empresa de empréstimos, queda de 33,30%.

Uma empresa de artigos para o lar, queda de 40,59%.

Um banho de sangue. Contudo, a sangria seria menos alarmante se as posições vendidas do portfólio tivessem caído ainda mais e compensado algumas das perdas — o objetivo final de *hedging*. Lembrei-me de que as oscilações das ações refletem os nossos aspectos mais humanos: euforia irracional, depressão inexplicável, necessidade imperscrutável de obter validação externa de valores e méritos intrínsecos. Você pode diversificar muitos tipos de risco — país, moeda, setor, classe de ativos e fatores como tamanho e valor da empresa —, mas não pode diversificar o risco de ser humano. E ser humano implica que as condições de mercado podem e vão afetá-lo mais do que você imagina.

* * *

Comecei a errar no trabalho. A Chrome era um hedge fund que estreara com grande alarde alguns anos antes. Tivera alguns tropeços e terminara o ano anterior no vermelho. Boone disse que talvez quisesse retirar seu investimento.

Ele pedira uma reunião com um dos fundadores da Chrome, Troy, em um restaurante famoso por abrigar importantes reuniões de negócios no café da manhã. A reunião seria em semanas. Ao longo desses dias, a Carbon não conseguiu reverter seu desempenho. O desempenho da Chrome também estava em queda, só que menor. A situação havia mudado.

— Vou manter o investimento — disse Boone. — Mas não cancele a reunião.

No dia anterior ao café da manhã, cheguei ao trabalho antes de Boone, como de costume.

Às 8h10, Troy ligou.

— Cadê o Boone?

Há momentos na vida que você teme não porque sejam tão assustadores em si, mas porque vão revelar algo sobre você e depois disso as coisas nunca mais serão iguais. Para evitar que meu único pesadelo recorrente (no qual eu esquecia de realizar uma tarefa) se tornasse realidade, eu era a louca das agendas — a minha e, é claro, a de Boone. Na faculdade, não conseguia sair com amigos ou com meu namorado enquanto não terminasse absolutamente tudo que deveria entregar na semana seguinte.

Boone estava em casa.

Ele estava em casa porque eu não tinha avisado que teria uma reunião no café da manhã.

Eu não avisei que ele teria uma reunião no café da manhã porque a reunião estava anotada para o dia seguinte.

— Ele estará aí em alguns minutos — falei a Troy, sabendo que Boone morava a oito minutos a pé do restaurante.

Liguei para Boone. Ele não atendeu.

Liguei para o telefone fixo de seu apartamento. Ninguém atendeu.

Liguei para a governanta. Ela não atendeu.

Voltei a ligar para o celular dele, mas ninguém atendeu.

Liguei para Jen, que atendeu; eu disse que era uma emergência. Ela saberia dizer quem estava no apartamento dele neste instante?

Liguei para a lavadeira. Ninguém atendeu.

Liguei para o chef. Ninguém atendeu.

Liguei para a administração do prédio e pedi o celular do *concierge* que estaria na recepção naquele dia.

Pensei em correr para o apartamento de Boone e bater à porta.

Liguei para o *concierge*, que atendeu; falei que era uma emergência. Será que ele poderia, por favor, por favor, *por favor*, bater à porta de Boone?

— Acredite em mim — eu disse —, ele vai ficar muito grato.

Depois de um minuto, um dos minutos mais longos da minha vida, Boone ligou.

— Boone...

— Estou brincando com os meus filhos. O que foi?

— É uma emergência, culpa minha, me desculpe. Seu café da manhã com Troy é hoje, não amanhã. Por favor, se apresse. Ele está esperando.

Clique.

Liguei de volta para Troy.

— A culpa é toda minha: marquei a data errada na agenda. Assumo total responsabilidade. Mil desculpas. Boone está indo.

Troy esperou mais de trinta minutos por Boone. Pela primeira vez na vida, pensei que seria demitida. A emoção que senti ao reconhecer esse pensamento: alívio.

Uma hora depois, Boone entrou no escritório.

Pulei da cadeira.

— Boone, mil desc...

— Não tem problema — ele disse. — Você nunca erra. Não estou preocupado. Sei que isso não vai se repetir.

O Boone é tão legal, pensei. *Tããããoo* legal. Mas eu não tinha certeza se ele estava falando sério sobre não estar preocupado. Olhei para Lena, que me encarava de canto de olho com o rosto inexpressivo. Ela nunca nos contava quando cometia um erro. Nem precisava. Ela se sentava na sala de Michael com o rosto vermelho como pimentão, e nós assistíamos, no mudo, devido às grossas paredes de vidro, a Michael proferir um monólogo digno de Alec Baldwin em *O sucesso a qualquer preço*.

Lena tentou me consolar dizendo coisas como "Todo mundo erra". Mas não consegui entrar na vibe positiva que Boone listara como ponto forte em minhas duas avaliações de desempenho. Minha personalidade não combinava mais com meu sobrenome.

— Qual é o problema? — Boone me perguntou na reunião ao fim do dia.

— Não sei. Estou me sentindo péssima. Hoje de manhã...

— Pode parar.

— Mas...

— Pare.

— Eu só...

— Hoje de manhã foi *décadas* atrás. Não fique remoendo emoções. Supere. Siga em frente.

A porta se fechou atrás de mim enquanto eu procurava um lugar no fundo da sala. Peguei o celular, criei uma nova nota e digitei: "Se você quer VENCER".

Nick Saban estava ao púlpito. Ele falava; eu escrevia. Considerado por muitos o maior treinador de futebol americano universitário de todos os tempos, Saban vencera vários campeonatos nacionais, um com o Tigers, da Universidade do Estado da Luisiana, e os demais com o Alabama Crimson Tide, da Universidade do Alabama, e encerrara a mais recente temporada vencendo a Conferência e as eliminatórias nacionais. Em qualquer pesquisa, seu time ficava em primeiro lugar.

Mindset.

Disciplina para executar.

Você é capaz de escolher fazer aquilo que precisa para ter sucesso?

Semanas antes, o *The Wall Street Journal* relatara que janeiro havia sido um dos piores meses para a Carbon. Boone, de terno, no assento mais próximo do treinador, reagira como sempre. Não entre em pânico, ele enfatizava para mim. Concentre-se no processo, atenha-se ao processo. Saban era conhecido por uma coisa, seu processo, que ele chamava de, sim, Processo. Mas em fevereiro um vírus se espalhara pelo Caribe. O retiro, antes programado para acontecer em um resort em Anguilla, onde Saban, o palestrante convidado, chegaria em um jato particular, teve que ser transferido para o escritório da Carbon em Manhattan.

FAÇA O SEU TRABALHO.

Seja responsável por suas próprias decisões.

É PORQUE *cometo falhas que eu alcanço o sucesso.*

Eu conhecia bem o Saban. Do mesmo modo que o central dos Rangers era uma inspiração para Boone, Saban o era para mim. Na década de 1990, ele treinara os Spartans da Universidade Estadual de Michigan. Tio Palermo nos dava ingressos para os jogos. Minha mãe e meu pai me levavam ao estádio nas tardes de sábado.

Um foco implacável em vencer.

Ser o melhor que você pode ser.

Se o seu trabalho for varrer a rua, varra como Michelangelo pintou a Capela Sistina.

No começo, eu só via um bando de homens se atropelando no campo, se empurrando e se acotovelando. Atacando e defendendo. Com o tempo, passei a vê-los como parte da tradição, da cultura e da história americana. As olas, os cânticos, o atleta espartano musculoso vestido em trajes gregos verdes que se destacava na multidão e que descobri ser Sparty, o mascote — eu queria estar perto de tudo. Adorava a união da torcida, a alegria coletiva de se juntar em torno de um objetivo comum. Adorava torcer com meus pais pelo mesmo resultado e ver qualquer desavença entre eles sendo deixada de lado pela duração do jogo. Adorava as regras, cuja natureza formal me lembrava de minhas outras paixões: matemática, lógica, jogos de tabuleiro.

Antes de Saban, os Spartans não venciam uma temporada havia quatro anos. Sob o comando dele, em doze meses venceram a temporada e um *bowl game*. Os azarões podem — com trabalho duro e muita sorte — vencer. Não era esse o sonho americano? Implorei para os meus pais comprarem o DVD do filme *O pequeno grande time*. Eu usava uma saia de líder de torcida nos dias de jogo e às vezes até pintava o rosto como os jogadores. Anos depois, no processo de inscrição para a faculdade, escrevi uma redação em que comparava minha mentalidade à de um jogador de futebol americano.

Foco no que importa agora.
O sucesso é passageiro.
Seu sucesso vale tanto quanto seu último lance, sua última partida.

Na redação, eu mencionava coragem, tenacidade e a capacidade de me recuperar de um fracasso. Mas, ao ouvir Saban, percebi que minha atração pelo jogo era ainda mais profunda. Era um jogo sobre superação de traumas, no qual você é recompensado pela capacidade de aguentar os baques — golpe após golpe, investida após investida — e sair sorrindo. Um jogo de vida ou morte, de vencer ou morrer, no qual o risco de uma catástrofe e a adrenalina que acompanha uma resposta de luta ou fuga abafam os problemas ruidosos do dia a dia. Um jogo sem passado, sem futuro; você pode ser quem quiser em campo, desde que cada ação seja voltada para aquele momento, sabendo que cada momento é apenas um ponto no tempo. O preço de jogar o jogo era um atraso epistêmico. Você só percebe o tanto que o jogo o destruiu por dentro — seu coração, sua mente, sua alma — quando já é tarde demais.

A condição humana é a sobrevivência.

Saban nos recomendou que aproveitássemos qualquer oportunidade de agradecer. Agradeçam a todos, e sejam específicos, disse. Ajudem os outros a ter mais sucesso e ajudem os players a ser pessoas melhores. Mas fiquei me perguntando: será que ajudar os outros neutralizava as consequências do jogo, muitas delas danosas e invisíveis, como a encefalopatia traumática crônica, uma doença causada por lesões repetidas na cabeça e que podia ocasionar demência precoce, transtornos de humor e suicídio? Por que celebramos um jogo que causa tantos danos? Na sessão de perguntas e respostas, Saban voltou a falar sobre o poder da mente e contou que ele chamava vinte palestrantes por ano para ajudar seus jogadores a desenvolver a mentalidade correta. Mas, se a mente era tão importante, por que os jogadores não hesitavam em atacar a região da cabeça dos oponentes? Por meio daquele jogo que um dia eu tanto amara, eu havia contribuído a causar danos. O custo da união — de torcer com meus pais, de fazer parte de uma grande e feliz família — era a saúde mental e física dos outros. Essa violência toda... para quê? Para manter a posse da bola, conquistar jardas e marchar para um território que não lhe pertence?

O desafio de seguir em frente é curtir o Processo de seguir em frente.

Eu costumava desviar o olhar da TV sempre que um jogador se machucava em campo. Tentava me convencer de que aquilo não fazia parte do jogo, de que o relógio não estava correndo. Eu estava errada. O relógio está sempre correndo. Como Saban acabou de dizer, não existe pré-temporada e não existem minutos de descanso. Só entra em campo quem reconhece o dano, o trauma, o *burnout*. O desafio de seguir em frente se torna uma questão de resistência e entre as melhores maneiras de perseverar está compartimentar o inconveniente, sublimar a dor e esquecer o passado. Passei a vida inteira tentando corrigir minha mentalidade — justificando os sistemas nos quais estava inserida — para poder seguir em frente.

Mas era tudo uma defesa, um reflexo, um mecanismo de enfrentamento; isso não me definia e não era quem eu aspirava ser.

E agora, o que vocês vão fazer?

Saban nos agradeceu pela oportunidade de falar. Aplausos ecoaram pela sala. Bati palmas lentamente, bloqueei meu celular e me levantei.

Em março, a Carbon fez 15 anos. Eu não estava na empresa na Carbon10, mas me disseram que as comemorações envolveram uma refeição sofisticada em um restaurante estrelado, com convidados especiais, e festividades que contaram com a participação de todos, não apenas do front office. Mas este ano Boone não estava no clima. Os fundos estavam sofrendo grandes quedas. As pessoas me perguntavam empolgadas:

— O que vai rolar na Carbon15?

Eu balançava a cabeça e dizia:

— Nada.

Boone andava tão desanimado que ninguém, exceto Michael e Ethan, entrava em sua sala antes da minha confirmação de que ele estava agradável o suficiente naquele dia e hora. Ao contrário dos demais, eu não tinha como evitar Boone.

Na noite anterior, eu mandara um e-mail a ele dizendo algo como: "Sei que você não quer comemorar, mas acho que será bom para o moral da empresa se fizermos algo amanhã. Talvez um bom almoço no escritório?". Ele concordou. Entrei em contato com o Nobu, que não respondeu a tempo. Entrei em contato com o Tao, que topou. No dia seguinte, me certifiquei de que a comida chegasse intacta, na hora marcada, e de que as cozinhas do front e do back office estivessem preparadas. Depois, fiz um prato com *wontons* de lagosta e *satays* de robalo chileno. O Tao tinha ficado famoso graças a *Sex and the City*. Pensei no meu pai, que culpava a série por perverter meus valores. Era verdade que eu assistira aos episódios repetidamente no fim da adolescência e início da vida adulta. Cheguei a fazer um curso no MIT intitulado "Sex and the [City] Institute: uma exploração dos papéis de gênero e da sexualidade". Mas o que eu mais gostava na série não era o direito de uma mulher a ter sapatos ou a transar. O que me atraía era o direito de uma mulher na casa dos 30 a ter uma vida plena e próspera em uma cidade grande — uma vida distante de sua infância. As mulheres não tinham um histórico anterior aos eventos da série. Era essa possibilidade de um futuro sem passado que me atraía. No fim das contas, eu e Boone não éramos tão diferentes.

Olhei para o biscoito da sorte gigante dentro do qual estava a mensagem personalizada que eu havia pedido ao Tao que escrevesse para a Carbon e Boone. Algo como "Que os próximos quinze anos sejam ainda melhores".

Dei uma olhada pela cozinha e depois para Boone. Fiz um prato para ele, embora já tivesse feito um prato reserva, que seu chef entregara meia hora antes. Deixei o prato do Tao em sua sala e pensei: *Isso tudo não passa de um grande teatro*. Ele vai dizer que a comida está apimentada demais, e ela vai acabar no lixo. Qualquer que fosse o critério, a Carbon era um sucesso. Os primeiros cotistas haviam multiplicado em dezessete vezes seu investimento ao longo de quinze anos. Os funcionários da Carbon que investiram no fundo principal tiveram um retorno anual composto de 26% desde o início. Nesses mesmos anos, a classe média encolhera, os salários ajustados pela inflação estagnaram e a desigualdade tinha aumentado. A Carbon crescera e se tornara um dos maiores hedge funds e um dos mais ativos multimercado, com a reputação de ser implacável em Wall Street. Eles definem o preço e o ritmo. Boone se tornou bilionário. Mesmo assim, de alguma forma, todos ao meu redor no trabalho estavam infelizes. Eu estava infeliz. Talvez eu houvesse sido extremamente influenciada pelo mau humor constante de Boone, mas o fato era que precisava parar de inventar desculpas para ele — e para mim mesma.

* * *

Mandei mensagem para os meus pais, que não me ligavam desde o meu aniversário (eu também não liguei para eles): "Só quero que vocês saibam que Dan não é a pessoa certa para mim. Sou mais feliz sozinha".

Onze minutos depois, meu pai respondeu: "Você tem toda a razão. Ele pode ser um bom homem, mas não é o tipo de homem que combina com você em termos de família. Nós te amamos, sempre!".

Era quinta-feira. Estava escuro lá fora. Fui procurar Boone. O front office estava vazio. Todos, incluindo os funcionários do back office e do administrativo, estavam na cozinha assistindo ao torneio de basquete universitário masculino.

— Boone? — chamei da porta de sua sala. — Vem ficar na cozinha com a gente.

Ele estava de cabeça baixa, os dois monitores desligados. Ele encarou a pilha de papéis à frente, desviou o olhar para mim, deu um leve suspiro e disse:

— Não posso. Tenho muito trabalho. Não tenho tempo.

Perto do fim de março, o fundo principal apresentava queda de cerca de 20% no acumulado do ano. Boone me chamou em sua sala. A Carbon havia passado por tantas mudanças que ele não queria testar mais uma vez a paciência dos cotistas.

— Não vamos fazer mais mudanças. Mas, se tirei alguma lição disso — eu estava esperando por esse momento; qual seria a sua grande lição? —, não é que erramos nas apostas. O tamanho das apostas é que poderia ter sido melhor, mais dinâmico, levando em conta as condições de mercado.

Inspirada por Boone e sua reavaliação do portfólio da Carbon, aproveitei para reavaliar meu portfólio (de escolhas de vida). Minha lógica foi mais ou menos assim:

Confrontar os fatos, por mais que doa.
Cheguei ao fundo do poço. Começo o dia comendo normalmente, mas continuo almoçando cupcakes e sundaes e depois vou para casa, fecho a porta e faço de tudo para me esquecer da vida e de mim. Não sei exatamente quando isso começou. Acho que em algum momento nos últimos dois meses, durante os quais passei cada minuto de cada dia desejando deixar minha vida para trás. Tenho muito conteúdo mas pouca ação: tenho fome de liberdade, fome de realizar aquelas atividades de autoexpressão que fariam de mim quem eu sou — é por isso que eu como até não aguentar mais, para saciar essa fome. Tenho várias memórias nesse sentido: abrir as torneiras no máximo porque odeio o som dos meus hábitos e rotinas; induzir o vômito; olhar para as orquídeas mortas na janela porque não suporto jogá-las fora (espero que elas ressuscitem); induzir o vômito de novo; escovar os dentes; olhar para o musgo e as suculentas no terrário e me perguntar como eles ainda estão vivos dentro de uma gaiola de vidro. Engordei 15 quilos desde que entrei na Carbon. Consigo caminhar. Mas não correr. Não consigo malhar. Às vezes mastigo e cuspo a comida. Faço isso com chips de coco, mas só à tarde, quando as coisas ficam tão caóticas que tudo o que desejo é — esta é a palavra que tenho digitado para Parmita — *morrer*. Nenhuma roupa serve mais em mim e só alugo vestidos na Rent the Runway. Meu bruxismo voltou. Não consigo dormir, não consigo pensar, não consigo chorar.

Observar as condições do mercado.
Boone me chama em sua sala. "Martin tem falado muito sobre um analista ao qual quer me apresentar", ele diz. "Vamos marcar uma reunião breve." Semanas depois, Boone me liga e diz: "Martin quer que eu invista na startup do Noah". Ele me encaminha a apresentação e o relatório técnico de Noah para que eu leia e dê minha opinião. Em um PDF aparentemente interminável, em fonte pequena, a primeira frase

de Noah se destaca. Ele se gaba de seu currículo (não muito diferente do meu) com uma autoconfiança que eu jamais sonharia ter. Em nossa reunião seguinte, Boone pergunta: "O que você achou de Noah?". Não importa o que eu disser; Martin já deu sua aprovação. Então eu digo: não há dúvida de que ele tem um currículo impressionante. Boone me pergunta especificamente o que acho daquela primeira frase. Eu lhe digo. Mas estou certa, a minha opinião não importa: Boone investe. A startup de Noah ajuda estudantes do mundo todo a entrar em universidades de elite. Os valores que ele defende são realização, prestígio, *status*, mérito, ambição, juventude — a apresentação está cheia de "o mais jovem isso", "o mais jovem aquilo". O que pode ser mais ambicioso do que entrar em uma universidade de elite? Katherine largou Princeton; sua startup quer ampliar os bancos de talentos de modo que sejam mais inclusivos. Noah quer ajudar "todos" (ou seja, os que têm condições de pagar por seus serviços de tutoria e consultoria de admissão) a *entrar* em Princeton. Sua startup é baseada em tecnologia. Outra palavra para seu setor é: tecnologia educacional.

Boone é parado por um policial no trânsito. Ele me diz que estava correndo para levar a filha a um show da Taylor Swift e que estava acima do limite de velocidade, eu acho; ele me diz para ligar para seu advogado nos Hamptons. Eu sei como essa história (provavelmente) vai terminar. Não tenho reação.

Logo depois, começo a detectar lampejos de uma consciência política. Até agora tenho sido apolítica. Leio as notícias; me informo sobre as questões (mas não me envolvo); nunca votei. Parte disso é resultado de uma "despriorização" intencional da política, mas a maior parte se deve ao fato de que algo em mim sabe o quanto me sinto compelida a me identificar com os vencedores, o que me assusta: tenho medo de me aliar ao time errado.

Essa compulsão começou lá pelos 13 anos. Antes, eu me identificava com os invisíveis, as pessoas que não eram ouvidas nem vistas. Um dia, no ensino fundamental, depois do recreio, levantei a mão e perguntei à professora: "Por que a gente pisa na grama? Como você sabe que a grama não sente?". Não sei se essa memória é real, mas confirmo este estado de espírito no meu diário, em uma das passagens sobre a época da minha pneumonia quase fatal: "Toda vida foi criada igual" e "Quem pode dizer que a minha vida vale mais que a vida de uma margarida?".

Mas naquele mesmo ano Saban deixou o time da Universidade Estadual de Michigan e, embora meus pais tenham feito a pós-graduação lá, eu estava cansada de me sentir impotente, inadequada, pequena e perdida. Queria vencer: passei a torcer para os Wolverines da Universidade de Michigan, o melhor time do futebol universitário. A partir daí, me posicionei ao lado dos vencedores, dos favoritos, das pessoas que pisavam na grama sem pensar duas vezes. Com isso, experimentei uma breve sensação de controle — uma aposta desesperada em uma libertação futura —, quando sentia que não tinha libertação nenhuma. Por me sentir tão menosprezada em casa, me imaginava em posições de máxima liberdade e autonomia. Corta para hoje, para Boone, a quem os limites de velocidade não se aplicam. Depois de ler sobre outro homem que foi abordado por um policial em Staten Island e estrangulado até a morte por supostamente cometer uma pequena infração, percebo que meu medo se tornou realidade.

O segundo livro de um autor está prestes a ser publicado. Um gestor de patrimônio privado cuja clientela é composta de bilionários do setor da tecnologia entra em contato com a Carbon pedindo para fazer a festa de lançamento do livro na casa de Boone. Incapaz de dar uma festa abaixo dos padrões da *Vogue*, Boone contrata um produtor de eventos. Eu queria muito ir. Adoro livros. Boone sabe disso. Mas sei que a lista de convidados, que inclui outros ricos e famosos amigos de

Boone e Elisabeth, não tem lugar para mim. Durante uma caminhada com Jen depois do trabalho, menciono que, de todos os pesos-pesados das finanças, tecnologia e moda que passam por nosso escritório, o que mais tenho interesse em conhecer é um escritor. "As Costas Leste e Oeste são dois mundos completamente diferentes", ela diz. "Quando eu trabalhava na Costa Oeste, na baía de São Francisco, não havia essa distinção de classes tão clara. O que, obviamente, não é o caso aqui." Boone me disse para comprar vinte exemplares do livro do autor na Amazon usando o cartão corporativo e pegar um exemplar para mim. Pouco tempo depois, durante uma reunião, eu e Boone falamos de livros. Continuo fascinada com o escritor, com todos os escritores e toda a indústria editorial, e digo sorrindo: "Um dia ainda vou escrever um livro sobre você". Boone não sorri de volta. Mas também não faz sua clássica pergunta retórica acompanhada de um olhar mortal. E, para minha surpresa, tampouco me proíbe. Ele responde na hora: "Bom, primeiro eu teria que fazer algo digno de um livro".

Ajustar o tamanho das apostas.
Preciso mudar a minha vida.

Parte III

"No futuro, conforme as peças forem remontadas, quem sabe o que surgirá?"

(David Graeber e David Wengrow, *O despertar de tudo*)

Segundo trimestre

Entrei no avião e ocupei um assento na janela para a viagem (de volta) ao Ocidente. Para *měiguó*, os Estados Unidos, a "bela nação". Na semana anterior, havia viajado de férias sozinha pela primeira vez: duas noites em Xangai, cinco noites em Hangzhou, onde meus pais passaram férias logo depois de se casarem, a época em que, segundo minha mãe, ela e meu pai foram mais felizes. Fui ao lago onde três piscinas refletem a Lua para ficar sozinha e mudar a minha vida. De acordo com o cartão de embarque, eu tinha quinze horas até o pouso. Então, tirei os sapatos, vesti meias limpas e desliguei o sistema de entretenimento de bordo. Olhei pela janela de acrílico e pensei nos meus pais e no sonho americano deles.

Em sua juventude, minha mãe e meu pai eram as pessoas que (para usar uma expressão de Edwidge Danticat) liam perigosamente. Temendo uma contrarrevolução à sua revolução, Mao forçou dezesseis milhões de jovens a deixarem suas casas na cidade e os exilou em áreas remotas do país para serem reeducados. Qualquer pessoa que fosse pega lendo literatura ocidental corria o risco de perseguição, humilhação em público e até morte. Meus pais foram enviados ao campo. Eles não puderam estudar. Cultivavam a terra e trabalhavam duro. Trigo, arroz. Carregavam pedras para cima e para baixo nas altas montanhas para a construção de reservatórios de captação de chuva. Mas, como meu pai contou, eles não obedeceram a um aspecto importante. Resgataram livros proibidos, que escondiam dos guardas enterrando-os nas estradas de terra durante o dia e desenterrando-os à noite, depois que as luzes eram apagadas, lendo-os à luz fraca das lamparinas que refletiam fragmentos do luar. Foi assim que meu pai — trabalhando mais de doze horas por dia, ganhando 1 centavo por hora, morando em uma cabana que ele mesmo construíra com tijolos de barro secos ao Sol e reforçados com cascas de arroz — continuou a se educar. Em outro vilarejo, minha mãe tinha um comportamento tão extraordinário que os camponeses a escolheram para ser a *lǎoshī* de seus filhos. Ela pediu ao governo textos sobre o maior número de assuntos possível. Foi assim que ela — que também trabalhava mais de doze horas por dia, ganhando entre 2 e 3 centavos por hora como *professora* em uma cabana que ela mesma construíra usando o mesmo método que meu pai — manteve sua mente afiada. Com a Revolução se aproximando do fim, meus pais desenterraram seus livros, pediram outros aos amigos e mergulharam nos estudos para o exame nacional de admissão na faculdade, o único critério que determinava em qual faculdade a pessoa estudaria e que passara mais de uma década sem ser realizado. Minha mãe e meu pai fizeram a prova e, competindo com milhões de candidatos, desde jovens adolescentes até pessoas na faixa dos 30 anos, muitas das quais tiveram suas histórias interrompidas, adiadas e reescritas pelo governo, foram aprovados. As taxas de aprovação nos primeiros exames ficaram em torno de 5%.

Minha mãe e meu pai se conheceram na universidade mais antiga de sua província, no primeiro dia de aula do primeiro semestre de faculdade após o fim de um dos períodos mais turbulentos da história recente da China. Era 1978. Minha mãe tinha 22 anos, meu pai, 20. Eles estavam fazendo graduação em literatura inglesa. Depois de se formar, se casaram. A alfabetização em protesto está no meu sangue.

Na década de 1980, minha mãe e meu pai ensinavam inglês em diferentes instituições de ensino superior na cidade de Hefei, a capital da província de Anhui. Meu pai foi escolhido por sua faculdade para ser o tradutor/guia de dois acadêmicos visitantes dos Estados Unidos: Ruth (com quem nunca consegui entrar em contato depois de cancelar aquele almoço) e Paul Wong, um sino-americano de terceira geração e professor da Universidade Estadual de Michigan. Ruth e Paul simpatizaram com meu pai e o ajudaram a imigrar para a América em 1988. Minha mãe ficou na China lecionando. Como ela não tinha tempo, minha avó e minhas tias cuidavam de mim. Depois de muitos meses de longas cartas trocadas via correio aéreo (eles guardaram todas), minha mãe recebeu uma correspondência na qual meu pai falava em *zìshā*. "Automatar." Durante a Revolução, meu pai sofrera muito com a perda de sua liberdade pessoal, mas, aparentemente, aquilo não fora nada em comparação com a dor, como ele escreveu, da solidão que sentia na América. O isolamento. Ele disse que sentia muita falta dela. Ele a amava. Minha mãe respondeu imediatamente dizendo que iria ao encontro dele. Ela foi ao consulado dos Estados Unidos em Xangai para pedir um visto, que foi negado no dia 24 de maio de 1989, onze dias antes do Massacre da Praça da Paz Celestial. Minha mãe nunca foi de aceitar não como resposta. Ela voltou ao mesmo consulado menos de dois meses depois da recusa. O ambiente político havia mudado.

— Solicito que os senhores reconsiderem minha solicitação — ela escreveu, após listar seus documentos comprobatórios. Na segunda página, uma explicação:

Primeiro. Meu marido fez uma importante contribuição para seu programa. Recebeu uma bolsa da Universidade Estadual de Michigan. Decidiu concluir o mestrado e começar o doutorado nos Estados Unidos e preciso me encontrar com ele. Nós dois sentimos muita falta um do outro... Eu asseguro aos senhores que minha estadia nos Estados Unidos será temporária. Se meu pedido for aprovado, terei que deixar minha filha de 4 anos com meus pais... Apesar do grande sofrimento para nós, isso será inevitável.

Segundo. De acordo com as leis do governo chinês de "retorno ao lar", minha escola ratificou meu pedido e me concedeu apenas seis meses de licença. Sou uma professora universitária e estou ciente de que devo obedecer às regras e manter minha palavra.

Terceiro, o mais importante. O país dos senhores é imenso e belo. Tenho alguns amigos americanos e me correspondo com eles regularmente... Sei muito sobre o seu grande país. E gostaria de declarar que observarei rigorosamente as leis dos Estados Unidos... Será uma enorme felicidade e satisfação poder rever meu marido e passar alguns meses com ele.

Dois meses depois, minha mãe recebeu uma carta solicitando sua presença ao consulado para uma entrevista. Houve uma época, não muito tempo atrás, em que os Estados Unidos acreditavam em não separar famílias: a carta pedia que ela me levasse para a entrevista. Minha mãe ficou chocada e eufórica. Os dois vistos foram aprovados; eu não ficaria mais para trás. Não me lembro da entrevista, mas me lembro de correr para cima e para baixo nos corredores de um avião mal iluminado, imaginando que estava nos anéis de um novo planeta. Como não havia voos diretos entre a China e os Estados Unidos, fomos de Xangai para Tóquio, para Chicago e para Lansing, a capital de Michigan. Pousamos na América no primeiro dia de janeiro de 1990.

No dia 11 de abril de 1990, quando restavam menos de dois meses para nossos vistos de turista terminarem, o presidente George H. W. Bush assinou uma ordem executiva adiando a deportação de cidadãos chineses

SEGUNDO TRIMESTRE

que estavam nos Estados Unidos em decorrência dos protestos da Praça da Paz Celestial. A ideia era dar proteção temporária a chineses que estavam nos Estados Unidos e que poderiam ser perseguidos ao retornar; afinal, eles haviam demonstrado lealdade ao inimigo: a democracia. Esses chineses receberam um visto de trabalho até o dia 1º de janeiro de 1994. Minha mãe e meu pai, mesmo sabendo que teríamos de voltar um dia, decidiram ficar.

Meus pais nunca me revelavam seus problemas financeiros, mas eu sabia: embora respeitassem muito as leis, eles deixavam as correspondências recebidas em uma bacia com água para reutilizar os selos; eu almoçava de graça na escola.

Minha mãe me matriculou nas aulas de piano quando eu tinha 6 anos. No começo, eu não praticava. Não tinha interesse. Um dia, ela gritou comigo dizendo que eu estava jogando o dinheiro dela no lixo. Ela bateu, bateu e bateu na minha testa como se na próxima batida fosse decifrar o código do meu comportamento inadequado, me puxou pela orelha — eu tinha certeza de que minha orelha se desprenderia da cabeça como se fosse um adesivo — e me arrastou até o piano. Aprendi a ceder à autoridade.

Uma manhã, quando eu tinha 7 anos, estava colocando leite em uma tigela de cereal e derramei um pouco na mesa. Pisquei, congelei e me vi no chão. Meu pai não disse uma palavra. Minha mãe não estava em casa. Como eu tinha (e ainda tenho) o hábito de evitar espelhos, não vi o hematoma que tomou metade do meu rosto. Minha mãe disse que meu pai sempre me batia no rosto. Não senti dor. Não disse nada aos meus professores. Mas a polícia apareceu na nossa casa naquela noite. Disseram ao meu pai que ele seria preso se me batesse de novo. Ele explicou que tínhamos acabado de chegar da China e que ainda não conhecia as leis e os costumes americanos. Minha mãe chegou bem na hora em que ele assinava uma declaração. Disse que minha bochecha ficara da cor de inhame roxo. Ninguém me pediu desculpas. Ninguém me disse que meu pai não deveria ter feito aquilo ou que sua reação instintiva à minha incapacidade de segurar firme o saco de leite era um reflexo do trauma *dele* — por tudo o que ele e minha mãe haviam perdido quando deixaram de ser professores universitários, cercados por suas grandes e queridas famílias, para se tornar lavadores de pratos, jardineiros, faz-tudo, empregados domésticos, tendo que, como imigrantes, pagar mais caro do que os norte-americanos pela educação da filha em um país onde aqueles que mais os conheciam não sabiam nem mesmo seus nomes verdadeiros. Podem nos chamar de Lou e Lily, eles diziam. A lição que aprendi foi que a culpa era minha: eu tinha que ser perfeita. Se eu fosse perfeita, cautelosa e não desperdiçasse dinheiro, ninguém se machucaria. O mais importante: se eu fosse perfeita, meu pai não teria de ir embora.

No dia 9 de outubro de 1992, o presidente Bush sancionou a Lei de Proteção ao Estudante Chinês, que concedeu Green Cards a cidadãos chineses como eu e meus pais. Minha mãe e meu pai, que nunca haviam planejado imigrar para a América, decidiram se estabelecer nos Estados Unidos.

Meu pai nos abandonou quando eu tinha 10 anos. Minha mãe não estava em casa quando cheguei da escola. Ele me abraçou — é a primeira lembrança que tenho de qualquer contato físico entre nós — e, quando me soltou, vi pela primeira vez na vida lágrimas escorrendo por seu rosto. Tive certeza de que era o fim do mundo. Ele me disse que não podia mais viver com a minha mãe.

— Você é pequena demais para entender — falou antes de sair sem levar nada; suas malas já estavam no porta-malas do carro.

Ajoelhei-me sobre o sofá, coloquei um dedo entre duas persianas e o observei se distanciando no Honda Civic marrom, que foi ficando cada vez menor até deixar de existir atrás de um prédio.

Uma guerra passou a ser travada dentro de mim: em quem acreditar? Em meu pai, que me dissera que jamais me deixaria? Em minha mãe, que desde que me conheço por gente me dizia que meu pai nunca quis ter uma filha? Ou em mim mesma, que testemunhava meus pais brigando repetidamente sobre o que fazer comigo — a maior fonte de desentendimento entre eles? Meu pai achava que eu era mimada e que minha mãe era boazinha demais, tolerante demais, generosa demais comigo; a conduta automática dele era dizer *não* para tudo. Minha mãe, em segredo, gastava comigo o pouco que ganhava: 29 centavos para comprar um donut ou 99 centavos para alugar um vídeo. Eu estava convencida de que meu pai tinha ido embora por minha causa.

Quando chegou em casa, minha mãe não pareceu surpresa. Não chorou. Entre gritos de "Seu pai é um idiota!" e "Ele é um incompetente!", tentei entender o que tinha acontecido. Talvez meu pai houvesse apostado o dinheiro deles na Bolsa de Valores. Talvez houvesse perdido parte, a maior parte ou tudo. Eles estavam guardando dinheiro para dar entrada em uma casa após pagar Ruth, que os ajudara a recomeçar a vida nos Estados Unidos (embora ela tivesse insistido que era um presente, não um empréstimo). Meu pai se sentia controlado; minha mãe achava que estava fazendo a coisa certa ao assumir o controle das finanças da família. Jurei a mim mesma que, quando crescesse, nunca mais dependeria de ninguém, muito menos de um homem, para viver.

Uma ou duas semanas depois, meu pai voltou. Em outra ocasião, quando minha mãe estava fora, ele me disse que tinha voltado para me buscar, para me dar um lar estável e uma *jiātíng*. Uma "família". Fiquei tão feliz que, na certeza de que Deus existia, caí no choro. Mas, por mais que quisesse meu pai morando conosco, também estava confusa e exausta de ouvir as brigas incessantes, seguidas de tratamentos de gelo; de ser a pequena confidente da minha mãe sobre as traições frequentes do meu pai; de fantasiar sobre o dia em que minha mãe — com a minha ajuda, amor inabalável, gentileza, compromisso e atenção — seria forte o suficiente para nunca mais precisar dele; e de pensar que meu pai não queria mais ficar com minha mãe porque preferia estar em um relacionamento sem filhos. Sempre que meus pais brigavam, eu sentia meus órgãos se transformarem em chumbo com o peso de ser a responsável pela infelicidade do meu pai.

E tinha a minha mãe. Aos 5 anos, vi *Creepshow 2: Show de horrores*, um filme baseado em contos de Stephen King; passei uns dez anos tendo pavor de água em movimento, incluindo no banheiro, especialmente a descarga. Aos 6 anos, vi *The Rape of Doctor Willis*, no qual uma cirurgiã descobre que o homem que morre sob seus cuidados foi seu estuprador; fiquei me perguntando o que era *estupro*. Minha mãe era defensora da terapia de exposição e não me protegia de muita coisa, me deixando ler livros como *Azaleia vermelha*, *O Massacre de Nanquim* e peças de Eugene O'Neill. Quando eu ainda escrevia biografias para minhas bonecas, minha mãe me disse que, em outra realidade, eu teria muitos irmãos e irmãs. Ela teve que fazer vários abortos depois do meu nascimento, devido à política de filho único da China. Depois, o governo mutilou seu corpo com um DIU. Em Michigan, minha mãe foi a um ginecologista que lhe disse que o dispositivo, que havia sido modificado para ser mais difícil de remover, estava tão deslocado, tão inserido no útero, que só poderia ser extraído com cirurgia. Ela passou grande parte da vida sem qualquer controle sobre seu corpo, sua feminilidade, o lugar de onde eu vim. Eu a via cair de joelhos gritando de dor e se encolhendo de repente. Perguntava se ela estava bem e esperava a seu lado. Ela olhava para mim e me mandava sair.

* * *

As coisas mudaram depois que meu pai foi embora e voltou. Comecei a desejar um lar destruído. Destruição seria equilíbrio. Nossa família estava em processo de deterioração e ruptura, e eu me sentia consumida pela ansiedade de não saber se meu pai estaria em casa quando eu chegasse da escola.

Meus pais nunca me pressionaram para tirar boas notas, mas nem precisaram. Descobri que a única maneira de diluir a potência dos constantes comentários negativos que eles faziam sobre mim era estudar. Quando eu estudava, eles me criticavam menos e eu não precisava ajudar em casa. Eu estudava o tempo todo, adorava.

Mas no primeiro ano do ensino médio comecei a adorar menos. As aulas eram fáceis demais. Meu pai me via passando mais tempo com os amigos. Um dia, ele me chamou à sala depois do jantar.

— Viemos para os Estados Unidos por *sua* causa — disse, apontando o dedo para mim e falando em inglês. — Decidimos ficar na América para dar a você oportunidades que sua mãe e eu nunca tivemos. Você tem ideia do quanto sofremos? Sofremos tanto, e todo esse sofrimento foi por — sua voz embargou, achei que aquela seria a segunda vez que o veria chorando — você.

Ele suspirou.

— E o que você faz? Como nos agradece? Você desperdiça *todas* as oportunidades que lhe damos. A sua vida é *tão* fácil em comparação com a nossa. Mas — meu pai olhou para baixo e balançou a cabeça em desaprovação, ainda apontando para mim — a sua vida é sua. Você faz o que quiser. Se estragar tudo agora, é o *seu* futuro que estará estragando, não o nosso.

Pensei no sofrimento deles. Pensei nas unhas grossas da minha mãe, em suas mãos e pés inchados dos dias que ela passava na água quando trabalhava nos arrozais adubados com fezes humanas, com sanguessugas rastejando em seus braços e pernas nus. Pensei na aversão do meu pai a peixe, embora ainda gostasse de pescar, porque na infância ele precisava pescar no rio para não morrer de fome. Nunca vou saber o quanto eles sofreram, nem os sonhos, tristezas, esperanças e desesperanças que carregavam com suas foices para os campos, a cada novo amanhecer, enquanto os galos e os pássaros cantavam, mas eu sabia naquela época — como sei agora — que a jornada deles continuaria em mim.

— Pai — eu disse —, juro que não vou desperdiçar minha vida.

Daquela noite em diante, não fiz nenhum esforço para socializar nem fazer amizades. Também não tinha tempo para namorar. Dediquei-me totalmente aos estudos.

Minha mãe se tornou cidadã americana em 2000, meu pai, em 2001, e eu, também em 2001.

À época em que entrei no ensino médio, a vida financeira dos meus pais havia melhorado. Pude colocar aparelho nos dentes. Passei de um almoço reduzido para um almoço normal e, quando fiz 16 anos, eles me deram um carro novo. Meu pai acordava cedo e enchia o tanque para mim antes da escola. Ele trabalhava como especialista em TI, fazendo gestão de bancos de dados e programação para o governo do estado de Michigan, mas mesmo assim não conseguia deixar de catar as moedas que encontrava na rua. Minha mãe era pesquisadora e trabalhava com estatística e análise de dados para a Universidade de Michigan, mas continuava exigindo que tomássemos banho rápido, em sequência, para o boiler não ser aquecido mais de uma vez. Meus pais tiraram metade das lâmpadas que vieram instaladas em casa para poupar eletricidade. Eles guardavam a água com sabão da louça lavada para lavar outras louças; e, enquanto o faziam, eu ia à geladeira para pegar uma sobremesa americana e, ao abrir a tampa

SEGUNDO TRIMESTRE

do pote de sorvete, encontrava ovos em conserva, arroz fermentado ou peixes da última pescaria.

Meus pais se tornaram membros muito ativos e queridos da comunidade chinesa. Era comum irmos a jantares comunitários ou a noites de jogos na casa de outras famílias. Levávamos os rolinhos-primavera da minha mãe, famosos pelo recheio suculento envolto em casca fina e crocante. Minha mãe foi eleita por vários anos a professora favorita em nossa escola chinesa dominical, onde eu a via ser gentil e carinhosa com todas as crianças e me perguntava por que não conseguia ser assim comigo. (Minha mãe *adorava* crianças e educação; ela doava o pouco que tinha para ajudar na educação de crianças de vilarejos chineses remotos.) Eu acreditava que meus pais seriam mais gentis um com o outro e comigo quando a vida fosse mais fácil, quando eles se acomodassem no emprego, mas minha vida em casa não melhorou muito. Um dos apelidos carinhosos que meu pai deu à minha mãe — e eu nunca soube se ela se opunha ou não a isso — era *dăng*. "O Partido." No sentido de: o único partido que importava.

A única coisa que dava um mínimo de alegria a meus pais — que os fazia relaxar, sorrir e, às vezes, até rir — era quando eles lucravam com seus investimentos. Eles investiam em ações. Adoravam ir a cassinos. Adoravam assistir a esportes e jogar baralho com os amigos chineses (com quem trocavam dicas sobre ações). Para mim, a atividade ao ar livre favorita deles — pescaria — também era uma espécie de cassino. Eu não entendia como os meus pais, cujo trabalho era de natureza quantitativa, conseguiam achar emocionante, alegre e prazeroso o que para mim era uma combinação de incerteza e sorte. Eu havia lido livros de Burton Malkiel sobre a eficiência dos mercados nos quais ele argumentava que "o mercado de ações é tão bom em se ajustar a novas informações que ninguém pode prever sua direção". Mas, depois de ver com meus próprios olhos o que a sorte financeira pode fazer pelas famílias, decidi tentar provar que Malkiel estava errado: eu tentaria encontrar um padrão no mercado de ações e compartilhá-lo com o mundo. Essa seria a minha contribuição, a minha teoria de tudo.

Fiz o processo de inscrição antecipada no MIT porque parecia ser o melhor lugar para aprender a atingir esse objetivo. Ao mesmo tempo, eu tocava piano e era coeditora do jornal literário da escola. Adorava música, adorava literatura, mas nunca acreditei que uma carreira em artes ou humanas fosse uma possibilidade para mim. Nunca acreditei que estivesse em meu poder contar "a história". Assim, na formatura do ensino médio, como prêmio por meu desempenho acadêmico, fui co-oradora da turma de 393 alunos, ainda em dúvida da área de exatas que seguiria. No meu último ano do ensino médio, nos mudamos para uma casa de tijolos com 320 metros quadrados, quatro quartos, três banheiros, um lavabo e um jardim paisagístico. Depois do último dia de aula, nossa casa foi vandalizada com papel higiênico. Meus pais ficaram horrorizados, principalmente por causa do jardim, pichado com letras e números que cobriam todo o gramado: "VAI SE FODER 4.0". A tinta matou a grama. As casas dos demais oradores da turma não foram vandalizadas, pelo menos não ficamos sabendo, e meus pais interpretaram o ocorrido como um ato de ódio, talvez racista, especialmente porque alguns anos antes eu havia sido ofendida com termos estigmatizantes no blog de um colega.

Meu pai passou o dia sobre a escada tirando papel higiênico das árvores. Depois, minha mãe e meu pai foram à loja de construção comprar materiais para replantar a grama pichada. Eu pedi para ajudar, sabia que aquilo não era certo, mas eles me disseram para ficar em casa e *bié dòngshǒu*. "Não faça nada." A grama nova cresceu rapidamente, mas nunca teve a mesma cor ou textura do resto do gramado.

Em algum ponto sobre o Oceano Pacífico, decidi que não estava pronta para sair da Carbon. Havia concordado em dar a Boone entre cinco e dez anos e não conseguia quebrar minha promessa.

SEGUNDO TRIMESTRE

* * *

— Como foram as férias? — perguntou Boone.

Era a reunião da segunda-feira de manhã. Ele estava bronzeado depois de passar uma semana no Caribe com a família.

— Lá na China visitei minha bisavó, que é uma das pessoas mais velhas de Xangai.

— Sério?

— Outro dia mesmo ela saiu no jornal local por ser, tipo, a segunda pessoa mais velha do distrito de Xuhui.

Pensei no quão incrível era que minha família do lado materno tivesse quatro gerações vivas de mulheres *primogênitas*, considerando o longo histórico de infanticídio feminino na China. Cresci ouvindo minha mãe dizer para nunca me esquecer de que nas minhas veias corria *chāojí nǚ jīyīn*. "Genes de supermulher."

— Quanto anos?

— Vai fazer 108 este ano. Sem doenças cardíacas, sem demência, sem pressão alta.

— Qual é o segredo dela?

— Ela tem o coração tranquilo, não se preocupa. Sobreviveu a duas guerras mundiais, uma guerra civil, fomes, revoluções e não tem medo de nada, nem da morte.

Boone riu baixinho e disse:

— Acho que não vou viver muito.

Continuei cometendo erros no trabalho. Cada tarefa encerrava um risco variável de interrupção; cada interrupção roubava a minha concentração por cinco, dez ou trinta minutos. Antes de poder retornar ao ponto em que havia parado, eu era interrompida de novo e nunca mais voltava ao que precisava fazer.

Gabe estava viajando para pesquisar algumas empresas. Ele fizera reuniões em sequência antes de pegar o voo de volta, e eu esqueci de fazer o check-in online. Estava correndo com várias tarefas que exigiam foco quando um lembrete da agenda disparou e o adiei sem pensar. Quando me lembrei, já não dava mais tempo. Gabe não conseguiu embarcar. Fiz dezenas de ligações — para a agência de viagem, para o cartão de crédito, para o programa de milhagem, para todos os serviços de *concierge* de luxo da Carbon e de Boone —, mas ter *status* não dava o poder de voltar no tempo. Consegui reservar outro voo para ele, e sua agenda atrasou em cerca de uma hora.

No dia seguinte, no escritório, Gabe não gritou comigo, embora estivesse ainda mais silencioso do que o habitual. Depois que me desculpei, ele disse:

— Isso não pode acontecer de novo.

— Eu sei; não tem desculpa. Vou configurar ainda mais lembretes.

— Talvez seja o caso de trabalhar menos.

Enquanto Boone assinava documentos em sua sala, eu contei:

— O pessoal do *Billions* me convidou para visitar a sala dos roteiristas.

— É mesmo? — Ele parou de assinar e me olhou. Ele havia me dito, meses antes, que estava assistindo ao seriado. — A série?

— Sim.

Ele deu de ombros.

A sala vibrava com o Sol efervescente da primavera, que nos dava batidinhas nos ombros num convite para sair ao ar livre. Cerca de oito pessoas estavam sentadas ao redor de uma mesa e olhavam para mim.

— Ele sabe que você está aqui? — perguntou Brian.

— Sim — respondi. — Ele confia em mim.

Brian sorriu. Eu o conhecera no mês anterior, em um jantar. Ele me perguntara se eu assistia à série, se achava que ela retratava a realidade com precisão; eu disse que sim e que o N18HF, o helicóptero que um dos personagens pegava no começo do segundo episódio, era um número que eu conhecia bem. Então ele me deu dois tapinhas no ombro e falou:

— Precisamos conversar.

Hoje, sentado ao lado de Brian, estava seu colaborador de longa data David, cocriador da série. Juntos, eles escreveram *Cartas na mesa*, um clássico cult com falas como "Se você não sabe quem é o otário... o otário é *você*". O filme fora lançado antes do boom do pôquer nos anos 2000, uma febre que eles ajudaram a alimentar com uma embalagem hollywoodiana para o mundo underground das apostas ilegais.

Depois de uma breve conversa, Brian foi direto ao ponto:

— Convidamos você porque estamos pensando em trazer uma personagem como você para a série. Uma *chief of staff*, uma personagem tipo braço direito para a próxima temporada. Vamos começar do começo.

Tomei um gole d'água. Brian e David fizeram quase todas as perguntas.

Onde você nasceu?

Como veio para os Estados Unidos?

Onde você cresceu?

Como foi a sua infância?

Como são os seus pais?

Em que faculdade você estudou?

Em que curso você se formou?

Por que se formou precocemente?

Era difícil para você fazer amigos?

Você teve dificuldades em relacionamentos?

Foi difícil trabalhar com finanças sendo uma jovem mulher?

Então você passou grande parte da vida subestimando a si mesma e a sua capacidade para que os outros não se sentissem mal, posso colocar assim?

Principalmente os homens? Tendo desenvolvido toda essa adaptabilidade, essa capacidade de ser um camaleão... você acha que foi por isso que quis trabalhar na Carbon, porque achou que finalmente estaria livre para ser você mesma, para ser tudo o que ambicionava ser?

Vamos voltar um pouco: como você conseguiu o emprego?

Você não acha que é qualificada demais?

Como é um dia de trabalho típico para você?

O que você quer dizer com situações de triagem*?*

O que você quer dizer com os olhos e ouvidos dele*?*

Como é o seu relacionamento com a esposa dele?

Por que você não é o tipo dele?

Imagino que existam atritos entre você e as outras assistentes, não?

E entre você e o COO?

Você ganha bem?

Você tem o poder de demitir alguém?

Pensamos em perguntar o que você faz fora do trabalho, mas o "fora do trabalho" não existe, não é mesmo?

Enquanto respondia às perguntas dos roteiristas, percebia que novas perguntas se formavam em seus pensamentos, como bolinhas em uma máquina de sorteio esperando para ser lidas. Eu estava preparada para todas elas, menos para a próxima.

— Conte-nos: o que você pensa em fazer depois de sair da Carbon? — perguntou Brian.

Olhei para ele em silêncio, chocada com a maneira como havia formulado a pergunta. Peguei a garrafa d'água e dei outro gole.

— Você pode fazer o que quiser — ele disse. — Para onde você vai?

Horas depois, eu e Parmita nos encontramos para nosso primeiro *date* duplo: ela e seu novo namorado, um candidato a MBA em uma importante faculdade de Negócios, e eu e Josh, com quem eu tinha voltado.

SEGUNDO TRIMESTRE

Sim. Eu sei. Nenhuma das minhas amigas acreditou. Depois que finalmente respondi a um dos e-mails de Josh que continha um poema de Edna St. Vincent Millay, ele me mandou outro: "Perspectivas", de Anthony Hecht. O poema, que falava sobre partir em busca do sublime, reviveu partes de mim que eu havia deixado morrer na Carbon: o desejo por suavidade, prazer, beleza, alegria, sonhos, diversão, música e — não é sem culpa que admito — *facilidade*. Eu queria que a minha vida fosse mais fácil. Estava exausta de existir para outra pessoa, de fazer de tudo para facilitar a vida de Boone. Queria alguém que quisesse cuidar de mim. Josh disse que estaria viajando entre a Flórida, Londres e Michigan, mas que viria a Nova York naquele dia para me encontrar onde e quando eu quisesse. Escolhi um restaurante perto de casa em um domingo às 17h30.

Josh chorou assim que me viu. Ele pediu uma mesa nos fundos. Pediu desculpas por ter tentado me controlar. Ele me amaria mesmo se eu quisesse trabalhar para sempre na Carbon. Ele me amaria mesmo se eu quisesse ser escritora. Ele adorava a minha determinação, a minha força. Temos todo o tempo e dinheiro do mundo, ele disse. Lembrei a ele dos detalhes daquele controle: restringir minha dieta a apenas uma sobremesa no jantar a cada dois dias; me dizer para dar um jeito na minha pele; me dizer que eu tinha problemas para controlar a raiva; me dizer que ele não gostava do meu lado empolgado, animado, emotivo.

— Me arrependo de *tudo* isso — ele declarou. — Fui um idiota. Nunca achei que poderia amar alguém como amo você e, quanto mais eu amava, mais vulnerável me sentia, mais eu descontava minhas inseguranças em você. Cresci muito no tempo em que passamos separados.

Eu estava no meu pior momento. Josh era um inferno, mas um inferno que eu conhecia. Não acreditei nele. Mas, no dia seguinte, me peguei pensando em lhe dar outra chance. Apesar de todas as nossas brigas, ele nunca levantara a voz comigo. Ele nunca tinha visto seus pais brigarem, gritarem ou dizerem algo maldoso um ao outro (eles tinham um casamento feliz, de décadas) e acreditava que as conversas entre um casal devem ser civilizadas e sinceras, sem uma gota de negatividade. Ele me perguntava sobre a minha vida interior (mesmo que depois invalidasse a realidade) e, se eu não estivesse bem, se dispunha a escutar o que eu tinha a dizer, desde que dissesse, nas palavras dele, com uma "voz de ursinho Pooh". Para ele, eu nunca fui um incômodo. Ele nunca se esqueceu do meu aniversário. Sempre que eu ficava doente, cortava o dedo cozinhando ou me machucava de qualquer forma, corria até mim, me abraçava e perguntava se eu estava bem.

E lá estávamos nós, os quatro, em um restaurante italiano no SoHo. Parmita chegou direto de seu novo emprego como diretora de desenvolvimento de negócios em uma startup Série A de alto crescimento. Ela se apresentara nas entrevistas com a assertividade e agressividade de sempre e poucas horas depois havia conseguido o emprego. Agora que não trabalhava mais em finanças, parecia muito mais feliz e muito menos ansiosa. Antes de abrirmos o cardápio, Parmita gritou:

— Carrie! *Billions*! Quero saber tudo! — Ela pendurou a bolsa no encosto da cadeira. — Não deixe nenhum detalhe de fora!

Contei que os roteiristas eram brilhantes e que pareciam ter uma espécie de mediunidade.

— Eu quase não precisei dizer nada a eles. Eles deduziram tudo.

— Que emoção! — exclamou Parmita.

Falei efusivamente de Brian e David, que pareciam conhecer a fundo não apenas o lado técnico dos hedge funds, mas também a complexa psicologia e os relacionamentos complexos de quem trabalha na área.

— No final — contei —, Brian me perguntou: qual é o segredo para ser um bilionário? É o que todo mundo quer saber.

Josh se remexeu na cadeira.

— Respondi que o grande segredo é que não tem segredo. Boone me mandou quatro livros antes de eu começar no emprego, e o "segredo" dele é executar aqueles conceitos simples de maneira excepcional e sistemática. Mas acho que é literalmente a coisa mais difícil de fazer. Claro que ele tem *ajuda* para executá-los; esse é o ponto. É tudo sobre a ajuda oculta, as pessoas a quem você delega tarefas que ocupam cada centímetro da sua vida para conseguir dedicar seu tempo apenas ao que interessa. — Me veio à mente que Boone nunca fora interrompido no trabalho pelos filhos.

Josh tomou um gole de água e desviou o olhar da mesa.

— E — continuei — quando me levantei para sair, Brian disse: "Você é interessantíssima. Estávamos pensando em fazer um personagem homem, mas agora acho que vai ter que ser uma mulher. Você acha que ela pode ser chinesa também? Seria óbvio demais?". Eu respondi: "Imagine, sem problemas". E sabe qual foi a parte mais chocante? Eles simplesmente presumiram que eu sairia da Carbon. Não era uma questão de *se*, mas de *quando*.

O namorado de Parmita, Anant, não disse uma palavra — o que dava para entender, já que tínhamos acabado de nos conhecer. Parmita e eu olhamos para Josh, que não me fez nenhuma pergunta nem demonstrou qualquer interesse pela conversa. Ele voltou a se remexer na cadeira. Parmita e eu nos entreolhamos, ela virou o corpo para Josh e disse:

— Então, Carrie me contou que você está morando parte do tempo em Nova York...

Josh abriu os lábios e começou a falar sobre si mesmo.

Depois do jantar, nós quatro fomos a um *lounge* com poltronas de veludo para tomar um digestivo. Quando Parmita e Anant foram ao bar pedir as bebidas, virei-me para Josh e perguntei:

— O que aconteceu?

— Nada.

— Por que está de mau humor?

Silêncio.

— Por que não quis ouvir sobre o meu almoço com os roteiristas de *Billions*?

Silêncio.

— Você disse que apoiaria a minha carreira e preciso poder falar sobre o meu trabalho, não importa se for *Billions*, a Carbon...

— Você pode parar de dizer *Billions*? E não aguento mais ouvir falar do Boone.

— Você não quer ouvir sobre Boone, sobre *Billions* ou sobre a Carbon? Qual deles?

— Nenhum deles.

Silêncio.

— Você tem ciúmes do Boone?

— Pare de dizer o nome dele!

— Mas ele é meu chefe.

Josh fez uma pausa.

— Ele nem é um bom investidor, sabia? Ele só teve sorte.

— Por favor, pare...

— Ele teve sorte com o timing e com a queda nas taxas de juros e surfou na onda da tecnologia.

— Você está errado.

— O Facebook? Tenha santa paciência... Qualquer um com dois neur...

— *Pare com isso.* Boone é um gênio.

Um garçom se aproximou. Estudei o cardápio enquanto Josh pedia seu vinho.

— Vou querer este — falei, apontando para um coquetel com vinho rosé; então, com meu dedo indicador, fui até o canto inferior direito do cardápio. — E uma porção de cookies. Obrigada.

O garçom anotou o pedido e se afastou.

— Você vai comer sobremesa? — Josh perguntou.

— Sim. Algum problema?

— Acabamos de jantar no Charlie Bird.

— É... mas meu prato era minúsculo, ainda estou com fome e quero um doce para acompanhar a bebida.

— São muitas calorias...

— Você só pode estar de brincadeira. Não faz nem uma semana que me prometeu que iria parar com isso.

Parmita e Anant voltaram. Perguntei sobre os planos deles para o verão. Enquanto eles falavam, pensei nos e-mails que Josh me mandara depois que voltamos a nos falar. Assunto: "Estou de fato muito contente por vê-la novamente". As palavras continham um hiperlink para a explicação: "Fiquei muito emocionado ao vê-la no jantar. Espero que possamos evitar os erros que Gatsby e Daisy cometeram quando retomaram seu romance". Em outro e-mail, Josh contava que tinha "conhecido a inveja entre colegas" e "em grande parte a superado", mencionando seu melhor amigo de faculdade que, após largar o emprego em um hedge fund para abrir uma empresa de tecnologia que estreou na Bolsa com uma oferta pública inicial recorde no setor, fora capa de uma importante revista financeira.

Josh e eu voltamos para o meu apartamento. Enquanto pendurava as chaves no gancho ao lado da porta, tracei meus limites:

— Se você tentar me controlar ou controlar o que eu como de novo, estou fora.

Josh pediu desculpa. Não sabia o que tinha acontecido, talvez tivesse sido o álcool, ele não faria isso de novo.

— E não admito que você minimize o meu trabalho — eu disse.

— Você sabe que não passa de uma secretária de luxo, não é?

— Como você sabe? Você nunca pergunta sobre o meu trabalho ou sobre o que eu faço, nunca quer me ouvir falar sobre Boone...

— Não diga o nome dele!

Respirei fundo e disse com toda a calma que consegui reunir:

— Você nunca quer ouvir sobre Boone ou a Carbon. Você não faz ideia do que eu faço no meu trabalho.

— Não preciso de detalhes para saber que você é paga só para massagear o ego dele.

Sábado, tarde da noite. Eu estava na festa de aniversário de uma amiga, em Murray Hill. Boone me mandou mensagem pedindo para fazer algo relacionado ao trabalho. Depois mandou outra mensagem, de quinze palavras — um comentário desdenhoso que era pessoalmente ofensivo.

Então... No instante seguinte, em menos de um segundo, vi meu polegar tocando na seta azul para enviar uma resposta:

Entendo *perfeitamente* o que você quer dizer!

O fundo do poço havia acabado de ficar ainda mais fundo.

Em vez de tentar impor respeito, dizer que aquela era uma maneira insensível de falar sobre mim e sobre as pessoas que eu amo e represento, eu havia concordado com ele. Não só: a rapidez e a facilidade com que renunciei a mim e ao meu povo por Boone, para que *ele* ficasse feliz, para ajudar um homem que não acreditava ser digno de um livro a sentir-se bem consigo mesmo...

Eu aceitava seus pedidos irracionais como se fossem razoáveis.

Eu dizia a mim mesma que só estava fazendo meu trabalho, cumprindo ordens, sendo profissional.

Eu deixava as minhas próprias necessidades de lado pela Carbon e por Boone porque acreditava que servir a meu empregador significava servir à humanidade. Eu acreditava no prestígio da Carbon, que, para mim, não estava nos zeros depois das vírgulas, mas na legitimidade moral da empreitada. Ignorava o fato de que os gestores de portfólio da Carbon usavam jatinhos particulares. Ignorava que cada um desses jatos particulares contribuía para agravar as mudanças climáticas e para reduzir a receita do governo por meio de incentivos fiscais. Ignorava a brecha fiscal que os gestores de portfólio usavam para pagar menos impostos sobre seus lucros. Ignorava o fato de que muitos trabalhadores de classe média pagavam mais impostos, em termos percentuais, do que gestores de hedge funds ou executivos de fundos de capital fechado. Ignorava os privilégios de todos os funcionários da Carbon, inclusive os meus; o fato de que pessoas se viravam do avesso para facilitar a *nossa* vida, atendendo as nossas ligações; nos deixando furar filas; nos dando descontos e brindes e — o que me revoltava — nos dando um tratamento diferenciado enquanto destratavam os peixes pequenos.

Tinha algo de muito errado ali. Eu sabia. Acho que ele também.

Eu me perguntava quem, na concepção do próprio Boone, teria algum poder sobre ele — se é que existia alguém. Quando seu porta-voz ligava, ele retornava a ligação sem demora. Se Ken Griffin, Henry Kravis ou Martin pedissem uma reunião, ele me dizia para "dar um jeito". Nada disso me surpreendia. Boone se importava com qualquer pessoa ou instituição que pudesse mudar o jogo para ele.

O que eu não esperava era que Boone fosse tão receptivo a empreendedores que precisavam de capital. Durante o planejamento de sua última viagem à Costa Oeste, na qual se encontrara com os fundadores de duas das startups mais promissoras do Vale do Silício, Boone me mandara priorizar a agenda deles. Certa vez, um fundador quis fazer uma visita e solicitou um helicóptero para não pegar trânsito. Perguntei a Boone, pensando que ele diria não.

— Pode colocar a despesa na minha conta pessoal — ele instruiu.

Em outra ocasião, um fundador queria fazer uma apresentação a Boone, mas só poderia fazê-lo no centro de São Francisco, longe de seu escritório, devido a uma incompatibilidade de agendas. Boone me mandou reservar uma sala de reunião no Four Seasons, gastando cerca de 4 mil dólares para assistir a uma apresentação de 1 hora. Ele até chegava cedo a algumas dessas reuniões e esperava. Minutos inteiros. Os encontros com os fundadores se davam nos termos destes. Pode parecer que estou falando de meros detalhes, mas, para mim, era uma espécie de reversão no circuito do tipo de capital de risco sobre o qual cresci lendo. Também era uma reversão básica no significado do dinheiro: e se você desse seu dinheiro a alguém e abrisse mão do controle?

Outra reversão: Boone parecia ter menos interesse em projetos ambiciosos. Sobre Katherine, ele me disse depois: "Ambiciosa demais". Sobre outras startups, ele disse em certa ocasião: "É uma tecnologia difícil demais". A maioria dos capitalistas de risco ia atrás de eventos extremos, aquelas circunstâncias que podem produzir retornos grandiosos e descomunais *justamente porque* seus objetivos finais eram incrivelmente ambiciosos e difíceis. Já Boone, em vez de passar a maior parte do tempo tentando jogadas arriscadas, preferia avançar sistemática e metodicamente para garantir seu sucesso no longo prazo. Sua citação no Dia do Investidor (sobre a necessidade de observar "tudo o que o tempo, no decorrer de anos e anos, tornará óbvio") continha uma revelação: a mudança que levaria muitos anos para ser esclarecida era incremental, não radical.

Quando Boone me disse que ainda não fizera nada que fosse digno de um livro, pensei: *Ele está sendo modesto?* Depois pensei: *Ele está me contando absolutamente tudo.*

Embora raramente se preocupasse em controlar conselhos administrativos, a Carbon agregava um valor às empresas nas quais investia, o qual se estendia para além do acesso a capital financeiro. A Carbon também fornecia acesso a sua vasta rede de relacionamentos (como, em um piscar de olhos, colocar um fundador em contato com qualquer pessoa no mundo dos negócios) e acesso a capital intelectual (por exemplo, conectar um fundador a especialistas de qualquer área). No contexto do capital de risco, especialmente dadas as taxas de retorno internas, era inegável que a Carbon agregava valor. No contexto dos hedge funds, também era inegável que a Carbon agregava valor. Quinze anos de um desempenho no mínimo bom, com apenas um ano ruim, só poderiam ser atribuídos à habilidade, não à sorte. A Carbon era muito mencionada na imprensa financeira. Portanto, quando Boone afirmou que não havia conquistado algo de valor nem feito algo notável, ele se referia ao seu impacto no mundo — o que fazia da declaração uma denúncia contra a indústria do capital de risco e dos hedge funds.

Boone não tinha quaisquer ilusões no que dizia respeito ao jogo. Talvez fosse isso o que fizesse dele um gênio. Acreditar que o jogo era mais do que apenas dinheiro era uma falácia minha, não dele. Deixei-me levar por suas distrações, pelas repetidas instruções para ser "supergentil", "atenciosa", "prestativa" e "ser a primeira a dar". Deixei-me levar por essas distrações porque uma parte grande de mim queria acreditar na mentira, no mito, de que um grande e poderoso fundo multimercado poderia se importar com algo além de dinheiro, algo maior, como moralidade ou a sociedade; de que o sistema financeiro poderia ser justo e movido por algo além de ganância e interesse próprio. Eu costumava acreditar que Boone era movido pela paixão ao jogo, qualquer que fosse, e que ganhar dinheiro não passava de efeito colateral. Não. A única coisa que importava era o dinheiro. *Todo o resto* era efeito colateral.

Tudo se resumia ao que ele me dissera em meu primeiro mês na Carbon. Gerenciar um fundo envolve dois aspectos, perfeitamente sintetizados por duas taxas: a taxa de performance e a taxa de administração. Além de escolher empresas vencedoras, os gestores de portfólio devem administrar os fundos; é um malabarismo que, dependendo do tamanho do fundo, pode pender para qualquer lado. Apesar do grande crescimento do patrimônio da Carbon, Boone e a empresa pareciam se concentrar apenas no desempenho. A Carbon gostava de contratar jovens, famintos e moldáveis, mas não investia tempo nem dinheiro em desenvolver nossos talentos nem nos ajudava a subir de nível. A Carbon não tinha departamento de RH. Não tinha ninguém nas operações além do diretor financeiro e sua assistente (que também dava suporte a toda a equipe de traders).

É verdade que havia o back office, mas sua única atribuição era ajudar no desempenho. Boone não perdia tempo com conversa fiada. Ele nunca me chamou para uma bebida, uma refeição ou um café. Ele desprezava qualquer tipo de drama no escritório e não queria se envolver em nada relacionado a isso — a que se referiu certa vez como "dano cerebral". Ele parecia acreditar que os aspectos humanos da empresa, se os retornos fossem altos o suficiente, se resolveriam sozinhos. Se você tiver os maiores retornos e oferecer os maiores salários, quase tudo se resolverá automaticamente, porque as pessoas — funcionários e investidores — vão querer fazer parte da sua missão. A ganância é boa porque torna as coisas previsíveis. Não há necessidade de coagir, impor ou impingir quaisquer ilusões quando há voluntários que se encarregam da autopersuasão.

Por exemplo: a Carbon caiu mais de 20% e não perdeu investidores.

O dinheiro resolve quase tudo.

Quase tudo. O verdadeiro inimigo de um hedge fund, de um fundo de capital de risco ou de um fundo multimercado era qualquer pessoa que não estivesse participando e que não pudesse ser convencida a querer participar. Em outras palavras: uma pessoa não movida por dinheiro.

Em junho, nosso diretor de compliance me ligou e pediu para falar com Boone. Jeff nunca falava com ele. A empresa nunca teve qualquer problema de compliance.

Jeff chegou para conversar pessoalmente. Depois de alguns minutos, ele se levantou, apertou a mão de Boone e saiu da sala. Em uma reunião naquela mesma tarde, Boone me contou que Jeff arranjara outro emprego. Uma memória surgiu em minha mente: Boone e eu caminhando pelo Central Park; era a minha segunda entrevista com ele, que, após olhar para o vazio, me disse que ninguém jamais saía voluntariamente da Carbon. Era difícil de acreditar. Mas eu havia acreditado. No mês anterior, uma asiática inteligente e empenhada que trabalhava na contabilidade e com quem eu tinha feito amizade saíra da Carbon para cursar Negócios; ela me dissera que não via nenhuma possibilidade de crescer ali. Seis meses antes, outro funcionário da Carbon, formado em matemática por uma universidade de elite, um dos dois únicos funcionários negros que tinham contrato em tempo integral, saíra para mudar de empresa, talvez até de carreira, porque também achava que não tinha como subir ali.

— Os head traders são jovens e vão levar um bom tempo para deixar seus empregos — explicou ele. — Eu ganho muito bem... Mas para quê? Por quê?

Voltei à minha mesa e larguei o bloco de notas e a caneta. Eu estava pronta para sair.

1º de julho a 26 de setembro

Boone me dissera várias vezes que, desde que eu trabalhasse em equipe, sempre me apoiaria. Era por isso que eu quase nunca reclamava, só engolia as coisas. Na primeira vez que me manifestei, em relação a Courtney, me senti largada à própria sorte, mas decidi que fora um caso à parte.

Em julho, resolvi me manifestar de novo. Eu temia (eu sabia) que reclamar com Boone teria consequências e adiei até me sentir pronta para deixar a empresa. Meus problemas com o TI beiravam o insuportável. Lá se iam quase dois anos. Eu só queria que eles fizessem o trabalho deles. Em uma reunião após Boone retornar da conferência anual em Sun Valley, reclamei que Ted e sua equipe não me ajudavam em nada. Cheguei munida de exemplos documentados — me sentia péssima por isso, mas Boone só respondia bem diante de provas e dados. Mencionei que não era só comigo; todas as assistentes, como Lena e Val, tinham incontáveis histórias parecidas.

— Não estou tentando jogar a culpa no TI — falei —, mas preciso de ajuda para fazer o meu trabalho. As outras assistentes pensam o mesmo. Cheguei num ponto em que não consigo mais resolver os problemas do TI e ainda ter o desempenho perfeito que você espera de mim.

Ele assentiu e disse:

— Sei como deve ser frustrante. — Ele estava pensando e decidindo. Talvez esperando que eu simplesmente deixasse quieto. — Mas esses caras são os melhores que conseguimos encontrar. Ted e sua equipe não são perfeitos, mas são os melhores que temos.

Desde o fim do ano anterior, Boone apontava em forma de reprimenda que meus padrões estavam baixos demais, repetindo quase que diariamente algo como "Não me traga *nada* sem que antes analise e conclua que aquilo está em conformidade com os melhores padrões de excelência do mundo". O que aconteceu com essa mentalidade? Por que ela se aplicava a algumas coisas e a outras não?

— Sinto muito, Boone — eu disse, tomando cuidado com o tom de voz —, mas não posso deixar isso passar. Tenho vários exemplos de casos em que o TI não fez o trabalho deles. Você está me dizendo que esse tipo de comportamento é aceitável?

— Tudo bem. Devo envolver o Jay para vocês tratarem disso anonimamente?

— Pode ser.

— Eu não quero me meter nessa história.

Foi então, de súbito, que entendi: todo mundo ali só estava tentando sobreviver. Eu, o pessoal do TI, as outras assistentes, todos estávamos sobrecarregados. Ou, como Val me escreveu: "Todo mundo está infeliz". Boone tinha razão, eu enfrentaria resistência. Mas não cabia a mim ser mais prestativa ou mais simpática, fosse com Ted, Courtney ou qualquer outro colega; a culpa era de Boone, que impunha à Carbon, uma empresa que faturava bilhões, uma mentalidade de escassez. Eu estava por conta própria. De novo. Levantei-me da cadeira e saí da sala, esperando que meu andar tranquilo acalmasse meu coração irado e partido.

* * *

1º DE JULHO A 26 DE SETEMBRO

Os mercados globais haviam começado o ano em queda. Depois de fevereiro, a Bolsa e o petróleo se recuperaram, mas o mercado de IPOs permaneceu fraco. Para a Carbon, as coisas iam de mal a pior — os fundos de ações abertos e fechados, as avaliações de empresas de capital fechado, o humor de Boone. Enquanto isso, a carga de trabalho só aumentava; era a Marcha das Vinte Milhas.

Boone parecia estar em mais reuniões neste ano do que no ano anterior, quando a Carbon investira capital mais ativamente. Ele também dizia coisas que nunca imaginei que ouviria de sua boca.

— Caro demais — falou quando eu e Val lhe apresentamos o orçamento para o Dia da Família. — Vejam o que dá para cortar.

Quando viu que, às quatro da tarde no Dia da Família, ninguém estava parando de trabalhar, ele me deu uma ordem direta:

— Reúna todo mundo.

Sete minutos depois, mandou que eu enviasse um e-mail para todos da Carbon obrigando as pessoas a largarem tudo e descerem imediatamente. Levei quarenta minutos para convencer quatro pessoas a parar de trabalhar. Lena se recusou a ir. Erin (que manteve sua mesa depois que Kelly, agora mãe, voltara e fora realocada ao family office de Ethan) também. Imaginei Val, que tinha planejado o evento, levando um chá de cadeira por uma hora no Victorian Gardens.

A chuva tinha parado. Mas o ar ainda estava úmido. O local parecia um pátio de escola deserto. Nenhuma criança, quase nenhum adulto. A pintura dos brinquedos parecia opaca e desbotada e os jardins tinham um quê de repulsivo, um lugar onde trabalhadores de baixa renda, como palhaços e vendedores de pipoca, precisam forçar sorrisos para entreter uma elite absorta. Olhei para o céu cinza e senti um sopro de esperança. As nuvens espalharam a luz e suavizaram os raios para que ninguém tivesse que andar à sombra da Avenida dos Multimilionários.

* * *

Às 6h59, mandei mensagem para Val: "Não estou conseguindo pensar em outra coisa".

Vinte minutos depois, ela respondeu: "Eu também!! Preciso desabafar *ur-gen-te*!".

Era sexta-feira, uma semana depois do feriado do Dia do Trabalho. Meia hora antes do almoço, quando eu sabia que Boone estaria livre, entrei em sua sala e perguntei se eu e Val poderíamos falar com ele. Ele assentiu. Eu pedi que nos encontrasse na Meru. Não queríamos que o front office inteiro nos visse.

Val e eu fomos rapidamente para a sala de reunião, ganhando alguns segundos para nos acomodar e nos encorajar. Ela vinha dizendo que não aguentava mais o estresse do trabalho; estava tendo enxaquecas, o rosto estava com espinhas, o cabelo estava ficando ralo.

Boone chegou um minuto depois e sentou-se à cabeceira da mesa, entre nós duas. Comecei:

— Então, Boone. Obrigada por reservar um tempo para falar com a gente hoje. Queríamos conversar com você sobre como a empresa pode nos ajudar a melhorar ainda mais nosso trabalho. Estamos nos sentindo cada vez mais sobrecarregadas e esgotadas e gostaríamos de entender o que fazer para que nossa situação na Carbon seja mais sustentável.

Ele assentiu.

Olhei para Val.

— Carrie e eu trabalhamos muito — explicou ela —, e é ainda mais difícil quando temos tanto trabalho e vemos pessoas, não vou citar nomes, que passam o dia fazendo ligações pessoais ou fofocando na cozinha. Essas pessoas também nunca estão em suas estações de trabalho, e ainda por cima precisamos atender suas ligações e anotar seus recados. Estou tão sobrecarregada que tenho enxaqueca todo dia — a voz de Val falhou; seus olhos marejaram e lágrimas caíram uma a uma até se transformarem em uma torrente —, e os e-mails não param nem quando estou de férias.

Passo os fins de semana trabalhando. O problema é que precisamos fazer tudo na hora, precisamos estar sempre de prontidão, nunca podemos relaxar. Estamos totalmente esgotadas.

Boone me olhou.

— Você também pensa assim?

— Sim. Cem por cento.

Boone voltou a olhar para Val.

— Então... O que vocês querem?

Val e eu nos entreolhamos, tínhamos ensaiado isso. Boone continuou:

— Vocês podem não querer as mesmas coisas — ele olhou para mim —, então preciso saber de cada uma: o que você quer?

— No meu caso, gostaria de uma redução na carga de trabalho. E preciso de ajuda. Tenho cometido erros inaceitáveis. Sei que errar é humano, mas acho que os meus erros são indicativos do *volume* insuportavelmente grande das minhas responsabilidades.

Boone se voltou para Val.

— E você?

— Concordo com a Carrie sobre a questão do volume. Mas a solução para mim seria outra. Acho que agrego muito valor na minha função e, considerando meu volume de trabalho, gostaria de ter uma remuneração mais justa, quem sabe um aumento. E, se isso não for possível, com base no tipo de trabalho que faço para Ari e Jacob, eu gostaria, quem sabe, de uma mudança de cargo. De assistente para algo como coordenadora de pesquisa ou pesquisadora associada.

Ele pensou.

— Entendi — disse. Analisei seu rosto e sua linguagem corporal em busca de pistas, mas não enxerguei nenhuma. — Vou começar agradecendo a vocês por todo o trabalho duro e por exporem as suas dificuldades. Preciso de um tempo para ver o que podemos fazer. Talvez dar uma participação no fundo ou algo assim. Mas... me deem um tempo.

Concordamos e sorrimos. Boone saiu da sala. Val se aproximou de mim.

— Carrie, eu pareci uma idiota? — perguntou, enxugando as bochechas molhadas com a palma das mãos. — Eu não acredito que chorei na frente dele. Que droga!

— De jeito nenhum — assegurei, desejando ser capaz de chorar também. — Conheço Boone. Acho que isso vai jogar a seu favor, inclusive.

Assim que Boone me viu chegar à minha mesa, me chamou para a sua sala.

— Então — falou, gesticulando para que eu fechasse a porta —, o que está acontecendo? De verdade.

Fechei a porta lentamente e sentei-me na poltrona macia de couro. Eu estava vestindo um retângulo preto de tecido que me fazia parecer um travesseiro *king size*. Continuava mais de 15 quilos acima do peso. Estava usando um par de sapatos sem salto, o único que conseguia usar nos últimos seis meses. Eles estavam tão puídos que eu não dava um passo sem que as solas esfoliassem o carpete. Boone me olhou.

— É como se eu estivesse me afogando. O que está acontecendo, de verdade, é exatamente o que Val e eu acabamos de explicar.

— Mas qual é o verdadeiro problema?

Eu me segurei para não repetir tudo.

— Estou muito estressada. Não estou dando conta do trabalho e isso está afetando o meu físico, o meu mental e o meu emocional.

Boone me olhou de cima a baixo.

Falei sobre todas as minhas doenças físicas.

— Você me parece muito bem.

— Deixando a minha aparência de lado por um minuto — eu disse —, estou afirmando que estou sobrecarregada. No primeiro ano, não disse nada porque era nova na empresa e tinha muito a aprender. Achei que o segundo ano seria melhor, mas não foi. Dei tudo de mim a este trabalho, acabei de completar dois anos, estou começando meu terceiro ano aqui e...

— Você já tentou fazer intervalos?

— Não acho que intervalos sejam a solução aqui.

— Acho que você deveria tentar. Quinze, vinte minutos, à tarde. Eu faço e posso dizer que ajuda muito.

— Mas eu não tenho como fazer isso, tenho muito trabalho. Se eu parar, o trabalho estará me esperando e vou voltar com vinte minutos de trabalho acumulado.

— Fazer pausas vai ajudá-la a lidar melhor com o estresse.

— Não se trata de fazer pausas.

As mãos de Boone estavam apoiadas na mesa. Centímetro por centímetro, ele as ergueu.

— O estresse — disse, pressionando as palmas para baixo de uma só vez, como se quisesse impedir que algo subisse — é 100% psicológico. É tudo uma questão de mindset. Foi um ano muito difícil para a Carbon, para mim também. Acho que é por isso que você está estressada. Acho que você deveria tentar algumas técnicas de gerenciamento de estresse. Procure ajuda profissional ou algo assim.

Eu não estava acreditando. Mantive a calma e fui racional.

— Já tentei de tudo: acupuntura, exercícios físicos, meditação. Também tentei fazer intervalos. Boone, estou dizendo, já tentei de tudo. Fazer pausas foi a primeira coisa que tentei, mas nada está funcionando. Estou pedindo a sua ajuda. Preciso de ajuda.

— Tire a tarde de folga.

— O quê?

— Agora mesmo. Vá para casa. Não se preocupe com nada.

— Mas eu tenho muito trabalho hoje.

— Não se preocupe. Vá relaxar um pouco.

Suspirei, tomando cuidado para ele não perceber.

— Certo. Tudo bem. Muito obrigada, Boone.

Peguei meu bloco de notas e minha caneta, saí da sala e voltei à minha mesa, onde fiquei encarando os monitores, inerte. Olhei ao redor do cubículo como se fosse um daqueles jogos de caça-palavras e o que saltasse aos olhos seria a solução para todos os problemas: *superchefes*.

Meu telefone tocou.

Atendi.

Boone me mandou voltar à sua sala. Voltei e sentei-me.

— Consegui uma tarde no spa para você — anunciou. — Às duas da tarde hoje, no Peninsula.

Uma onda de lágrimas se moveu dentro de mim e percebi que não tinha mais energia para reprimir minhas verdadeiras emoções. Achei que aquele seria o momento no qual eu finalmente cairia aos prantos. Não foi.

Boone me dava coisas. Coisas que não ajudavam. Eu ansiava por viver e trabalhar em um mundo belo e perfeito onde boas intenções bastariam. Ansiava por sentir mais gratidão pelos vouchers em spas cinco estrelas, pelas maratonas de compras, pelas férias, pelas sessões com personal trainers, mas a verdade é que qualquer gratidão que sentisse era totalmente eclipsada pelo desejo de uma mudança no processo. Eu não precisava de soluções individuais (como intervalos) ou prazeres materiais (como massagens), mas de mudanças estruturais, processuais e sistêmicas. Pensei na massagem e na limpeza facial profundas que receberia em breve e percebi que o problema era o seguinte: as soluções anunciadas como profundas na verdade mal arranhavam a superfície.

Enquanto eu estava no spa, Val teve uma conversa com Ari. Ela me mandou uma mensagem às 16h55:

> Ari me chamou na sala dele e tivemos uma conversa incrível. Ele concorda com a gente. Ele disse já vinha notando o problema e que ele

> e Boone vão passar o fim de semana pensando em soluções.
> Se não fosse por você eu jamais teria coragem para fazer isso. Sério.
> Achei que eu fosse a única que pensava assim. Obrigada!

Na verdade, eu é que devia agradecer a Val. Se não fosse por ela, eu teria continuado a acreditar que meu *burnout* era psicológico e que tudo era culpa minha.

Veio a segunda-feira. Veio a terça-feira. Val e eu estávamos em êxtase, cheias de energia, e chegamos cedo ao trabalho nos dois dias. Cada assistente dava suporte a pelo menos duas pessoas; essa era a regra. Às nove da manhã, Val deixou o escritório rumo ao apartamento de Jacob para receber um móvel. Duas horas depois, trocamos mensagens:

> Cá entre nós, se as coisas não mudarem, não posso continuar fazendo esse trabalho. Vou dar até o fim do ano. Ari acabou de me mandar um monte de tarefas que quer que eu faça até meio-dia. Eu disse que estaria esperando a entrega no apartamento de Jacob até a hora do almoço. Ele não deu a mínima. Ninguém se importa, eles só querem o que querem.

> E, cá entre nós, EU TAMBÉM. Até o fim do ano.

> Eu honestamente não consigo mais, isso está me matando. Eu e você vamos morrer cedo, amiga.

* * *

No dia seguinte, Boone me pediu para chamar Val à sua sala.

— Boa sorte — murmurei enquanto ela passava por mim.

A conversa deles foi curta. Val saiu sem olhar na minha direção.

À tarde, quando Lena e Erin estavam fora de suas mesas e Boone estava em seu intervalo, Val veio até meu cubículo.

— Ele disse não.

— Nada? — perguntei.

Ela balançou a cabeça.

— Não vai ter nenhuma mudança? E nenhuma participação no fundo também?

— Não. Ele disse que, se me derem aumento e alguém ficar sabendo, todo mundo vai querer também; o mesmo se aplica a uma mudança de cargo; por isso ele disse que não podem me dar nada. Mas falou que meu trabalho duro não está passando despercebido.

Eu queria muito acreditar nisso; sabia que Boone se importava conosco, mas, na melhor das hipóteses, aquele processo estava me parecendo triste, trágico e imperfeito — ficar torcendo para o seu chefe e o chefe do seu chefe perceberem todo o seu esforço. Na Carbon, éramos encorajados a nunca nos vangloriar de nossas vitórias no trabalho. Mas como os outros saberiam o que você faz e fez se você não mostrasse? E se o seu chefe estivesse ocupado demais para perceber? (Ou se ele fosse menos que onisciente?) O valor de um funcionário se limitava ao que seu chefe percebia?

Horas depois, Boone me chamou para a nossa reunião de fim de dia.

— Você ficou sabendo da Val? — perguntou Boone.

— Sim — respondi, imaginando quando ele responderia ao meu pedido de redução de carga de trabalho.

— O que você acha?

1º DE JULHO A 26 DE SETEMBRO

— Bom... Acho que não tem jeito.

— As pessoas sempre acham que a grama do vizinho é mais verde. Quando saem, elas descobrem que nunca é mais verde. A maioria dos fundos é assim. Não dá para sobreviver de outra forma. Se as pessoas não gostam, elas podem sair. Sabemos que os salários que pagamos estão entre os mais altos do mercado. As pessoas ganham bem; algumas ganham até muito mais. De qualquer maneira, as pessoas não estão aqui só pelo dinheiro.

Eu estava no camarote VIP do Michigan Stadium vendo um jogo dos Wolverines contra os Nittany Lions. Minha mente estava em outro lugar. Pelo menos Boone tinha dado um retorno a Val; para mim, porém, ele não havia dito uma palavra. Já fazia uma semana desde que eu lhe dissera que precisava urgentemente de ajuda, uma semana desde que ele me orientara a fazer pausas e lidar melhor com o estresse, uma semana desde que ele me culpara pela minha incapacidade de lidar com a carga de trabalho. Uma semana equivalia a pelo menos duas eternidades no tempo dos hedge funds.

Dias antes, eu tinha começado a fazer terapia porque Boone me falara para procurar ajuda profissional. Essa foi a sugestão dele para resolver os problemas criados pelo ambiente de trabalho da empresa dele. Li o perfil de centenas de terapeutas até que um me saltou aos olhos: *Achei você!* A terapeuta parecia uma boa opção dada sua formação em estudos do Leste asiático e sua própria experiência com mudanças de carreira. Ela concordou em me atender, a princípio com sessões de duas horas. Na primeira sessão, descrevi meus sintomas físicos, incluindo resfriados constantes, dores de cabeça, alergias, fadiga, refluxo, indigestão, olhos secos e eczema. Contei que tinha passado meses sem conseguir andar direito depois de uma torção grave no tornozelo. Descrevi meus distúrbios alimentares, embora tenha dito que o pior havia passado e que eles haviam praticamente cessado. Descrevi meus problemas emocionais. Falei que me sentia à beira do colapso.

— Por que sou tão ruim em lidar com o estresse? — perguntei a ela. — Eu costumava ser a pessoa capaz de fazer qualquer coisa, *nada* me intimidava, e agora não estou dando conta nem de um emprego. Qual é o meu problema? O que há de errado comigo?

Sem hesitar, a terapeuta respondeu:

— Não há nada de errado com você. Seu trabalho está te matando.

No dia seguinte, tive a segunda sessão. No fim do dia, Elisabeth ligou para me consolar. Sua voz era gentil, alegre — maternal, pode-se dizer.

— Nem todo dia é bom. Só precisamos nos acalmar, não nos deixar levar pelo nervosismo. Ontem, por exemplo, a Ryan me disse: "Mãe, estou tendo o *pior dia de todos*" e eu disse a ela: "Todos nós temos dias ruins, querida, e tudo bem".

Elisabeth estava mostrando que me entendia. Pelo menos ela estava tentando. Tentando muito.

— Acho que este é o pior ano de Boone na Carbon. Está sendo *muito* difícil para ele e sei que não deve estar sendo fácil para você. Posso dizer que para mim também não está. — Eu não soube o que dizer. Ela continuou: — Sabe, eu só comecei a ter mais ajuda em casa depois do nosso segundo filho. Ele dizia: "Você não trabalha. O que você passa o dia inteiro fazendo? Por que você precisa de ajuda?". Eu só tive que ser paciente com ele — suspirei silenciosamente — e explicar tudo o que faço como mãe de dois filhos. Com o tempo, ele entendeu e concordou em contratar mais ajuda. Mas ainda tem dias em que acho que ele não entendeu.

Tive vontade de estender os braços e dar um abraço bem forte em Elisabeth, que me ajudou a perceber que eu não queria mais passar os dias provando meu valor, justificando minha condição de ser humano, defendendo minha saúde mental e física e esperando pacientemente que seu marido "entendesse".

Como não soube como interromper a conversa, acabei me atrasando para a terapia de 300 dólares a hora. Quando cheguei, falei sem parar sobre como me sentia paralisada diante da necessidade de tomar grandes decisões.

— Eu só quero desistir da minha vida — falei à terapeuta. — Mas prometi a ele que daria cinco a dez anos. Vou me sentir uma hipócrita se quebrar minha promessa.

— Você fez essa promessa com as informações que tinha na ocasião — ela disse. — Agora você tem novas informações. Você tem o direito de mudar de ideia.

O processo que me levou a mudar de ideia — também conhecido como inferência bayesiana, ou atualização de dados prioritários com o recebimento de novas informações — estava quebrado. Eu tinha um interesse pessoal em impedir seu funcionamento. Uma das primeiras coisas nas quais acreditei foi que meus pais me amavam. Não atualizei essa crença a cada vez que meu pai esqueceu meu aniversário ou que minha mãe disse que gostaria de nunca ter tido filhos. Criei o hábito de não mudar de ideia mesmo diante de evidências irrefutáveis. Tive uma infância feliz, tranquila e normal — pelo menos de acordo com minha mãe.

Na faculdade, participei do processo seletivo para uma vaga de pesquisadora em uma empresa de análise quantitativa em Chicago. No último dia, entrei em uma sala com paredes brancas e sem janelas, onde me deram um problema de precificação de derivativos. (Não me lembro o que era, algo relacionado a opções.) Fiz os cálculos em um pedaço de papel na frente do entrevistador e ergui o olhar quando terminei.

— Então, o ativo está sendo negociado muito abaixo disso agora, e o preço está caindo — falou ele.

Duvidei dos meus cálculos e me pus a procurar o erro.

— O que você faz? — ele perguntou.

Eu me senti uma idiota, mas deixei os sentimentos de lado e fui racional. Tinha algo de errado ali: ou eu, ou o modelo, ou o mercado. Pensei que o modelo pelo qual duas pessoas ganharam o Prêmio Nobel não poderia estar errado. Repassei meus cálculos e considerei que também não estavam errados. O erro então estava nos "outros", uns outros vagos, outros cujo comportamento não se encaixava no modelo.

— Bem — falei —, então parece que está subvalorizado.

— E o que você faz?

Lutando contra todos os meus instintos e apostando na lógica, disse:

— Eu... compraria mais?

— É isso aí. Você dobra a aposta.

O entrevistador estava testando os fundamentos do meu conhecimento financeiro, mas o verdadeiro teste era da minha posição moral e ideológica: os que trabalham em finanças — acadêmicos, profissionais e especialistas — estavam certos; eram sempre os *outros* que estavam errados. Um hábito adaptativo meu — ignorar evidências e insistir em uma crença prévia, o que alguns chamariam de "ter a casca grossa" — foi recompensado: recebi a oferta de emprego, que recusei para entrar na Fidelity, ainda me questionando sobre o volume de evidências que seria necessário para que as pessoas no poder, aquelas que faziam os modelos, atualizassem as crenças *delas*.

Esse meu hábito ficou ainda mais arraigado na Carbon. Boone me disse, incontáveis vezes, que não deixasse nada me afetar. Ignore a imprensa. Ignore o mundo. Mantenha a cabeça baixa. Faça um bom trabalho. As maneiras como me adaptei para sobreviver aos primeiros anos na empresa — reprimir meu caráter, ignorar memórias e crenças, me fingir de morta para ficar viva, cultivar um coração e uma mente à prova de balas — fizeram de mim a serva perfeita para o capitalismo financeiro.

No próximo dia útil, algumas horas depois do Almoço da Equipe — porque não queria interromper seu fluxo de trabalho na manhã de segunda-feira —, entrei na sala de Boone.

— Boone, posso falar com você?

Ele estava folheando a *Page Six*. Boone assentiu e girou a cadeira.

Fechei a porta e me sentei.

— Não me diga que vai me deixar — ele brincou.

Recitei minhas falas ensaiadas, sem emoção. Eu temia que, se me permitisse sentir qualquer coisa, correria o risco de mudar de ideia.

— Então... por razões que terei o prazer em explicar detalhadamente se você quiser, decidi que é melhor para mim deixar este emprego e seguir em frente.

Ombros firmes, sobrancelhas retas — nada nele demonstrava qualquer emoção. Vários segundos depois, perguntou:

— Você está brincando?

— Não. Estou falando sério. Sou muito grata pela oportunidade de trabalhar na Carbon e, especialmente, de trabalhar com você tão de perto, e agradeço...

— Qual é o problema?

Meus olhos lacrimejaram. Enxuguei rapidamente as lágrimas antes que Boone as visse.

— O problema é que estou sobrecarregada. Eu vivo estressada. Você me diz para pedir ajuda, mas quando eu peço... Sinto que não tive qualquer ajuda para reduzir minha carga de trabalho.

— Tem que haver outro motivo.

— Estou dizendo que estou esgotada.

— Carrie. — O tom que ele usou para dizer meu nome indicava que uma lição estava por vir. — Quando fundei a Carbon, fazia uma *década* que eu estava esgotado. — Ele olhou para cima e para o lado. — Não. *Mais* de uma década. — Voltou a olhar para mim. — Se eu consegui, você também consegue. Você é forte; você está entre as pessoas mais fortes que conheço. Você quer um ano sabático? Se quiser, tire um ano e seu emprego estará esperando por você, porque sei que encontrar um substituto à altura vai levar pelo menos alguns anos.

Pausa. Então, ele perguntou:

— O que você quer?

— Como assim?

— Diga-me como consertar isso e eu faço. Qualquer coisa.

Eu tinha anotado o que queria: sair em bons termos, reduzir imediatamente minhas responsabilidades e ficar até, no máximo, o Dia de Ação de Graças, dali a mais ou menos dois meses. Faltavam menos de três meses para receber o bônus de fim de ano, mas eu não conseguiria ficar até lá. Não aguentaria nem mais um dia naquele ritmo. Sabendo o que eu sabia sobre Boone, não me ocorrera a possibilidade de ele tentar me convencer a ficar. Pensei em suas palavras enquanto um coro de críticas girava na minha cabeça, algumas me dizendo para falar mais rápido, outras me dizendo que eu era a única culpada pelo meu *burnout*. Deixei meu olhar cair no meu colo, respirei fundo e, erguendo os olhos para ele, falei:

— Quero ser levada a sério. Não quero que meus problemas sejam minimizados e ignorados. No momento, isso significa menos volume de trabalho. Não posso cobrir o Gabe. E preciso de ajuda — urgente. Pelo menos uma assistente de meio período ou período integral, de preferência, alguém a quem eu possa recorrer quando precisar.

— Fechado. — Ele olhou fixamente para mim. — Na verdade... preciso confirmar com Michael primeiro. Todas as assistentes ajudam mais de uma pessoa, e não sei se queremos abrir esse precedente. Quanto a contratar alguém, não sei se cairia bem você ter uma assistente. Mas quem sabe uma alternativa, como alocar sua assistente em outro lugar que não a Carbon? Talvez no family office?

— Seria muito melhor se ela trabalhasse na Carbon comigo.

Boone manteve o olhar fixo em mim. Por fim, ele disse:

— Se aceitarmos essas mudanças, e espero que você saiba que são mudanças *enormes*, você precisa prometer que não vai sair. Que vai dar um tempo para ver os efeitos. O que você diz?

30 de setembro a 28 de outubro

Fizemos nossa primeira reunião de assistentes na sexta-feira após minha tentativa de pedir demissão. Jay compareceu; Boone não. Eu havia sugerido algo parecido nas minhas duas autoavaliações. Éramos oito mulheres, todas sem filhos e todas tentando sobreviver em uma cultura corporativa sexista na qual o trabalho era a prioridade máxima.

A caminho da Meru, pensei em Elisabeth, que voltara a me ligar. Conversamos por 1h30.

— Sei como é — ela disse. — Continua sendo a mesma cultura vingativa e dissimulada, que joga as meninas umas contra as outras, não é?

Lembrei que Val e Erin não se falavam e se evitavam nos corredores; não lembro o que motivou a briga delas, mas me dei conta de que nós, as assistentes, não éramos culpadas por essa rivalidade. Eu achava que Sloane e Courtney talvez fossem adversárias, mas era a cultura Carbon que nos colocava umas contra as outras. Engavetávamos informações. A memória institucional sobrevivia em silos. Não tínhamos qualquer padronização entre as funções (exceto cuidar das agendas). Cada uma fazia o próprio trabalho. Não tínhamos canais para resolver os problemas de trabalho e nosso emprego exigia disposição para fazer qualquer coisa a qualquer hora e, ainda por cima, com um sorriso no rosto. Nossa avaliação anual vinha cheia de "vai além do necessário", "sempre disposta a ajudar", "persistente", "prestativa". Como nunca podíamos dizer não a nossos chefes, dizíamos não umas às outras. Seria fácil para a Carbon nos dar mais recursos, mas ali estávamos nós, brigando por limites arbitrários, como o tempo das recepcionistas. Os executivos da Carbon nos diziam que não queriam fofocas por questões de privacidade. Agora eu entendia que isso não passava de uma maneira de disfarçar o medo do que aconteceria se nos uníssemos e conversássemos.

Chegamos à sala de reunião e nos sentamos em lugares equidistantes ao redor da grande mesa. Olhei para Jay, que não penteara os cabelos. Olhei para Lena, que poucas horas antes reclamava de exaustão, mas agora era incapaz de se manifestar. Olhei para Val, que me disse, depois de Boone concordar em diminuir minha carga de tarefas, que planejava mandar um e-mail para Ari dizendo: "Certo, agora falta reduzir o trabalho". Antes de mandar o e-mail, ela conversara com um dos traders, que estava na Carbon desde os anos 2000.

— Por que sair agora e perder o bônus integral? — ele perguntou.

O negociador a aconselhou a se importar menos e a trabalhar menos sem prestar conta disso a ninguém. Acho que foi assim que *ele* sobreviveu. Era uma boa tática, mas para ele era mais fácil se desapegar emocionalmente, considerando que não era pago para fazer cara feliz nem era avaliado por sua prestatividade e animação no trabalho. Além disso, ele contava comigo para executar essa tática, já que eu ligava para ele (e todos os outros) e avisava que Boone chegaria a qualquer momento e, portanto, deveriam fechar as janelas de bate-papo no computador.

A reunião começou com um longo silêncio. Jay, irritado com nossa reticência, começou:

— Vocês pediram essa reunião, então falem! O que a Carbon pode fazer por vocês?

Pedimos mais transparência em nossa avaliação de desempenho por meio de alguma padronização de responsabilidades e remuneração, além de acesso aos formulários de avaliação usados por nossos chefes. Hannah, que torcia fervorosamente para os Patriots e trabalhava do lado oposto a mim no front office, se manifestou.

— Jay, acho que deveríamos poder investir nos fundos. Eu acho, e não sou a única aqui que pensa assim, que não é justo sermos excluídas. Queremos ter acesso aos frutos do nosso trabalho.

Jay jogou as mãos para cima.

— São as regras da Comissão de Valores Mobiliários. Não fomos nós que inventamos as regras.

Ninguém acreditou nele. Alguém perguntou:

— Que regras são essas?

As demais se juntaram em uníssono. Lena e eu ficamos em silêncio.

— Quero dizer — disse Jay, voltando a levantar as mãos —, vou ver o que posso fazer.

Ele saiu da sala. Olhamos umas para as outras.

— É... não vai rolar — alguém disse.

Depois da reunião, conversei com Boone. Ele me perguntou como foi. Contei que Jay continuava sendo odiado pelas assistentes.

— Por quê? — ele quis saber.

— Porque sempre diz não. Não para mudanças, não para mais recursos, não para nos permitir ver como fomos avaliadas. Provavelmente diga não para investirmos nos fundos também.

Eu não queria parecer ingrata por ser uma exceção e acrescentei:

— Quero dizer, para as outras.

Sua expressão, com vinco nos olhos e na boca, era a mesma de quando me contara sobre Neil em Sun Valley.

* * *

Finalmente usei o vale-presente de 3 mil dólares e o voucher de 500 dólares de spa no Mayflower Grace, ambos presentes de aniversário que eu ganhara de Boone meses antes. Pretendia tirar uma semana de folga, mas, considerando que a resposta dele a meu pedido fora "Quantos dias?", e não "Quantas semanas?", eu havia reduzido minhas expectativas. Levei um livro de capa dura emprestado da biblioteca da Carbon, *Pain, Parties, Work*, curiosa para saber como, de acordo com o texto da contracapa, Sylvia Plath "chegou a Nova York" na expectativa de "um mês de pura diversão. Mas o que viria a seguir [...] mudou o curso de sua vida" e criou "as bases para [...] *A redoma de vidro*". Não li mais do que dez páginas antes de cair no sono, lá pelas oito da noite, na minha primeira noite no resort.

Às 9h15, no terceiro e último dia do meu "ano" sabático, Val, que estava me substituindo, mandou mensagem:

> Ontem quando Boone foi embora, lá pelas 18h20, só tinha eu no escritório.
> Ele disse: "Só queria agradecer por tudo".
> Acho que ele entende. Só acho que ele não tem energia este ano para mudar o sistema.

— Preciso muito falar com você — disse Josh enquanto terminávamos de comer uma porção de *dim sum* em um domingo nublado. — Preciso do seu conselho.

Havíamos planejado passar a tarde no Museu Americano de História Natural, no Upper West Side. Ofereci-me para conversar se ele me acompanhasse para comer um doce antes. Fomos a uma sorveteria, onde pedi um cone de waffle com uma bola só. Depois fomos a um pequeno parque ao lado do museu e nos sentamos em um banco.

— Não sei o que fazer da minha vida — começou Josh. Seu olhar, através dos óculos, estava fixo no canto de sempre: ao meu lado, para baixo.

— Como assim? — perguntei, ocupada com o sorvete.

— Não tenho ideia do que fazer.
— Você está falando da carreira ou...
— Da carreira.
— O que você quer fazer?

Ele contou sobre os últimos anos que passara trabalhando na empresa da família.

— O trabalho é bom. Mas não é desafiador.

Josh era uma das pessoas mais inteligentes e talentosas que eu conhecia. Em Harvard, ele fora eleito para a Phi Beta Kappa já no primeiro ano, mesmo depois de mudar de curso. Na pós-graduação de Stanford, estivera entre os 10% melhores alunos da turma de MBA, apesar de que, e sei disso porque passamos a maior parte daqueles dois anos discutindo sobre futuro, ética, minha dieta e exercícios físicos, mal se esforçava e lia os estudos de caso uma hora antes da aula.

— Você quer fazer outra coisa?
— Talvez.
— Então por que não faz? Você tinha muitos interesses quando a gente se conheceu.

Lembrei-me do momento em que Josh e eu nos conhecemos. Estávamos em um restaurante de sushi em Boston. Éramos dois desconhecidos sentados em mesas vizinhas. Ele estava em um encontro com uma conhecida minha da faculdade, uma mulher de Michigan; eu estava em um não encontro com um homem que, por coincidência, também conhecia a mulher com quem Josh estava. Nós quatro nos cumprimentamos e voltamos às nossas conversas separadas. Na manhã do dia seguinte, Josh, que tinha pegado meu nome com a mulher de Michigan, me adicionou no Facebook e mandou a seguinte mensagem: "Acho que você merece coisa melhor. O jantar é por minha conta". Na rede social, colocou sua religião como bokononismo. Fomos jantar dois dias depois e me apaixonei por ele rapidamente. Nunca entendi por quê. Ao longo dos anos, muitos amigos e parentes dele me acusaram (embora nunca na minha cara) de ser interesseira, uma alpinista social; eles não compreendiam o que me atraía nele, e, justiça seja feita, nem eu — até agora.

Em nosso primeiro encontro, Josh me levou ao restaurante mais chique de Boston, onde sugeriu que pedíssemos o menu-degustação e champanhe. Entre pratos de *foie gras* grelhado e lagostim envolto em *kataifi*, ele contou sua história. No último ano de faculdade, se inscreveu e foi aceito no MBA de Stanford, mas adiou o curso para trabalhar em um hedge fund em Nova York. Ficou entediado e largou o emprego. Fez alguns cursos de matemática, física e cinema como ouvinte em universidades de elite e estava pensando seriamente em fazer doutorado e se tornar professor de matemática. Ele estudara filosofia antes de pedir transferência para economia. Não ia a festas na faculdade; dedicava-se totalmente aos estudos; levava consigo livros universitários em viagens e os lia de cabo a rabo. Adiou sua decisão sobre o MBA por quatro anos. Stanford avisou que cancelaria sua inscrição se não se matriculasse naquele ano, mas ele estava paralisado pela indecisão. Sentia-se controlado pelas expectativas (seu pai queria que ele fizesse o MBA) e não sabia o que pensava sobre finanças. Não apenas profissionalmente, mas em termos de dinheiro, consumismo; ele queria uma vida intelectual. Fiquei surpresa de perceber que Josh, com origens tão diferentes das minhas — como ele dizia, sua ascendência era uma mistura de irlandês, inglês, polonês, alemão e italiano —, achava-se exatamente na mesma encruzilhada que eu, exatamente no mesmo momento.

Seis anos depois de nos conhecermos, cá estávamos nós, mais uma vez indecisos: o mundo das finanças ou não, o mundo dos negócios ou não. Eu sentia que tinha jogado a minha vida fora. Não porque havia entrado nesse caminho, mas porque costumava dizer às pessoas que largar a Wharton — para não me prender a nenhuma carreira específica depois do MBA — fora o gesto mais libertador da minha vida. Ninguém acreditava em mim. Todos, inclusive amigos e parentes, me diziam que eu estava jogando meu futuro profissional no lixo por um homem que tinha acabado de conhecer. Voltei a duvidar da minha própria capacidade. Em pouco tempo, comecei a acreditar que os outros sabiam quem eu era e quem eu queria ser, mais do que eu mesma.

— Meu pai espera que eu assuma a empresa quando ele se aposentar, nos próximos, sei lá, dois a dez anos — continuou Josh. — Não sei como dizer não. Não sei *se posso* dizer não.

— Você quer dizer não?

— Ah, não acho que posso fazer isso com meu pai. Meu emprego na empresa é fácil e não vai demorar muito para eu ganhar uma boa herança.

Pensei no fato de que ele nunca especificava valores. Quanto a isso, me sentia muito mais próxima de Boone do que jamais me senti de Josh. Mesmo depois de muitos anos, inclusive vários deles de noivado, ele nunca falava comigo sobre suas finanças, nem sequer dava um valor aproximado em centenas de milhões. Eu não perguntava. Eu não me importava.

Meu sorvete derretia rapidamente.

— Se você vai herdar tudo em pouco tempo, por que não vai em frente e faz o que quer?

— Porque vou sentir muita culpa por herdar algo sem ter trabalhado por isso. Acho que se nós, eu e você, tivermos um futuro, se eu passar mais alguns anos na empresa, nunca mais precisaremos nos preocupar com dinheiro.

— Então, só para ver se entendi direito, você está trabalhando na empresa da sua família para não se sentir tão culpado por receber a herança dos seus pais?

Ele fez uma pausa e respondeu:

— Basicamente.

— Você costumava falar sobre fazer isso, fazer aquilo... Você tinha sonhos. O que aconteceu?

— Não é só dinheiro. É *muito* dinheiro.

— Sim e não...

— Como assim?

— Sim, é muito dinheiro. Mas é *só* dinheiro. Tenho certeza de que, se continuarmos juntos, vamos conseguir, com ou sem herança, ter uma vida boa. A única coisa que nos falta é tempo.

— Mas para ter o estilo de vida que queremos...

— É você quem está dizendo.

— Como assim?

— Eu não quero esse estilo de vida. Na verdade, odeio viver assim.

— Você não gostaria de ter centenas de milhões de dólares garantindo nosso futuro?

— A herança é sua, não nossa. Além disso, o apartamento de Nova York nem é seu. É da sua família.

— Mas se você casar comigo, vai ser tudo *nosso*.

— Justamente. Mas *só* se estivermos casados. Quero conquistar as minhas coisas, não depender de você. Não quero morar na *sua* casa.

— Estou oferecendo a chance de nunca mais se preocupar com dinheiro na vida.

— E eu prefiro morar em um apartamento de meio milhão de dólares que eu mesma conquistei do que em um apartamento de 10 milhões de dólares que não fiz nada para conquistar.

— Então, só para ver se entendi bem: você não quer morar no nosso apartamento de luxo em Manhattan, que muitas pessoas dariam tudo para ter?

— Não. E... — Ia dizer algo sobre valores e prioridades, quando uma paz enorme inundou minha alma, um pensamento invadiu minha mente, me proporcionando uma clareza tão grande que dominou todos os meus sentidos e me fez esquecer o ponto. — Eu quero recomeçar.

— Como assim?

— Não quero parecer ingrata. Você está me oferecendo muito. Obrigada. É sério, *muito obrigada*. Mas essa conversa sobre herança... não é o que eu quero. Eu quero recomeçar minha vida.

Ele ficou em silêncio. Eu também. Ouvi o farfalhar de folhas e os latidos felizes de cachorros soltos em um parquinho. Em voz baixa, Josh perguntou:

— Você abriria mão de centenas de milhões de dólares pela liberdade de fazer suas próprias escolhas?

Olhei para a delicatéssen do outro lado da rua e pensei nos meus pais. A primeira coisa que me lembro de querer ser quando crescesse era "o contrário da minha mãe". Estava tão determinada a me definir como o oposto dela que não percebi que pensar assim só encurtava o cordão umbilical que eu vinha tentando cortar. Ela gritava; eu manteria a calma. Ela criticava; eu seria tolerante. Ela via o perigo; eu desconheceria o medo. Ela mudava de ideia aleatoriamente; eu seria tão sistemática, lógica e racional — e, portanto, imutável, porque como alguém tem um insight, uma revelação, uma transformação seguindo apenas a lógica? — que entraria em becos paradoxais dos quais não veria escapatória.

Contudo, a mente inconsciente é um oceano, enquanto a mente consciente é uma onda; sou muito mais parecida com minha mãe do que diferente dela. Meus pais abriram mão de sua terra natal para começar do zero nos Estados Unidos e me dar oportunidades — oportunidades, mas não *liberdade*. Passei a maior parte da vida me sentindo presa, confinada, acuada. Sem liberdade para cair. Sem liberdade para derramar o leite. Sem liberdade para desobedecer ou para ser criança e, acima de tudo, sem liberdade para chorar, ficar triste ou insatisfeita, porque não ser feliz perturbaria o frágil terrário das nossas crenças, incluindo as ilusões que possibilitam seguir em frente. Tudo o que meus pais queriam era me dar a chance de uma vida melhor, mas eu me sentia acorrentada onde quer que estivesse. Tudo o que eu queria era dar orgulho e felicidade aos meus pais e... o que foi que eu fiz? A única frase do e-mail do meu pai com a qual eu concordava era: "Precisamos nos empenhar para ajudar os desafortunados". Eu havia mergulhado de cabeça na missão de ajudar os ricos. Estava enojada comigo mesma. Com meu eu tão preocupado com sua segurança psíquica que, em exatamente duas ocasiões, em ambas me dirigindo a Josh, uma delas diante de seu amigo de Harvard durante uma conversa sobre política, ouvi minha voz proferir as palavras: "Também não simpatizo muito com os pobres", e as justificativas dadas por nós eram todas relacionadas ao sonho americano, à sua vivacidade, à sua robustez. Enojada com as visões abomináveis entranhadas na minha mente e no meu corpo, a ponto de uma parte de mim querer me levar ao extremo e passar fome, comer compulsivamente, vomitar, cuspir, mastigar, beber e me transformar na pessoa desprezível que eu acreditava ser.

Mas sou filha deles. Tenho resiliência no sangue. Meus pais são extraordinários. Eles sofreram por muitas vidas — fome, violência e totalitarismo no Grande Salto Adiante e na Revolução Cultural; pobreza, racismo e etarismo como imigrantes chineses em Michigan nos anos 1980 e 1990 —, mas também tiveram muita sorte, a ponto de minha mãe sempre acreditar que tinha sido abençoada com um anjo da guarda. Levei 31 anos para perceber e talvez aceitar que eles me magoaram (e ainda me magoam), mas essa dor, esse narcisismo da sobrevivência, não me absolveu das minhas responsabilidades morais.

Fixando o olhar em Josh, eu soube que, se quisesse ter liberdade para tomar as minhas próprias decisões, deveria me distanciar dele, e precisaria me distanciar de Boone e, de certa forma, dos meus pais. Teria que abrir mão de todos os presentes que eles continuavam a me oferecer, porque um presente acompanhado de gratidão imposta se torna expectativa; com o tempo, se torna dívida.

— Joguei minha vida fora — eu disse. — Mas tudo bem. Vou recomeçar. Foi o que meus pais fizeram quando tinham 30 e poucos anos e, se eles conseguiram, eu também consigo.

Levantei-me do banco para jogar os guardanapos sujos na lixeira. Josh se levantou depois de mim. Juntos, caminhamos até o outro lado do parque. Ele me olhou com as duas mãos nos bolsos da jaqueta Loro Piana, um pé nos degraus, e perguntou:

— Você ainda quer ir?

Olhei para o museu, uma estrutura de calcário branco com colunas altas, em frente à qual havia a estátua de um homem branco avançando a cavalo, ladeado por dois homens não brancos a pé. As mesmas escadas que levaram à Noite do Cassino da Carbon, dois anos antes.

— Não — falei, e soube que era o momento. Decidi implodir a minha vida. — Estou pronta.

Fizemos outra reunião de assistentes na sala Paget, três semanas e meia depois da primeira. Mais uma vez, Boone não participou e Jay, sim. Ele passou meia hora fazendo um discurso sobre o quanto a Carbon nos valorizava e o quanto éramos essenciais para o sucesso da empresa.

— Vocês estão aqui porque são as *melhores* de Wall Street — declarou.

Val me escreveu: "Agora ele vai dizer que não vamos ganhar o que pedimos".

Jay recusou qualquer padronização das responsabilidades do cargo.

Recusou uma estrutura de remuneração mais transparente e padronizada.

Recusou o acesso às avaliações de desempenho.

Recusou a possibilidade de as assistentes investirem nos fundos.

Mais de quatro semanas se passaram desde que Boone me fizera prometer que eu tentaria continuar na empresa. Eu tentei. Juro que tentei. Deixei de dar suporte a Gabe — quem passou a fazê-lo foi Charlotte, a primeira pessoa que conheci no escritório da Carbon e que havia sido promovida de recepcionista a assistente. Nada aconteceu em relação à segunda parte do pedido, ter minha própria assistente.

* * *

Sexta-feira de manhã. Lá pelas nove, entrei na sala de Boone e perguntei se podíamos conversar. Sem me dar tempo de recuar, olhando para baixo, disse as falas que preparara:

— Boone, você me pediu para pensar e eu pensei bastante. Estou fazendo terapia duas vezes por semana para lidar melhor com o estresse, uma sugestão sua, aliás. Agradeço tudo o que você tentou fazer por mim. Decidi que é melhor que eu saia da empresa.

Nenhuma reação. Um, dois, três, quatro, cinco segundos depois, ele perguntou:

— É por causa do seu relacionamento?

— O quê? Não!

— Se está em dúvida sobre trabalhar ou não, acho que você vai ficar entediada sem um emprego.

— Não tem nada a ver com meu relacionamento. Acho que nunca vou deixar de trabalhar. Posso não voltar a ter um emprego formal, mas adoro trabalhar, até demais, na verdade. Esse é o problema.

— Então o que é?

Eu não sabia como responder.

— O que mudou?

— Acho que, a esta altura, já comuniquei minhas questões, de uma forma ou de outra.

— Só pode ter algo que você não está me dizendo.

Fiquei em silêncio.

— Sabe, eu não saí por aí procurando uma substituta assim que você ameaçou se demitir.

— E eu também não procurei um novo emprego. Nunca pensei em outro emprego, apesar de receber muitos e-mails de recrutadores. Se você quiser, posso até mostrar as mensagens que troquei com a Val dizendo que iria tentar até o fim do ano, mas, sinceramente, eu *ainda* me sinto, dia após dia, exausta.

Queria dizer "invisível, incompreendida; cansada de esperar; sinto que gosto de você como pessoa, mas não gosto tanto de você no contexto desse sistema, e o fato é que você é o sistema, só você tem o poder de transformá-lo".

— Por que você não pediu ajuda antes?

— Eu pedi. Ou pelo menos tentei.

— Tudo isso poderia ter sido evitado se você tivesse dito alguma coisa. Por que você não se manifestou antes?

Meu rosto estava a centímetros do vaso sanitário do banheiro comunitário, mas eu não me importava. Havia uma substância estranha dentro de mim e eu queria expurgá-la antes que o ácido do meu estômago destruísse o que eu esperava que fosse uma evidência.

Minutos antes, estava em um quarto do dormitório com minha amiga Sarah e alguns veteranos, a maioria homens que eu não conhecia. Naquela noite, Sarah e eu havíamos ido ao baile de inverno do dormitório; eu usava um vestido longo magenta que amigos chineses dos meus pais haviam me dado como presente de formatura do ensino médio. Era o meu primeiro semestre na faculdade; eu tinha 18 anos. Em algum momento, todo mundo saiu para fumar no telhado. Eu não fumava, nem gostava de maconha, e fiquei para trás... com ele. Um homem vários anos mais velho que eu, jogador de basquete. Assim que a última pessoa do grupo deixou o quarto e fechou a porta, ele se aproximou e puxou a parte de cima do vestido sem alças. Ele abaixou a cabeça até os meus seios. Abri meus olhos cada vez mais, porque fechá-los seria o que eu faria se estivesse sentindo algum prazer. As primeiras palavras que eu disse foram: "Não", "Pare" e "Por favor, pare". Pronunciei essas palavras sem qualquer emoção. Ele se levantou, abriu o zíper das calças, agarrou meu cabelo e empurrou minha cabeça para baixo. Mais tarde, naquela noite, pesquisei no Google "Penetração oral forçada é estupro?".

Algumas pessoas ficam furiosas durante um evento traumático, outras ficam entorpecidas; eu fiquei racional. Queria recuperar provas e ao mesmo tempo queria tirá-lo de mim. Foi a primeira vez que forcei o vômito; não consegui. Bati à porta da enfermeira do dormitório e pedi um remédio para induzir o vômito; ela disse que não tinha nenhum. Encontrei Sarah e contei o que tinha acontecido.

— Tem certeza? — ela perguntou.

Bati à porta dos orientadores do dormitório, um casal simpático do Texas. Não queria incomodá-los depois da meia-noite, mas precisava relatar o maior número possível de detalhes sobre o incidente. Eu não estava sentindo nada. Nenhuma raiva. Nenhuma fúria. Nenhuma lágrima. Estava tranquila e no piloto automático, agindo conforme as regras. Como não consegui tirar o sêmen dele de mim, concentrei-me em tirar seu cheiro da minha boca. Voltei ao quarto e comi, comi, comi e comi, mas nem todas as batatas fritas e cookies do mundo foram capazes de camuflar o gosto da violência.

O incidente foi péssimo, mas as consequências foram piores, muito piores. Acordei no dia seguinte com a polícia do campus à minha porta. Eu havia pedido aos conselheiros que me dessem um tempo para decidir se reportaria o incidente, e eles concordaram. Não os culpo por terem mudado de ideia — eles também estavam agindo conforme as regras —, mas me senti traída; minha vida estava acabada. A polícia me disse que a universidade transferira o homem para longe de mim, para o outro lado do campus. Fui informada de que ele havia contratado um advogado naquele mesmo dia. Passei semanas tentando manter a normalidade: comia, bebia, frequentava as aulas, apesar de não conseguir me concentrar por nem um minuto.

— Vagabunda! — ouvi um dia na escadaria do centro estudantil e, quando me virei, vi um dos amigos dele.

Transei com outros homens. Chamei homens e mulheres para ménages. Fiz comentários sobre os seios das minhas amigas. Quando a universidade sugeriu que eu conversasse com o terapeuta da instituição, recusei. *Para que perder tempo com terapia?*, pensei. Estou bem.

Ainda não tinha decidido se apresentaria queixa formal à universidade. Não tinha medo dele, mas do processo. Não tinha medo de denunciá-lo, mas sim do suicídio social e da longa esteira de vergonha que se seguiria à denúncia. Temia descobrir a verdade nua e crua sobre ideais como justiça, temia descobrir se uma instituição focada nas mentes e mãos (lema do MIT) daria importância à minha mente (pensou, disse não e contou a muitas pessoas sobre o incidente na hora seguinte) e às minhas mãos (que tentaram afastá-lo). Acima de tudo, temia descobrir que minha mãe estava certa quando disse:

— Quando você crescer, vai aprender que ninguém se importa com você, exceto a sua família.

Nas férias do fim de ano, fui visitar minha ex-professora de literatura britânica do ensino médio. Foi na aula dela que escrevi uma redação sobre o livro *Tess dos d'Urbervilles: uma mulher pura*. Contei o que tinha acontecido.

— Carrie — ela disse sem hesitar —, você *precisa* denunciar. Você precisa denunciar em nome de todas as mulheres, para evitar que isso volte a acontecer. Eu conheço você — ela apertou meus ombros —, e você é forte. Se tem alguém capaz de passar por isso e lutar pelo que é certo, é você.

Pensei nos rumores: Sarah, que havia entrado em uma irmandade, me contara que várias colegas lhe falaram de mulheres que também tiveram encontros sexuais sem consentimento com aquele mesmo jogador de basquete. Mas nenhuma tinha apresentado denúncia formal. Pensei nos meus pais, especialmente na minha mãe, que só queria que aquela provação acabasse, me perguntando "Como você foi cair nessa?" e me dizendo "Você nunca pode ficar sozinha com um homem à noite". E — o que fez minha alma morrer um pouco — "Tudo isso poderia ter sido evitado se você não fosse tão burra". Voltei para o estacionamento da minha antiga escola, entrei no carro e caí no choro, porque ser durona, ser forte, ser "casca-grossa" era algo que eu vinha desenvolvendo desde que me conhecia por gente, desde as minhas primeiras memórias de negligência e negação; minha casca era tão grossa que muitas vezes eu me sentia feita de calos, sem qualquer coração; era uma maldição. Até que parei de chorar. Não tinha tempo para isso. Eu tinha trabalho a fazer.

Quando voltei para a casa dos meus pais, comecei a redigir a denúncia formal.

A audiência não demorou. Falei aos meus pais para não irem a Cambridge. Enfrentei o MIT sozinha. O jogador de basquete se levantou e disse ao comitê de disciplina, que incluía professores e administradores, que eu tinha dado em cima dele e que *ele* tinha tentado me afastar. Que a vítima era *ele*. Que eu queria me vingar por ter sido rejeitada. Os amigos dele se manifestaram, confirmaram as mentiras e contaram histórias sobre a minha promiscuidade, das minhas atividades sexuais antes e depois do incidente. Levantei-me e contei a verdade: que eu pedi para ele parar; que ele continuou enfiando o pênis na minha boca até ejacular. Então as perguntas começaram. Aquela foi a única vez na vida em que fiquei histérica, inconsolável. Parecia que *eu* é que estava sendo julgada — e parecia que as mulheres do comitê eram especialmente rigorosas comigo, se projetando em mim, supondo que teriam agido melhor na mesma situação.

As perguntas, mais do que o estupro em si, me destruíram. Fui forçada a explicar por que não o mordi, por que não revidei com mais intensidade, por que não saí correndo do quarto, por que não fiquei consternada, por que não gritei. A minha reação calma e tranquila a experiências intensas e dolorosas era (embora eu não soubesse disso na época) ela própria um comportamento automático e condicionado que eu vinha desenvolvendo havia muito tempo. Por que eu devo defender meu comportamento se não fiz nada de errado? Neste caso, um crime? Por que as minhas palavras não bastavam? Levei um bom tempo para descobrir que credibilidade é uma das moedas mais importantes em uma boa ficção. É mais fácil acreditar em mentiras elaboradas do que em verdades reais. É muito mais fácil, muito menos penoso, acreditar que uma mulher estaria buscando se vingar do que acreditar que uma mulher diria claramente: "Não", "Pare" e "Por favor, pare" e mesmo assim seria ignorada, violada e estuprada. As mulheres não queriam se imaginar na minha situação porque isso seria uma afronta à sua capacidade de agir. Não queriam cogitar a possibilidade de se ver em uma situação na qual estariam absolutamente impotentes e totalmente desamparadas. Então, culpavam a vítima, sugerindo que esta poderia e deveria ter reagido de outra forma. Essa atribuição de culpa lhes dá a ilusão de controle, uma estrutura causal de mundo que faz sentido.

A verdade da experiência do trauma é inescapável. Não depende de credibilidade nem sentido. É uma ruptura na trama, um desvio do roteiro. É a mente de outra pessoa escrevendo o arco da minha narrativa por mim, a mão de outra pessoa puxando o fio da minha história. É claro que a mentira nada original do jogador de basquete, com testemunhas apresentando historinhas perfeitas, foi mais fácil de engolir do que a minha verdade inacreditável.

— Não responsável. — Foi a decisão do comitê sobre ele.

Decidida a não deixar que um homem ou uma instituição me freassem, eu acelerei. Não passei mais nem um segundo pensando nisso. Tentei esquecer o acontecimento, tentei esquecer o máximo de detalhes, incluindo seu primeiro e último nome, mas nunca consegui esquecer os cachos de seus pelos pubianos nem o fedor de seus testículos. Foi logo depois disso, quando os alunos de graduação tinham que escolher uma especialização, que tomei minha decisão. Até então, não fazia ideia do caminho que seguiria e havia considerado de tudo, desde astrofísica até radio-oncologia e neurocirurgia; eu queria entender como o universo funcionava, encontrar ordem no caos, talvez até tentar controlar o caos matando malignidades para curar o cérebro e a vida das pessoas.

Denunciar uma agressão sexual foi um ponto no tempo que me lançou em um vetor específico no espaço. Eu sentia que o MIT tinha me humilhado por causa da maneira como reagi durante e depois do incidente, por ter me comportado de maneiras que prejudicaram minha própria credibilidade. Minha resistência foi minha ruína. Senti a compulsão de entrar em uma área na qual pertencesse, na qual meu sangue-frio não fosse apenas bem-vindo, mas também recompensado: finanças. Assim eu contemplaria meus interesses do ensino fundamental e médio e, ao mesmo tempo, minha necessidade de ser independente dos meus pais o mais rápido possível. Jurei que nunca mais cairia em uma armadilha, nunca mais me colocaria em um beco sem saída. Concluí as disciplinas incompletas, fiz optativas, estudei economia comportamental e me apaixonei, no começo do segundo ano, por um homem que namorei por três anos. Ele era oito anos mais velho do que eu. Ele me disse que sabia da minha reputação, que até fora advertido a não se envolver comigo, mas que acreditava em mim e na minha história sem que eu precisasse lhe dar explicações (ele tinha sido jogador de futebol no MIT e por isso conhecia a cultura). Me apaixonei imediatamente. Passava quase todas as noites na casa dele, fora do *campus*; nunca mais precisei pisar no MIT, exceto para algumas aulas de frequência obrigatória.

Otimização, disciplina obrigatória do curso de finanças, era a minha favorita, pois me fornecia um processo matemático para uma dificuldade de longa data: tomar decisões. Decidir um ponto, o próximo ponto e o ponto seguinte e assim formar um fio literal de escolhas que se entrelaçariam na tapeçaria de, quiçá, uma vida digna de ser vivida. Ainda que não tivesse dados viscerais para me ajudar a escolher e decidir, eu poderia ao menos me apoiar em processos racionais e lógicos. No entanto, eu comparecia àquelas aulas, e a muitas outras, chapada. Eu tomava ecstasy para me sentir viva, não importava se era dia de semana ou fim de semana. Comemorei o fim da faculdade fritando por cinco dias seguidos.

Ao longo dos anos, ouvi das pessoas que eu só podia ser extremamente ambiciosa ou um gênio para me formar no MIT com duas graduações e uma especialização em três anos. Eu sorria, não dizia nada, apenas sentia minha pele arrepiar porque, no fundo, o que gostaria dizer era:

— Não, eu só estava tentando escapar do inferno.

Boone estava errado sobre mim. Também estava errado sobre os outros funcionários. Todo mundo estava na Carbon, pelo menos em parte, pelo dinheiro, mas muitas pessoas estavam ali porque queriam mais. Vendo que não obteriam mais — avanço na carreira ou a sensação de terem feito uma contribuição, por menor que fosse, para o mundo, a sensação de que seu trabalho fazia alguma diferença —, a única decisão que lhes restava era sair. Elas priorizavam o desejo de conseguir algo além de salário e bônus. Senti esperança pela humanidade.

Depois de Boone dizer que eu deveria ter me manifestado antes, continuei encarando-o e, com a maior tranquilidade do mundo, falei:

— Eu me manifestei, Boone. Expliquei que estava sobrecarregada logo depois do Dia do Trabalho, mais de um mês e meio atrás. Também falei que não sentia estar recebendo o devido suporte da Courtney e do TI...

Não consegui terminar a frase.

— Você vai ficar para a transição? Até contratarmos uma substituta?

— Posso ficar três semanas.

— Você só pode estar de brincadeira.

Fiquei em silêncio.

— Depois de tudo, você vai mesmo me deixar na mão?

— Não acho que eu esteja te deixando na mão.

— O momento não poderia ser pior para mim.

— Para mim também.

— É a sua decisão final?

Assenti.

— Estou chocado — disse ele, movendo a cabeça lentamente da direita para a esquerda, da esquerda para a direita. — E eu raramente fico chocado. Mas estou *completamente* chocado com o tamanho deste *plot twist*.

Não pedi desculpa.

— Eu lhe dou a resposta depois, OK? Preciso pensar.

Eu assenti, agradeci e saí.

Na hora do almoço, Val e eu fomos à cozinha.

— O quê? — ela exclamou. — Que resposta ele tem para te dar? Você pediu as contas!

Mais tarde naquele dia, depois de falar com Jay — cuja assistente, Courtney, me perguntou o que diabos estava acontecendo, pois Boone estava na sala de Jay havia uma hora com cara de quem tinha visto um fantasma —, Boone me chamou em sua sala.

— Acho que a culpa disso tudo é do seu noivo — falou.

Não respondi. Achei melhor não alimentar a possibilidade de estar jogando minha carreira fora por um homem com quem eu tinha voltado a sair, um homem que havia amado de todo o coração e com quem eu sabia que precisaria terminar em breve.

— Mas concordamos em deixá-la ir.

18 de novembro

Acordei às seis da manhã. Escrevi no diário. Cada palavra era caótica. Eu não conseguia me comprometer com um "eu", um "eu" com um ponto de vista estável; tinha tanto medo de escrever alguma falsidade no papel que passara dois anos sem escrever, até aquele momento. Minha terapeuta me garantira que não seria mentira — nem para mim nem para ninguém. Afinal, como alguém poderia mentir se não sabia a verdade? Então minha cabeça começava a doer e eu pensava na minha mãe.

Durante toda a minha vida, quando a minha mãe me via agonizando para tomar qualquer decisão, fácil ou difícil, ela dizia: *Bié xiǎngle*. Algo como "não se preocupe", porém os caracteres chineses significam "não pense". Minha mãe dizia: *Xiǎng butōng*. "Não adianta pensar", sempre no contexto da minha incapacidade de pensar em uma maneira de resolver os problemas da minha vida, o que sempre era acompanhado de *chē dào shān qián bì yǒu lù*. "Quando a carruagem chegar à montanha, haverá um caminho." A palavra-chave era *dào*, um verbo que significa "chegar" ou "alcançar" ou "ir a" ou "atingir", mas também uma pontuação — um travessão que exprime um intervalo, uma passagem de tempo, um movimento. Você não pode cruzar uma montanha só pela força do pensamento; você precisa se mover. Admito que sempre que minha mãe dizia essas palavras eu pensava: por que preciso ir até a montanha só para encontrar um caminho?

Mas eu não tinha entendido.

Quando contei a Yuna que havia pedido demissão da Carbon, ela escreveu no Gchat: "Estou tão emocionada por você que estou com as pernas literalmente bambas". Ela também queria largar o emprego e se dedicar "integralmente" a seus projetos de fotografia e a seu blog, que ainda não tinha "publicado por medo de não ser bom o suficiente". Mas seus pais estavam desempregados. Ela não podia pedir demissão, pelo menos não naquele momento. Eu tinha consciência da imensidão do meu privilégio, da liberdade de sair de uma situação e estar mais ou menos bem, mas acreditava que todo mundo deveria ter esse direito. Yuna e eu nos reconectamos em nossa luta para entender quem éramos, descobrir nosso "eu", ou, como ela disse: "É como se lá fora estivesse tudo tranquilo, o mundo girando normalmente... e eu com uma maldita zona de guerra dentro de mim". Contei a ela que, depois que saí, a Carbon dividiu minhas responsabilidades em dois cargos de tempo integral, e isso depois da redução de 30% na carga de trabalho que tinham me concedido em setembro. "Não acredito!", Yuna exclamou. Contou que ela e Jason finalmente decidiram fazer aquela viagem para Seattle, uma cidade que Yuna sempre quis conhecer para saber se os dois gostariam de se mudar para lá. Ela estava cansada do Kansas. Passara anos trabalhando para quitar as dívidas de ambos e, meses antes, pela primeira vez em sua vida adulta, se vira livre de dívidas. Eu mal conseguia me conter, o coração disparado e as pernas inquietas, imaginando Yuna no avião, voando alto, acima das nuvens.

Às 8h30, fechei o laptop, tomei banho, me vesti e saí.

De sapatilha, mas levando outro par de sapatos para o caso de me sentir ousada, entrei no metrô. Não havia acreditado na minha terapeuta quando

18 DE NOVEMBRO

ela dissera que meu transtorno alimentar era causado pelo ambiente — "superdeterminado", foi a palavra que ela usou —, mas, sem fazer dieta nem treinar mais do que o normal, eu tinha perdido quase 5 quilos desde que informara Boone da minha decisão. Deixei de comer como forma de resistência, parei de usar a comida para me distrair das dores, físicas e morais. Hoje estava usando um vestidinho azul-marinho da linha alternativa de um dos designers favoritos de Elisabeth, o mesmo do casaco caríssimo que ela e Boone me deram no meu primeiro aniversário de empresa.

A Carbon tinha começado a procurar uma substituta imediatamente. Boone me perguntara o que eu achava de uma das outras assistentes, Allison. Boone gostava dela porque, antes de entrar na Carbon para dar suporte às relações com investidores e um analista, Allison havia sido diretora administrativa de um hedge fund fundado por mulheres. Dias depois, ela entrou em contato comigo para falar sobre a função. O trabalho é muito estressante, avisei. "Mas não foi isso o que ele disse", ela comentou.

No início da semana, fiz minha reunião de desligamento com Jay. Encontrei-o em frente à sua sala e descemos um andar pelas escadas dos fundos. Não muito tempo antes, a Carbon havia assinado um novo contrato de aluguel de uma parte do 45º andar. Mesmo em meio à suposta crise, a empresa tinha recursos para crescer.

— Isto aqui é do antigo inquilino — comentou Jay ao notar que eu observava o andar.

Ele me levou a uma sala de reunião em que havia alguns móveis. Nada de pinturas abstratas, nada de aparadores. Apenas mesas e cadeiras que não combinavam entre si. Em vez de couro, os assentos eram de tecido. Em vez de metal, as armações eram de plástico. Em vez de cabos, fios e tomadas embutidos, tudo estava exposto. Jay sentou-se à cabeceira da mesa e fez um sinal para eu me sentar ao seu lado. O Sol da tarde inundava a sala. Todas as salas de reunião externas da Carbon no andar principal tinham vista para o parque. Jay pegou uma pasta de papel pardo.

— Fiquei sabendo que você vai nos deixar — disse, entregando-me algumas folhas.

— Sim. — Fiz uma pausa e me apressei a dizer: — Jay, sinto muito por qualquer inconveniente que isso possa causar e...

— Não precisa se desculpar comigo. Eu entendo. Nossos trabalhos são mais parecidos do que você imagina. Você conhece a Penelope?

— Sim, é claro.

— Antes, ela fazia tudo. Quero dizer, *tudo* mesmo. Foi só depois que a Elisabeth teve o segundo filho, acho que foi o segundo, que a Penelope pediu ajuda. Ela me pediu ajuda para convencer Boone, e eu tive que avaliar a situação e dizer: "Boone, você precisa de um family office. Você precisa de ajuda, *ela* precisa de ajuda". Ele foi se acostumando com a ideia. Mas... levou muito tempo.

— Nossa.

— Então, Carrie, pode acreditar que eu entendo. Estou na mesma posição. Não tem fim. Não sei se Boone tem noção da minha carga de trabalho, mas você estava no seu direito de pedir ajuda.

— Acho que eu deveria ter pedido ajuda antes. Quero dizer, eu acredito que pedi. Eu tentei.

— Agora não faz mais diferença.

Após quatro paradas do metrô, saí na estação Lexington Avenue/59th Street. Emergi do subsolo e, a caminho do prédio da Carbon, passei por uma escultura em bronze de um touro (ou uma Lua ou um pássaro) com mais de 4 metros de altura, mas que hoje parecia mais alto.

Passei meu crachá na catraca e peguei o elevador para subir.

Mensagem de Jen, 9h27: "Bom dia, Carrie! Já estou com saudades".

* * *

18 DE NOVEMBRO

Meu único objetivo do dia era não chorar. Mandei um e-mail de agradecimento e despedida para todos da Carbon, no qual dizia que estava saindo para "embarcar em novas aventuras" e que era "imensamente grata" por ter feito parte da equipe. Mandei um e-mail à parte para Elisabeth, que me respondeu da forma mais gentil possível. Encontrei Luis, que, quando devolvi o crachá, foi sincero. No meu primeiro dia, ele me levara para tirar a foto para a segurança do prédio e, depois disso, eu o vira uma vez ou outra nos corredores.

— Carrie, caramba... — disse ele depois que contei sobre o meu *burnout*. — Eu me lembro do seu primeiro dia e você estava *tão* incrível... e agora dá pra ver que a Carbon acabou com você!

Nunca me senti tão bem de saber que estava tão péssima. Deletei Boone dos favoritos e mudei as configurações do celular para despriorizar e deixar o contato de Boone no silencioso.

No dia anterior, eu havia liberado meu cubículo, em frente à sala dele. Jay assumira o processo de contratação para me substituir, que antes estava com Jen. Ele e Boone entrevistaram várias candidatas, mas ninguém, incluindo Allison, parecia avançar na seleção. Jay chamou Zoe, a recepcionista formada em Yale, para cobrir parte das responsabilidades essenciais enquanto eles continuavam a busca.

Eu não tinha mais trabalho a fazer. Passava a manhã lendo notícias, novamente com tempo e energia para me importar com o mundo lá fora. A mídia ainda parecia focada em um único tema, o que me fez pensar em quem Boone votara nas eleições. Ele fazia doações para os dois lados. Ele e Elisabeth haviam jantado com Jared e Ivanka no início daquele ano. Mas eu achava que ele tinha votado nos democratas por uma conversa de meses antes, quando ele me informou que gostaria de manter sua última aquisição imobiliária longe dos olhos da mídia.

— Entendi — eu disse. — Então, tipo, o contrário do seu apartamento agora? — Silêncio. Como se eu não tivesse dito nada. — Publicaram muita coisa sobre o seu apartamento atual.

— Então... Essas fotos não são do *meu* apartamento.

— Não?

— O que você acha?

— É tudo bastante... rebuscado.

O apartamento de Boone, antes de ser comprado e redecorado por ele e Elisabeth, havia pertencido à viúva de um herdeiro da indústria editorial. O espaço era repleto de drama e opulência do velho mundo, bastante renascentista, decorado por alguém a quem o *Times* chamara de "o Arquiteto da Ilusão". Já o estilo de Boone era moderno, furtivamente extravagante. Suas residências eram assinadas por um renomado arquiteto especializado no varejo de luxo. Mas, para mim, seu apartamento tinha em grande parte as mesmas paredes, os mesmos pisos, a mesma metragem — o mesmo palco —, só os móveis que mudavam.

— Não — ele disse, rindo. — Não sou o Donald Trump!

No dia seguinte à eleição, o escritório parecia o mesmo. Ninguém chorou. Ninguém comemorou. Continuamos como sempre, como depois do Brexit. Ouvi de colegas que estávamos protegidos para qualquer cenário.

Mensagem de Parmita, 11h40: "ÚLTIMO DIA!!!!!!!!".

Não consigo lembrar o que comi no último dia de trabalho. Provavelmente *dim sum*. Eu ainda ficava paralisada diante de tantas opções do aplicativo de delivery, mas, como não podia perder tempo no escritório como fazia em casa, minha opção automática era comida chinesa.

A segunda coisa que me lembro de querer fazer quando crescesse era trabalhar em uma cidade grande e comer *xiăolóngbāo* no almoço. Eu tinha

18 DE NOVEMBRO

8 anos quando voltei à China pela primeira vez. Em Xangai, minha tia-avó cozinhava no vapor pequenos bolinhos congelados todos os dias no café da manhã; fiquei obcecada. Nos anos 1990, não havia *dim sum* em lugar nenhum dos Estados Unidos, pelo menos não em Michigan, onde Judas perdeu as botas. Implorei aos meus pais que procurassem. Quando nossa família foi para Nova York, depois de visitar Ruth, pedi a meus pais que me levassem ao Joe's Shanghai. Era 1995. O Joe's Shanghai havia aberto um segundo restaurante, em Manhattan (o primeiro ficava em Flushing, Queens, onde a comunidade de imigrantes chineses de Nova York estava concentrada). Meus pais cederam ao meu pedido. Tenho a vívida memória de esperar do lado de fora do restaurante com eles, debaixo de um toldo verde, em uma ruazinha estreita do bairro chinês de Nova York. Fomos chamados, nos sentamos, pedimos e esperamos. Depois de dez minutos que pareceram dez mil anos, os *dumplings* chegaram. Meus pais me disseram para comer primeiro. Sempre que encontravam algum quitute, por menor que fosse o pacote, me davam primeiro. Mordi o *dumpling*, mastiguei, engoli e disse:

— *Pí tài hòu*. A massa está grossa demais.

Eu não passava um dia na Carbon sem pensar, ainda que fugazmente, que havia realizado um sonho de infância. A língua da minha mãe e do meu pai era mais afiada que faca e muitas vezes eu me sentia como a pedra de amolar deles, mas seu coração era — e sempre foi — mais macio que tofu: eles se empenhavam *de corpo e alma* para me dar a chance de realizar o sonho americano, a única forma pela qual eu via e sentia seu amor. Mesmo quando eu não tinha tempo ou apetite para almoçar, o que acontecia na maioria dos dias, e mesmo na época em que comia compulsivamente, eu precisava do conforto psíquico de ter os *dumplings* na minha mesa. Meus pedidos também começaram a incluir outros tipos de *dumplings*, como *shumai*, *har gow* e *jiaozi*, mas não *wontons*. Eu odiava *wontons*. Continuei pedindo, pedindo e pedindo e desperdiçando muita comida. Tinha passado de almoço nenhum para um almoço reduzido, depois para um almoço normal e finalmente para um almoço exagerado. Eu pensava no meu avô materno, que tinha a regra de nunca deixar um grão de arroz sequer no prato; e no meu pai, que entregava pizzas da Domino's até depois da meia-noite nos invernos gelados e nevados do Centro-Oeste americano, na esperança de ganhar mais gorjetas; e em mim mesma, com meus pensamentos retornando na forma de culpa e autoaversão, com emoções tão nauseantes que só me faziam querer comer mais.

Mas eu não era a única. Para avaliar redes de restaurantes e lanchonetes como possíveis investimentos, a Carbon fazia grandes pedidos, que Boone olhava e julgava, mas, por serem fast-food (incluindo a Domino's), quase nunca tocava; a equipe da cozinha jogava caixas e bandejas inteiras no lixo. O chef particular de Boone preparava, cozinhava, embalava e entregava pessoalmente seu almoço, que eu empratava no escritório, mas era comum que a agenda de Boone mudasse de última hora e ele não comesse. O chef me mandava mensagem: "Por favor, não jogue fora!" ou "Por favor, dê para alguém comer, é *soba* com molho de missô e filé grelhado!". Comecei a ver todos os *xiǎolóngbāo* que eu tinha jogado no lixo como um símbolo do tempo coletivo desperdiçado, dos sonhos adiados em prol dos lucros e da prosperidade dos bilionários. Qual é o tamanho dessa montanha de sonhos descartados? O que mais poderíamos fazer com essa energia?

É fácil contar uma história sobre como trabalhei duro para chegar ao 46º andar de um arranha-céu na grande cidade, onde eu podia pedir *dumplings* todos os dias. É e não é. Eu dediquei tudo ao trabalho e aos estudos. Mas o sonho que eu traçara nas férias entre a segunda e a terceira séries só se realizou graças à ajuda que recebi pelo caminho. Além da ajuda dos meus pais, desde meados dos anos 1990: preferências mudaram; a cultura mudou; os cardápios mudaram; a indústria de restaurantes, a tecnologia e as cadeias de suprimentos mudaram. Ou seja, o mundo e seus sistemas fora do meu controle conspiraram para entregar meu sonho na minha porta. Quando disse que eu o estava deixando na mão, Boone quis que eu me sentisse culpada. Respondi automaticamente com uma negação, mas, nas semanas seguintes, percebi que sim, eu o estava deixando na mão... e não me sentia culpada por isso. Ele era um bilionário. Podia comprar outra secadora ou contratar outra lavadeira. Além disso, para que Boone realizasse seu sonho, quantas pessoas ele e a Carbon estavam sacrificando — e, até recentemente, com a minha ajuda? Eu finalmente estava fazendo uma escolha que não era motivada pela necessidade ou pela sobrevivência: eu estava escolhendo priorizar os sonhos de outros, incluindo os meus, aos sonhos de Boone.

Mas não precisava ser assim. Meses antes, em uma reunião, eu perguntara a ele:

— O que você faria se não fosse gestor de fundos? Qual era o seu sonho americano?

Ele reagiu com uma alegria tão espontânea e sincera, antes mesmo de expressá-la em palavras, que me vi tomada por uma tristeza que eu conhecia bem.

— Neurocirurgião especializado em coluna — falou.

Boone também adiara um sonho em prol dos lucros e da prosperidade de um bilionário: Martin. Martin, que, anos antes de fundar o hedge fund que dera origem a tudo, queria ser romancista. Incapaz de me conter, perguntei a Boone:

— O que aconteceu?

Ele olhou para baixo. Esperei. Quando ele ergueu o olhar, o momento tinha passado.

Mensagem de Val, 13h03: a foto de um cartão que eu tinha dado a ela e que ela tinha colado ao lado de seu monitor com a legenda: "Lugar oficial na minha mesa kkkk".

* * *

À tarde, eu já tinha terminado de responder a uma montanha de mensagens e e-mails. Como havia desocupado meu cubículo no dia anterior, não tinha mais nada para fazer. Fui a uma estação de trabalho projetada para funcionários sem função permanente, embora, no tempo que eu passara na empresa, nenhum tivesse sido contratado.

As assistentes me surpreenderam na cozinha com duas dúzias de cupcakes da Sprinkles que formavam os dizeres "OBRIGADA, CARRIE". Elas também me surpreenderam com orquídeas e um livro de receitas da Sprinkles, cuja contracapa tinha a seguinte inscrição:

Carrie,
   Desejamos que todos os seus desejos mais doces se realizem! Sentiremos sua falta!
   Com amor,
   Erin ♥
   Charlotte
   Val ♥
   Lena
   Alisson ♥
   Hannah
   Beijos, Courtney!

Emma, das relações com investidores, me entregou um cartão. Não consegui ler na frente dela porque estava à beira das lágrimas. Passei o resto da tarde navegando nos sites da *Page Six*, *Bloomberg*, *Shopbop*, qualquer coisa que me afastasse do sentimentalismo. Mandei mensagens instantâneas para alguns colegas e notei que aquilo marcava o fim de uma era: as últimas mensagens instantâneas da AOL que eu mandaria na vida. Pensei na dificuldade, até mesmo para a Carbon — um fundo multimercado ágil e dinâmico que apostava bilhões em tecnologias que transformavam a maneira como as pessoas falavam, compravam,

18 DE NOVEMBRO

trabalhavam e se divertiam —, de mudar algo tão simples quanto seu próprio sistema de comunicação. Vi na insistência em usar o obsoleto sistema da AOL um padrão escondido à vista de todos: uma pequena decisão, sob o peso da repetição, transforma-se em um hábito enorme. Transforma-se em inércia.

Pensei em outros padrões escondidos à vista de todos e percebi que, para os bilionários, o objetivo era distrair os outros. Manter a minha — e a nossa — atenção distorcida por jogos de pouca ou nenhuma consequência para eles; isso era proposital. Eu fora enganada pelas jogadas moralistas de Boone, me perguntando repetidamente: ele é um bilionário do bem? É uma boa pessoa? Além de não ter uma resposta (embora, se tivesse que dar uma, eu diria que ele se esforçava bastante, às vezes com sucesso, e na maioria dos casos escolhia o caminho da autopreservação ou da preservação da empresa, o que fazia dele, bem, humano), essa linha de questionamento era irrelevante. Cada adiamento — cada impasse, decisão a ser tomada ou indecisão sobre a vida dos bilionários, seus estilos de gestão, suas evasões fiscais ou influência descabida — era uma vitória para eles. Eles podiam se dar ao luxo de esperar as tempestades passarem em abrigos palacianos, enquanto nós, sem poder contar com bunkers superprotegidos, monitorávamos o clima para sobreviver.

Meu problema nunca foi com a Carbon ou com Boone, mas com as pessoas do tipo dele. (Eu achava que ele era o melhor de seu tipo.) Depois de anos tentando encontrar um padrão no mercado de ações, trabalhando na Fidelity e na Carbon, abandonei a maioria das minhas crenças e desenvolvi esta: os únicos padrões que importavam — aqueles dos quais os bilionários queriam desviar a atenção do público — eram tão simples e óbvios que a classe investidora criava distrações criativas porque, caso contrário, o segredo seria revelado.

Juros compostos. Boone tinha uma citação sobre isso em sua sala. Fique no mercado o máximo de tempo possível. Detenha, invista. Espere o pânico passar e deixe rolar, deixe crescer. (Exponencialmente.) Quanto mais rico você for, mais fácil será ter rendimentos compostos. Você pode viver do aluguel de ações. Você nunca precisa tocar no montante principal. Você nunca precisa se prender a um preço que não lhe agrade.

Relação risco/retorno. Pois os ricos são tão ricos que podem arriscar uma parcela maior de seu patrimônio líquido e, ao mesmo tempo, fazer investimentos mais arriscados. Esses dois efeitos se multiplicam e possibilitam retornos muito, muito maiores. É por isso que os bilionários adoram crises. Quando os outros estão distraídos, eles podem comprar ativos baratos, assumir mais riscos enquanto os demais estão em busca de segurança, depois basta esperar o mundo voltar ao normal.

Acesso. As empresas costumavam abrir capital em um estágio inicial de seu ciclo de vida, o que tornava a fase de hipercrescimento acessível ao investidor médio. Contudo, *pools* de capital cada vez maiores começaram a aparecer, o que deu às startups a opção de manter o capital fechado por mais tempo, adiando seus IPOs. Em geral, todo mundo sai ganhando: uma startup podia não querer (ou podia não estar preparada para) a pressão de reportar seus resultados ao público; os investidores privados podiam ter acesso especial ao estágio de maior crescimento. O acesso é uma vantagem. A restrição é o destino. O perdedor sempre foi e sempre será o pequeno investidor pessoa física, que muito provavelmente não teve o privilégio de investir na startup nem no fundo privado. Penso que a Carbon ocupava um território do mercado ao qual todo o público deveria ter acesso.

O padrão final, que levei décadas para perceber, era a alienação. Outra maneira de dizer "melhoria contínua" é *nunca basta*. Outra maneira de dizer "a equipe acima do indivíduo" é *autossubjugação*. "Tomada de decisão baseada em fatos" é um processo que desconsidera as emoções, enquanto "tomada de decisão orientada para o futuro" é um processo que subestima a história. A Carbon dava a sensação de ser um lar, uma família: um ambiente no qual a instituição nunca está errada; é você que está sempre errado; você não tem ninguém para culpar além de si mesmo.

18 DE NOVEMBRO

As maneiras pelas quais me adaptei na infância — dissociação, alexitimia, fragmentação, obediência e um foco exagerado na racionalidade — me permitiram uma fácil adaptação à Carbon. Na ausência de informações viscerais, minha moralidade se inclinava para o amoral, às vezes utilitário, qualquer coisa que fizesse sentido lógico. Mas fiquei confinada em uma realidade na qual ter sucesso na Carbon me afastava ainda mais da pessoa que eu tanto desejava libertar. À medida que o mundo se autodestrói, à medida que a vida fica mais difícil para quem não pertence ao 1%, temo que os desprivilegiados (em geral mulheres, pessoas não brancas e outros grupos marginalizados e desfavorecidos e, especialmente, seus filhos) acabem desenvolvendo uma sensação crescente de alienação — de si mesmos e da sociedade. Uma alienação que será exacerbada e explorada, como Karl Marx previu, pelo sistema capitalista. A história do trauma e a história do capitalismo são cada vez mais a mesma história. Você é recompensado por um na medida em que permanece no outro. O que será preciso para se libertar?

Por volta das 16h30, Boone me mandou uma mensagem instantânea. Entrei na sala. Sentei-me sem conseguir olhar para ele. Desviei os olhos em direção ao parque, onde o Sol do outono se recolhia rapidamente no horizonte.

Comecei a chorar. Quanto mais vergonha sentia, mais eu chorava. Quanto mais tentava conter o choro, menos lágrimas conseguia conter. Fui consumida por uma experiência que varreu meu corpo: a morte. Eu passara anos esperando passivamente que uma parte de mim definhasse para que outra parte a substituísse e eu finalmente me tornasse meu verdadeiro eu. Mas meu antigo eu, aquele que cresceu nos áridos ambientes da família, da escola e da sociedade, aquele que foi tão completa e cativantemente personificado por Boone — meu espelho, meu antigo mentor — persistia; afinal, todos os meus "eus" tinham a mesma resiliência. Diante de Boone, lamentei a morte não apenas de um eu anterior, mas de cada futuro que havia vislumbrado. Não foi por milagre que meu antigo eu não morreu; isso seria simples demais. Meu futuro eu teve de aplicar uma enorme força externa, teve de tomar a decisão de impedir o fluxo de oxigênio ao meu eu passado. Estava agindo com plena autonomia, guiada pelo eu que tanto desejara ser e que, enfim, sentia ter alcançado. Sempre acreditei na possibilidade de mudança, de uma verdadeira mudança, principalmente por causa do meu pai, que, desde o dia em que assinou a declaração para a polícia, nunca mais me tocou com hostilidade. Abri mão. Parei de me apegar. Senti uma onda de tristeza, perdão, arrependimento, medo, pesar, esperança, amor e alívio. Senti dezessete anos de sofrimento do mundo ao qual eu me mantivera insensível, a dor de cada folha de grama que eu escolhera não ver e que esmagara em minha ignorância. Me senti no fim de um vetor, na parada derradeira — no fim da mentalidade à qual eu me reorientara naquela primeira noite no hospital, antes da qual só queria morrer e depois da qual meu instinto de sobrevivência entrou em ação e de repente *só* o que me importava era o futuro, maximizar meu futuro e, com ele, o crescimento, a acumulação, a busca pelo sucesso. Percebi que o meu medo de desperdiçar a vida não tinha nada a ver com o desperdício em si, nem com tempo, nem com dinheiro, nem com qualquer custo irrecuperável, nem mesmo com certa apostasia ou com a ira dos meus pais; tinha a ver, sim, com o que viria depois: me ver perdida no mundo. Pela primeira vez na vida, me permiti não saber o caminho.

Boone me estendeu uma caixa de lenços de papel.

Entreguei-lhe um cartão e uma sacola de presente.

— Devo abrir agora? — ele perguntou.

Eu assenti. Ele leu o cartão e ergueu o olhar, sorrindo. Chorei mais. Ele enfiou a mão na sacola e tirou um livro. Um romance cujo protagonista almeja alcançar seu destino e transformar-se em lenda. Ele leu em voz alta o que eu havia escrito, algo como: "Você acreditou em mim e enxergou o meu potencial. Saiba que serei eternamente grata". Era verdade e

18 DE NOVEMBRO

continua sendo até hoje: foi somente no contraponto com alguém tão perspicaz, inteligente e convicto quanto ele, alguém que se mantinha firme nas próprias crenças, que apostava bilhões de dólares nelas, que suportava a tortura mental de ser questionado e desacreditado sempre que o mercado se movia na direção contrária e o fazia duvidar de tudo, alguém que nesses momentos se mantinha fiel a si mesmo enquanto me desafiava com experiências que exigiam tudo de mim, que fui capaz de desenterrar — e criar — meu eu.

Entretanto, não cresci da maneira como ele ou eu imaginávamos. Na verdade, acho que não cresci nada. Eu mudei — radicalmente. Eu me transformei. Não oscilei de um lado do pêndulo ao outro; eu removi o pivô. Acho que isso não foi surpresa para ninguém. Como todo documento da Carbon fazia questão de reiterar nas notas de rodapé: retornos passados não são garantia de resultados futuros.

— O que você vai fazer agora? — ele perguntou.

— Primeiro vou tirar um tempo para me recuperar fisicamente. Depois... Bem... Você sabe que eu sempre quis ser escritora.

— Posso lhe dar um conselho?

Eu não esperava por isso. Talvez ele tivesse mudado de ideia, talvez finalmente houvesse entendido, talvez quisesse me ajudar a realizar meu sonho e me dar algumas palavras de encorajamento e inspiração. Nossa. Eu disse:

— Claro.

— Não a vejo como escritora. Eu conheço você, e você é uma pessoa de ação.

Minhas lágrimas secaram. Apenas sorri, simplesmente por não saber o que fazer com o meu rosto.

— Você tem — continuou ele — um cérebro muito matemático e muito cartesiano.

Mantive a serenidade. Não senti qualquer impulso de ser racional nem de me explicar. Respirei fundo e, deixando todo o ar sair, disse:

— É, Boone, você tem razão. Eu gosto de agir. E tenho uma mente matemática. Mas tem um lado meu que você ainda não viu.

Ele não disse nada.

Eu não disse nada.

Quebrei o silêncio:

— Vamos ver no que vai dar.

Nós nos levantamos.

Estendi a mão para apertar a dele.

Ele se aproximou de mim, abriu os braços e nos abraçamos — nos tocamos — pela primeira vez desde que eu tinha ingressado na Carbon.

Voltei à minha estação de trabalho temporária. As últimas pessoas com quem falei foram os funcionários da cozinha. Eles me deram uma caixa de papelão para me ajudar a carregar minhas coisas — o livro de receitas, as orquídeas. Não consegui me despedir deles nem de Val; peguei minha caixa e percorri o corredor, virei a cabeça para a direita, em direção à cozinha, onde sobras de cupcakes com cobertura de chocolate e baunilha acenaram convidativas, e fiquei parada por um instante, um breve instante, então sorri para mim mesma e continuei andando, de salto alto. Caminhei até o elevador e apertei o botão. Enquanto esperava, olhei para o ponto prateado, camuflado na parede, do tamanho de uma ervilha, onde os funcionários tocavam o crachá para entrar. Para quem não sabia de sua existência, era imperceptível, escondido. Mas estava lá; eu não conseguia deixar de vê-lo. Entrei no elevador e desci até o térreo. Saí do prédio e peguei um Uber. O carro acelerou, parou e ziguezagueou pelo trânsito enquanto percorríamos uma avenida nesta cidade dos sonhos, iluminada, incandescente, repleta de possibilidades de reinvenção. Mais uma vez, eu estava em movimento.

EPÍLOGO
27 de julho

Estendo a mão, abro a porta e tiro uma blusa. Amanhã, oito anos terão se passado desde o dia em que fui a Nova York para me reunir pessoalmente com Peter e depois com Jen. Quando fui trocar o casaco que Boone e Elisabeth haviam me dado, a loja não tinha mais nenhum do meu tamanho e o troquei por uma cesta cheia de itens a 50% de desconto. Volto a estender a mão e pego uma calça, provo a peça que eu tantas vezes quis jogar no lixo — uma roupa que não havia conseguido usar desde os primeiros meses na Carbon, quando coloquei meus sonhos de lado. Serviu.

Mais importante: estou em paz.

Vou do quarto ao banheiro e, passando um corretivo no rosto, me olho no espelho. Costumava pensar que meu segredo mais vergonhoso era não me conhecer, me faltar convicção: o que comer, com quem namorar, quem ser, como viver. Trabalhar em uma indústria que traficava convicções, na qual a indecisão era vista como fraqueza — um convite para que outros assumissem o controle e dominassem, um efeito especialmente pronunciado para as mulheres —, fazia com que me sentisse uma fraude. Aonde quer que eu fosse, a determinação era valorizada. Dobrar a aposta. Encontrar respostas. Estar certa, firme, resoluta. Eu aparentava ter muita convicção e, para minha surpresa, não fazia isso tão mal — o que me levava a me sentir uma impostora. Minha mãe estava certa. Minha lógica era, de certa forma, invertida: eu adorava a sensação de *já ter* decidido, para evitar sentir o custo de oportunidade total e esmagador de cada momento; eu procurava pistas de como me aproximar de uma escolha ótima e então forçava minhas emoções a se encaixarem naquele caminho predefinido. Mas essa tática não funcionava. Eu sempre precisava rever minhas decisões. Sempre fui insegura, incerta.

Mas... será que eu era mesmo? Aos 8 anos, antes de me esconder do mundo e de mim mesma, escrevi meu primeiro livro, um romance em seis capítulos e 2.349 palavras, uma das quais era "bilionário". Levei o projeto muito a sério: ilustrei a capa, escrevi elogios a mim mesma ("Emocionante! De fácil leitura!"), carimbei a logo de uma ave aquática (um flamingo) e pensei muito nas pontuações (77 pontos de exclamação, eu achava que todo mundo falava assim). A personagem principal era uma garota que encontra uma árvore de dinheiro. Ela usa o dinheiro para ajudar a mãe, que tenta cozinhar para a família, mas não consegue porque os canos estão congelados e eles não conseguem pagar para comer fora; a menina leva os pais ao Old Country Buffet. Naquela noite, dois homens a perseguem e roubam a árvore. A menina cai no choro. A mãe dela se enfurece. A trama inclui um diário; a cidade de Boston; *bullies*, todos meninos. Ultimamente tenho pensado que meu segredo mais vergonhoso é sempre ter sabido a vida que eu queria viver e nunca ter tido coragem de vivê-la.

Vou ao outro quarto. Chamo meu marido, que está compondo — rodeado por um piano, um violino, uma flauta e um trompete —, e peço uma hora de silêncio.

— Claro, meu amor — responde Chris de seu estúdio enquanto eu fecho a porta do meu escritório.

Aqui, em um quarto só meu no Brooklyn, trabalhando sete dias por semana na maioria das semanas e nove horas por dia na maioria dos dias,

27 DE JULHO

escrevi meu segundo livro, um livro de memórias — um prólogo e treze capítulos; 88.221 palavras sobre minha jornada ao autoconhecimento e à libertação, que termina quando deixo meu emprego. Enviei o manuscrito à minha agente, que o submeteu às editoras. Dentro de apenas alguns minutos, conhecerei, pelo Zoom, alguém que espero que me veja como escritora. Sinto o êxtase inconfundível da possibilidade. Fico empolgada, me permito querer, sonhar. De novo. Sento à mesa, em frente ao laptop, e leio minhas anotações ("Eles vão perguntar o que aconteceu depois", minha agente avisara). Então, fecho os olhos e sussurro:

O mundo que eles queriam criar de fato foi criado. E, mesmo tendo resgatado o meu investimento inteiro logo após a saída, para evitar qualquer acusação de conflito de interesses, desejo-lhes tudo de bom. Eles aumentaram a atuação filantrópica e contrataram um diretor de RH. Fiquei sabendo que a assistente dele, que tem sua própria assistente em tempo integral, tem muito menos trabalho do que eu tinha — eu não poderia estar mais feliz por ela. Depois que pedi demissão, dei a mim mesma um ano para seguir um novo caminho. Mas eu precisava de um emprego fixo. A mesma empresa de headhunting que me recrutara para a Carbon voltou a me procurar, desta vez para trabalhar com o fundador de outro grande fundo em Nova York. Convidei Boone para uma reunião e ele arranjou tempo para mim no dia seguinte; tomamos chá no átrio de um hotel perto da Carbon. Quando comecei no novo emprego — o único da minha vida que aceitei só pelo dinheiro, para poupar e poder me dedicar totalmente à escrita —, o chefe contou que Boone me dera as melhores recomendações. Saí daquele emprego dez meses depois, na semana em que entrei no mestrado em Belas-Artes, na semana em que minha mãe e meu pai pareceram finalmente aceitar o meu — o nosso — destino. Minha mãe me contou que, desde os meus 3 anos, embora o negasse veementemente aos pais que, depois de me verem no parque brincando alegremente sozinha, e não com seus filhos, me chamavam de qiánwèi (*um termo com uma conotação politicamente perigosa na China*), *ela já sabia que eu era* fora da curva. *Ou, na tradução da minha mãe:* especial.

Um lembrete soou: é hora de trabalhar. Abro os olhos, olho para frente e solto o ar.

NOTA DA AUTORA

Os eventos deste livro são verdadeiros. Eles representam minhas memórias. A maioria dos nomes e detalhes relativos a pessoas e empresas foi alterada para proteger a privacidade e a confidencialidade; personagens compostos não foram criados. Todas as alterações foram consideradas com muito cuidado. Para escrever, usei principalmente as minhas lembranças, bem como anotações e registros pessoais da época. Ocasionalmente, editei e condensei conversas de maneira a não alterar a história.

AGRADECIMENTOS

Obrigada a Melissa Flashman, a agente mais extraordinária. Você acreditou em mim desde o nosso primeiro encontro, no meu primeiro semestre de mestrado.

Obrigada a Juliana Kiyan, minha brilhante e fenomenal editora. Sou extremamente grata por sua visão, que transformou este livro em algo muito melhor do que eu teria escrito sozinha.

Obrigada à maravilhosa equipe da Penguin Press. A Ann Godoff e Scott Moyers, por me enxergarem como escritora e darem um lar ao meu primeiro livro. A Linda Friedner, por acreditar que as histórias aqui contidas podem e devem ser contadas e ouvidas. A Victoria Lopez, pela ajuda meticulosa com a edição e produção do texto. A Stephanie Ross, pela capa incrível. A Christine Johnston, por defender este livro de maneira tão contundente. A Danielle Plafsky, pela criatividade nas ações de marketing. E às inúmeras outras pessoas que trabalharam para transformar meu texto em livro, desde a produção, passando pela arte, até o setor de vendas. Eu jamais teria sonhado com uma experiência de publicação melhor.

Agradeço a Alexis Kirschbaum, minha incrível editora da Bloomsbury UK, pelas excelentes edições e pelo apoio inabalável.

Obrigada a Vanessa Mobley, pelas muitas horas de conversas profundas e por ler a minha trajetória como uma história de emancipação.

Obrigada a Whitney Peeling, por ver a importância deste livro e encontrar leitores que talvez sintam o mesmo.

Obrigada a Jason Richman, por me ver como contadora de histórias e por amplificar minha voz.

Obrigada a Bennett Ashley, cujos conselhos possibilitaram a transformação de uma ideia em proposta e depois em livro.

Obrigada a Peter Rahbar, cujos insights e recomendações me deram uma voz para falar a minha verdade.

Obrigada a Maja Oeri e a Laurenz House Foundation, por me proporcionarem o ambiente perfeito — um ano na Basileia, Suíça — para concluir este trabalho.

Obrigada à dra. Hilary J. Beattie, minha maravilhosa terapeuta, por me ajudar, com amor e rigor, a me transformar — finalmente e para sempre — em mim mesma.

Obrigada a todos os meus professores, especialmente a: Jeremiah Chamberlin, que me disse que, se eu quisesse ser escritora, teria que me dedicar de corpo e alma; Honor Moore, Robert Polito e James Miller, que me deram um comentário, uma pergunta e uma crítica, respectivamente, e assim aguçaram minha visão do livro; e Brenda Wineapple e Mychal Denzel Smith, cujas aulas me desafiaram a refinar o que eu queria dizer.

Obrigada a Jenna Birch, por me dizer há muito tempo "Você está destinada a ser escritora, Carrie", por ser a boa amiga que é, notando aquilo que me fazia sentir mais viva e livre.

Obrigada a Christopher Cerrone, meu primeiro leitor, meu melhor amigo, meu amor. Nossas conversas diárias (que duram horas) sobre arte e vida me tornaram uma escritora e uma pessoa muito, muito melhor. Este livro só é o que é devido a sua bela mente e a seu coração gentil.

Obrigada a meu pai. Com o tempo, você expandiu sua definição de *amor* para me incluir; eu percebi. Sei que não foi fácil, que os anos mais

AGRADECIMENTOS

difíceis da sua vida foram os primeiros anos da minha, mas você tentou, nunca deixou de tentar. Obrigada por me inspirar e entender minhas dificuldades, por me mostrar que é possível quebrar o ciclo.

Obrigada a minha mãe. O que antes eu via como crítica agora entendo como lições de autoconfiança. Porque confiar em si mesma era a única maneira de sobreviver. Todo seu amor, os sacrifícios e as horas intermináveis trabalhando, inclusive em casa, me proporcionaram uma vida que não se reduziu à mera sobrevivência. E agora, 45 anos depois de você ter escolhido seu curso de graduação no *gāokǎo*, o exame nacional chinês de admissão no ensino superior, quando quis escolher língua e literatura (chinesas) e não o fez porque a revolução acabara de terminar e você sentia que precisava escolher um caminho mais pragmático, aqui estou eu, vivendo o sonho. O nosso sonho. Obrigada. Vocês são tudo para mim.

E a você, meu caro leitor: muito obrigada pelo seu tempo.

Este livro foi impresso pela Vozes, em 2025, para a HarperCollins Brasil.
O papel do miolo é avena 70g/m² e o da capa é cartão 250g/m².